Achim Doerfer

# DIE GROSSE ABZOCKE

## Wie Konzerne systematisch die Kunden übers Ohr hauen

**Besuchen Sie uns im Internet:**
**www.knaur.de**

Originalausgabe Oktober 2016
© 2016 Knaur Verlag
Ein Imprint der Verlagsgruppe
Droemer Knaur GmbH & Co. KG, München
Alle Rechte vorbehalten. Das Werk darf – auch teilweise – nur mit
Genehmigung des Verlags wiedergegeben werden.
Covergestaltung: ZERO Werbeagentur GmbH, München
Coverabbildung: FinePic®, München / shutterstock
Satz: Adobe InDesign im Verlag
Druck und Bindung: CPI books GmbH, Leck
ISBN 978-3-426-78859-2

5   4   3   2   1

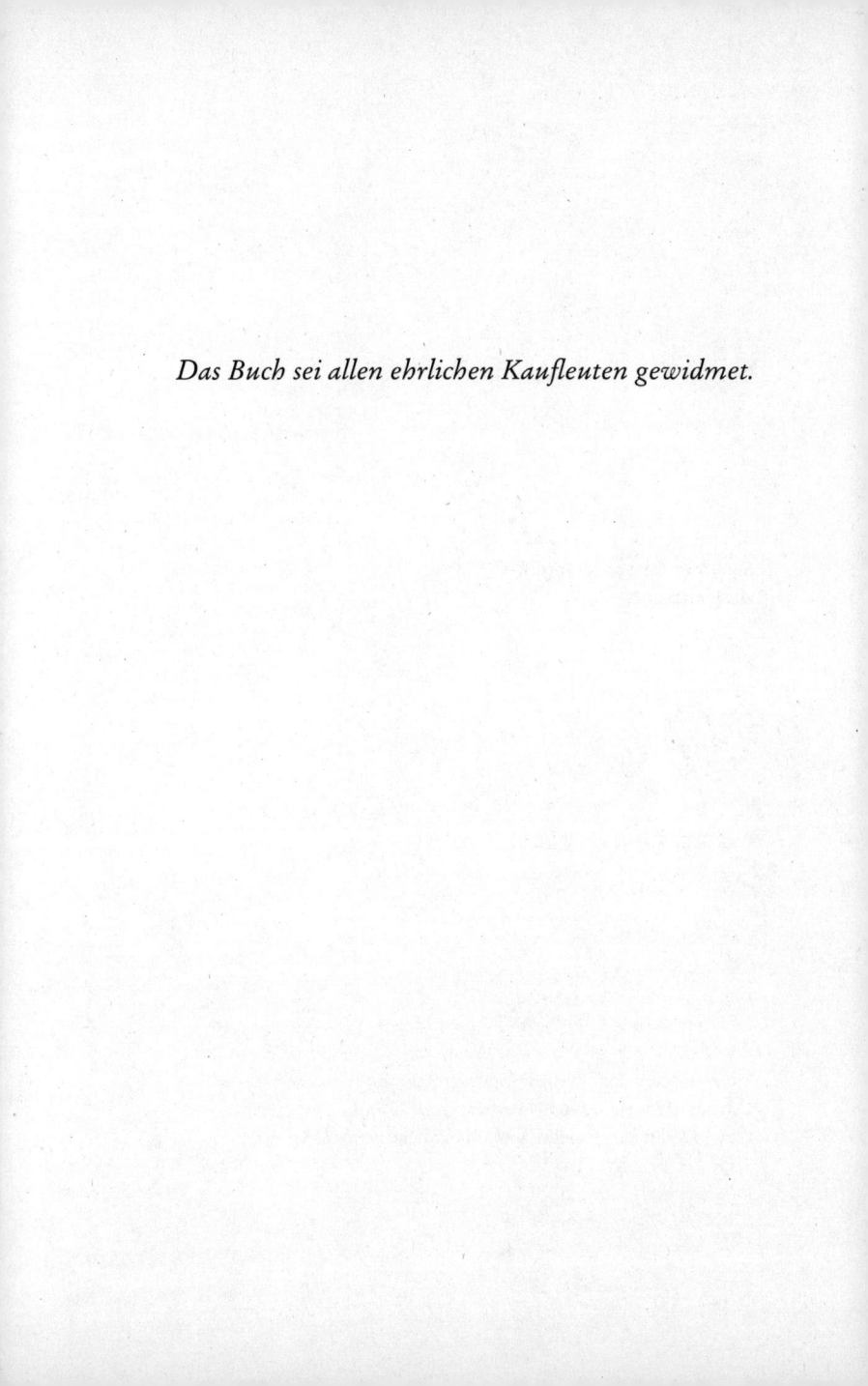

*Das Buch sei allen ehrlichen Kaufleuten gewidmet.*

# Inhalt

# Einleitung:
# Es geht um unser Geld

**I**ch habe es getan. Ich habe bei Gericht eine Klage auf Zahlung von 16 Cent eingereicht. Selbst auf die Gefahr hin, dass man mich beschimpft als einen, der die ohnehin schon überlastete Justiz mit einer beispiellosen Bagatelle behelligt. Die *Bild*-Zeitung fand gar, das sei »Irrsinn!«. Aber ich bin es satt. Als Bürger und als Rechtsanwalt. Ich habe genug davon, wie Konzerne uns abzocken. Weil sie uns nicht geben, was uns vom Gesetz her zusteht. Für uns sind es immer nur ein paar Cent oder ein paar Euro. In der Summe aber sind es Milliarden Euro, die uns zustehen, aber vorenthalten werden. Weil große Konzerne ganz dreist Gesetze brechen und Regeln missachten. Indem sie uns Kunden nicht ernst nehmen, sondern uns abzocken und dabei auch noch belügen. Sie tun das systematisch und mit voller Absicht. Wohl wissend, dass wir Bürgerinnen und Bürger unsere Rechte oft nicht kennen. Oder uns auch mit fadenscheinigen Ausreden leicht beruhigen und abwiegeln lassen. Von der Bahn und von Fluggesellschaften, von Banken und Telefonanbietern, von Internethändlern und Versicherungen. Und von deren Helfern, die in Callcentern oder der Abmahnindustrie sitzen. Deswegen habe ich eine Telefongesellschaft auf Rückzahlung von 16 Cent verklagt. Auch weil ich ein Zeichen dafür setzen wollte, dass wir uns wehren müssen. Und uns wehren können.

Es war einer dieser kleinen Posten, wie er auf Millionen Telefonrechnungen am Ende auftaucht. Die Telefongesellschaften sammeln so Geld für sogenannte Fremdanbieter ein.

In meinem Fall 16 Cent für ein angebliches Gespräch mit der Hotline der Gebühreneinzugszentrale GEZ, das von einem Faxgerät in meiner Kanzlei geführt worden sein soll. Allein technisch ist das völlig unmöglich. Als mir die Abbuchung auffiel, überprüfte ich auch die Telefonrechnungen der vorangegangenen Monate. Und siehe da: Immer wieder wurden Kleinstbeträge abgebucht für angebliche Gespräche mit dem Faxgerät. Ich nahm exemplarisch einen Monat heraus und zog wegen besagter 16-Cent-Abbuchung vor Gericht. Man könnte viele solcher Gerichtsverfahren anstrengen. Dabei geht es um Wichtigeres noch als die viel beklagte Servicewüste Deutschland. Vieles von dem, was als vermeintlich »nur« schlechter Service rüberkommt, ist in Wahrheit ein glatter Bruch unserer Rechte als Kunden.

Stellen Sie sich einmal folgende Alltagssituation vor: Sie kaufen auf dem Wochenmarkt ein und wollen einem Bauern eine seiner prächtigen Apfelkisten abkaufen, die er für zehn Euro anbietet. Sie geben ihm das Geld – und er gibt Ihnen dafür unter Hinweis auf »interne Anweisungen« seiner Schwiegermutter anstatt der prächtigen Obstkiste einen Beutel fauler Äpfel. Was machen Sie? Klar: Sie sagen ihm, dass er Ihnen mit seinen Anweisungen den Buckel herunterrutschen kann und gefälligst das leckere frische Obst herausrücken soll. Notfalls fangen Sie einen Streit an oder fordern Ihr Geld zurück.

Aber sagt man uns nicht allzu oft, ohne mit der Wimper zu zucken, Absurditäten ins Gesicht – und nennt sie »interne Anweisungen« oder »vorgegebene Abläufe«? Komischerweise tut man sich an anderer Stelle in solch einer Situation mit dem hartnäckigen Widerspruch viel schwerer. Dort, wo nicht ein womöglich hemdsärmeliger Obstbauer im karierten Holzfällerhemd an seinem Stand steht, sondern ein sagen wir mal adretter Verkäufer im frisch gebügelten Firmen-Poloshirt mit dem Aufdruck eines Elektronikmarktes wie Saturn oder Media Markt. Oder wenn man es mit einem geschniegelten Banker zu tun hat, der Nadelstreif mit dezenter Krawatte trägt beziehungsweise (in der weiblichen Variante) weiße Bluse zu hellgrauem Kostüm. Es ging mir schon so und Ihnen vermutlich auch: Wir lassen uns dann blenden, einwickeln – und so um das bringen, was uns eigentlich zusteht. Und das auch noch ohne große Gegenwehr.

Von vielen solchen Fällen handelt dieses Buch. Und davon, was wir ändern müssen, damit wir als Kunden ernst genommen und korrekt behandelt werden.

Dieses Buch will an konkreten Beispielen und ganz allgemein zeigen, wie Unternehmen das Recht aushebeln und Millionen und Abermillionen dabei scheffeln. Es wirft die Frage auf, ob unser Rechtsstaat an dieser Stelle eigentlich noch funktioniert. Denn ein Rechtsstaat beginnt nicht erst vor Gericht. Sondern dort, wo Verträge gelten und es Gesetze gibt, an die wir uns halten. Und zwar freiwillig. Gesetze bilden den Rahmen dafür, was man darf und was nicht. Sie gelten für alle gleichermaßen, und eigentlich sollte man nur in Ausnahmefällen Anwälte, Richter oder Staatsanwälte brauchen.

Gleiches Recht für alle und gleiche Möglichkeiten zur Durchsetzung dieser Rechte sind schließlich zentrale Errungenschaften der Zivilisation. Ohne all dies gibt es noch nicht einmal die Chance auf faire Verteilung von Wohlstand, oder auch von Bildung oder Gesundheitssorge. Es gibt aber große, mächtige Spieler in diesem System, die das systematisch in ihrem Sinne aushöhlen. Sie machen sich eigene Regeln und drücken sie uns auf, als wären sie auch so etwas wie ein für alle verbindliches Gesetz. Die großen Spieler in Wirtschaft und Finanzen, in Handel und Dienstleistung nennen das gerne

Customer Relationship Management (CRM), also Kunden-beziehungsmanagement. Dabei wird dann Verbraucher-schutzrecht gerne mal umgedeutet.

Etwa, wenn sich die Amazon-Tochter buyvip.com weigert, bei mangelhaften Textilien mangelfreie nachzuliefern. Oder wenn Saturn den Kaufpreis für einen defekten Fernseher nicht zurückzahlt, weil man angeblich »das Gerät erst einmal ›einschicken‹ muss«. Oder wenn Ikea die Fahrtkosten nicht erstattet, wenn man ein kaputtes Billy-Regal zurückbringt. Oder wenn Telefongesellschaften Gebühren für dubiose, nie getätigte Gespräche einziehen und dann nicht mehr zurück-zahlen wollen. Oder wenn Banken ahnungslosen Kunden il-legale Vertragsklauseln reindrücken. Die Liste solcher Bei-spiele lässt sich lange fortsetzen.

Sie alle tun das systematisch, nach eigenen Regeln, immer wieder auch in offener Missachtung der Rechtslage. Denn: Es lohnt sich für sie! Es geht hier nämlich um Millionen und Milliarden Euro. Da kommt einiges zusammen, wenn man Zigtausende Kunden um Minibeträge bringt. Diese Unter-nehmen kalkulieren damit, dass kaum einer wegen 50 oder 100 Euro zum Anwalt geht oder gar vor Gericht. Und klagt doch mal einer, dann tut ihnen das nicht weh. Dann erstat-tet Ikea eben in diesem Einzelfall die Fahrtkosten. Und bei Zigtausenden anderen nicht. Es ist ein gutes Geschäft. Für Ikea.

Ich bin seit 1997 Rechtsanwalt und habe eine eigene Kanz-lei in Göttingen mit den Schwerpunkten Wirtschafts-, Steuer-und Arbeitsrecht. Als junger Mann habe ich Jura und Philo-sophie studiert, weil Gerechtigkeit für mich ein ganz großes Thema ist. Und auch, wie sie mit klug und fair gestalteten Gesetzen in der Demokratie verwirklicht werden kann. Nie perfekt, klar, aber schon ziemlich gut. Eben dazu habe ich dann auch in Deutschland und den USA geforscht und meine Doktorarbeit geschrieben. Als Anwalt erlebe ich: Ja, es gibt die ehrbaren und respektablen Kaufleute. Die genau wissen, wann sie ihre egoistischen Interessen zurückstellen müssen. Aber es gibt eben auch die anderen. Gegen sie habe ich mich in den letzten Jahren immer wieder gewehrt. Und, wenn es sein musste, sie auch verklagt. Für mich selbst, für Freunde, für Mandanten. In Deutschland und im Ausland. Manchmal kam ich mir vor wie ein Querulant, aber ich tat eben meinen Job – nach meiner begründeten Überzeugung von dem, was richtig ist. Es war bisweilen sehr aufschlussreich, was ich dabei mit Unternehmen und vor Gerichten erlebte. Im Laufe der Zeit wurde vor allem eins klar: Es steckt ein System dahinter. Es ist nicht der überforderte und vorgeschobene Mitarbeiter im Callcenter, der einen menschlich verständlichen, individuellen Fehler macht. Nein, er hält sich an eine von oben verordnete Strategie.

Ein Rechtsanwalt ist ein Organ der Rechtspflege. Diese wiederum ist darauf gerichtet, Recht und Gesetz durchzusetzen und zu fördern. Darauf, und auf unsere Verfassung, haben wir Anwälte einen Eid geschworen. Natürlich will ein jeder von uns auch Geld verdienen. Das ist am besten möglich bei Rechtsfällen, in denen um viel Geld gestritten wird oder bei denen hohe Gefängnisstrafen im Raum stehen. Der Gesundheitszustand unseres Rechtsstaates zeigt sich aber auch und oft gerade in den kleinen Fällen. Wie ein Schwarzfahrer vor Gericht behandelt wird, oder ob sich ein Gericht auch bei kleinen Beträgen in einem Zivilprozess die Zeit nimmt, um sorgfältig zu prüfen und zu urteilen. Oder ob die Rechtsanwendung »über den breiten Daumen« und nach dem sehr gefährlichen angeblich »gesunden« Menschenverstand stattfindet.

Karl Marx sprach vom gesunden Menschenverstand als einer Form der »historischen Dummheit«. Hat ein Richter dort, wo jemand eine Geldforderung von 10 oder 100 Euro abwehren oder durchsetzen will, den Ehrgeiz, auch das sauber zu klären, oder will er die Akte nur genervt vom Tisch haben? Gerade in diesen kleinen Dingen kommen viele Bürger in Kontakt mit dem Gesetz. Es prägt ihr Empfinden dafür, ob ein Rechtsstaat auch funktioniert. Denn die Gesetze gelten auch da, wo es um eine nicht ordentlich abgewickelte Ebay-Auktion geht, ein Flugzeug fünf Stunden Verspätung hat, die Autoreparatur mit Gebrauchtteilen gemacht wird (und Neuteile abgerechnet werden) oder eine Position über 1,50 Euro auf der Telefonrechnung nicht nachvollziehbar ist. Meist nimmt man das im Ergebnis hin, aber man ärgert sich doch. Deswegen haben mich diese Fälle immer interessiert. Obwohl man als Rechtsanwalt an solchen Sachen nichts verdient, sondern manchmal sogar erheblich draufzahlt.

Bei den Vorbereitungen zu diesem Buch habe ich Freunde und Bekannte gebeten, mir auch Klein- und Kleinstmandate zu geben, die ich gerne kostenlos bearbeiten wollte. Mal ging es um die Deutsche Bank, die einem Studenten erst auf eine Klage hin unberechtigte Darlehensgebühren zurückzahlte. Mal um den Telefon- und Internetriesen Vodafone, der Kunden für nichts 99,50 Euro »Servicegebühr« abverlangt. Jeder, wirklich jeder, den ich ansprach, hatte sofort einen Fall parat. Einen, den man irgendwann entnervt abhakt, auch wenn man ihn nie vergisst. Ich hatte schon viele solcher Fälle auf dem Tisch. Den einer Fluggesellschaft zum Beispiel, die, anstatt einen beim Transport gerissenen Rucksack mit dem angebrachten Ausdruck des Bedauerns einfach zu ersetzen, dem Fluggast umständliche Formulare schickt und ihn auffordert, selbst ein Gutachten bei einem Koffergeschäft einzuholen.

Dann war da die Autovermietung Sixt, die dem Kunden in sehr fragwürdiger Weise ein halbes Jahr nach Rückgabe des Wagens 877,45 Euro für einen angeblichen Schaden in der Frontscheibe berechnen wollte und erst auf Anwaltsschreiben »ohne Anerkennung einer Rechtspflicht« davon abließ. Und der Kosmetikversand parfumdreams.de, der einer Kundin, die einen teuren, aber kaputten Rouge-Pinsel reklamierte, schrieb: »Leider müssen wir Ihnen mitteilen, dass der zweijährige Garantieleistungsanspruch lediglich eine Kulanzrücknahme und keineswegs eine gesetzliche Verpflichtung ist.« Eine Behauptung, die gleich in mehrerlei Hinsicht völliger Blödsinn ist.

Auch Ihnen, liebe Leserinnen und Leser, fällt sicher ohne großes Nachdenken eine solche Kleinigkeit ein, die ein Störgefühl bei Ihnen hinterließ. Der Eindruck nämlich, dass Sie nach Recht und Gesetz nicht korrekt behandelt wurden. Die ausgebliebene Entschädigung für den verspäteten Flug. Das Handy mit dem defekten Akku, das man zähneknirschend behalten hat. Die Bluse mit dem losen Knopf, den man selbst angenäht hat.

Der Verkäufer oder Dienstleister ist oft ein riesiges Unternehmen, das für Tausende und Abertausende solcher Pannen geradestehen müsste. Und da geht es dann nicht mehr um ein paar Euro, sondern um Millionen, wenn es gelingt, möglichst viele von uns Kunden von der Durchsetzung unserer Rechte abzuhalten. Aus meiner jahrzehntelangen Erfahrung bin ich überzeugt, dass sich das nur zu einem Teil mit Schlamperei und Gedankenlosigkeit erklären lässt. Nein, dahinter steht der zynische Gedanke, dass es folgenlos bleibt, wenn man sich nicht an das geltende Recht hält. Also müssen wir dessen Durchsetzung auch erzwingen.

Man muss es nicht gleich so radikal tun wie der berühmte

Michael Kohlhaas in der bekannten Novelle des Schriftstellers Heinrich von Kleist, der gegen die Ungerechtigkeit der Stärkeren zur brutalen und mörderischen Selbstjustiz griff. Aber wir dürfen den vielen Großunternehmen, die die Buchstaben des Gesetzes ignorieren oder in ihrem Sinne umdeuten, das nicht mehr länger durchgehen lassen. Sonst sind wir als Volk in der Demokratie nicht mehr der Souverän. Denn es gibt die Demokratie der Lächerlichkeit preis, wenn der Souverän, das Volk also über seine gewählten Vertreter, Gesetze erlässt – und die, an welche sich die Gesetze richten, darauf pfeifen. Der wohl größte deutsche Rechtswissenschaftler des 19. Jahrhunderts, Rudolf von Jhering, hat in seinem Buch *Der Kampf ums Recht* prophezeit, dass der Rechtsstaat untergeht, wenn sich nicht genügend Bürger finden, die bereit sind, auch um des Prinzips willen gegebene Rechtspositionen durchzusetzen.

Diesem Grundgedanken folgt auch dieses Buch. Ich will meine erkenntnisreichen und manchmal auch amüsanten Erlebnisse schildern. Und Erklärungen dafür liefern, wie und warum manches so läuft, wie es läuft. Und ich werde Vorschläge machen, wie das System der großen Spieler zu ändern ist. Denn es muss geändert werden. Es geht mir bei alledem nicht um die Glorifizierung von 16-Cent-Klagen. Dieses Buch kämpft für die Rechte von Verbrauchern und fairen Wettbewerb. Wer mit Verbraucherschützern spricht, sich einschlägige Statistiken anschaut, im Internet in Kunden- und Nutzerforen liest, mit Richtern spricht oder Gerichtsstatistiken studiert, kann keinen Zweifel mehr daran haben, dass wir hier über ein sehr großes Problem reden.

Wir müssen uns gegen diese illegalen Praktiken wehren. Alle zusammen, aber auch jeder Einzelne von uns.

# Telefon- und Internetanbieter:
# Wenig Leistung, falsche Abrechnungen

## Servicewüste Vodafone

Carsten Janz ist freiberuflicher Journalist und arbeitet hauptsächlich für den Norddeutschen Rundfunk. Eines Tages wurde er vom Kunden zum Opfer eines Unternehmens, das seine Kundenwünsche arrogant ignorierte, zumindest aber alles andere als professionell mit ihnen umging: Vodafone. Im Umgang mit dem Telefonriesen erging es Janz, als hätte er sich in zwei Sketchen meiner beiden liebsten bayerischen Komiker Karl Valentin und Gerhard Polt wiedergefunden. Der Buchbinder Wanninger aus dem berühmten Sketch von Karl Valentin ruft eine Firma an, um dort eine an sich völlig unkomplizierte, einfache Frage loszuwerden. Statt eine Antwort zu erhalten, wird er hin und her verbunden. Niemand nimmt sein Anliegen ernst, keiner will sich kümmern, und jeder verbindet Wanninger einfach zum nächsten weiter. Und Gerhard Polt spielt in »Der Erwin« einen Angerufenen, dessen gesamte Gesprächsführung zunehmend absurd ausschließlich auf die Beendigung des Telefonats gerichtet ist: »Ja … aha … soso, also dann … jaja, also … okay dann … also dann, okay … ja … jaja, ich ruf dich auf alle Fälle an … dann also Servus …« Er legt auf und sagt: »Blöde Sau.«

So ähnlich erging es auch Carsten Janz. Auch bei ihm ging es nur um einen ganz simplen Vorgang: »Eigentlich wollte ich nur in einen anderen Telefontarif wechseln«, erzählt er. »Aber am Ende ist es eine Kündigung geworden.«

Und das kam so: Am 23. November 2015 richtete Carsten

Janz eine Anfrage an Vodafone. Es ging um einen möglichen Tarifwechsel. Doch das Unternehmen antwortete ihm nicht. Also wiederholte er Wochen später, am 16. Dezember und, weil er nach eigenem Bekunden »so genervt war«, am 17. Dezember 2015 erneut seine Anfrage. Am 18. Dezember 2015 kam dann endlich eine Antwort von Vodafone. Das heißt – hauptsächlich bat die Telefongesellschaft Janz um die Mitteilung seiner Telefonnummer. Für den Journalisten ein völlig unverständlicher Wunsch, schließlich sei diese »ja in den bereits geschickten Dokumenten zu lesen« gewesen. Er antwortete dennoch auf das Schreiben. Dann war bis zum 5. Januar 2016 erneut Funkstille. Am 6. Januar 2016 rief Carsten Janz die Vodafone-Hotline an, jedoch ohne Erfolg. Stattdessen erhielt er per SMS eine Kundenumfrage auf sein Handy: »Lieber Vodafone-Kunde, Ihre Meinung ist uns wichtig und hilft uns, unseren Service zu verbessern.« Janz war noch mehr genervt, ihm reichte es jetzt endgültig.

Er schrieb eine erboste E-Mail an Vodafone. »Wenn Sie sich nicht innerhalb der nächsten 24 Stunden melden, werde ich meinen Vertrag bei Ihnen kündigen«, drohte er. Doch selbst darauf erhielt er keine Antwort. Erst in einem Telefonat, das er daraufhin mit Vodafone führte, habe er erfahren, dass ein Tarifwechsel nicht möglich sei, weil er den gewünschten Tarif angeblich bereits habe.

»Aufgrund der monatelangen Verzögerungen entschied ich mich trotzdem, online zu kündigen«, so Janz. Doch auch darauf kam keine Reaktion von Vodafone. »Nach wenigen Wochen versuchte ich noch einmal telefonisch zu kündigen.« Wieder keine Reaktion. Am 15. Februar 2016 wandte sich Janz erneut per Fax an die Firma. Er kündigte erneut seinen Vertrag und bat um »eine schnellstmögliche Bestätigung«. Wörtlich schrieb er: »Ihr mittlerweile schlechter Kundenservice, wie auch die zu teuren Tarife, bewegen mich zu der Kündigung.« Tags darauf rief Janz bei der Vodafone-Hotline an, zwei Wochen später schob der Journalist ein weiteres Kündigungs-Fax hinterher. Erst mit Schreiben vom 4. April 2016, nach drei Kündigungsschreiben, bestätigte Vodafone die Kündigung. Am Ende bekam Janz ein gutes Angebot und blieb. Doch: Viereinhalb Monate Ärger und überflüssige Arbeit für die eigentlich absolut simple Bearbeitung routinemäßiger Kundenwünsche.

Ist das die Ausnahme? Nein, es scheint sogar die Regel zu sein.

## Telekommunikationsanbieter:
## Spitzenreiter bei Verbraucherbeschwerden

Telefongesellschaften machen ihren Kunden überproportional viel Ärger und Verdruss. Darauf lassen Zahlen von Verbraucherschützern schließen. In Nordrhein-Westfalen etwa hatten 2013 insgesamt 40 Prozent aller außergerichtlichen Rechtsberatungen und -vertretungen der dortigen Verbraucherzentralen mit den Themen Telefon und Internet zu tun. »Insbesondere Vodafone und die Deutsche Telekom waren diejenigen Anbieter, zu denen es landesweit die meisten Nachfragen und Beschwerden gab«, erklärte der damalige Verbraucherzentralen-Chef in NRW, Klaus Müller. »Zumeist ging es um nicht nachvollziehbare Posten in der Rechnung oder um Probleme bei der Kündigung von Verträgen.« In Zahlen ausgedrückt: Von 56 384 Rechtsbesorgungen betrafen die beiden Telekommunikationsanbieter mehr als 10 400 Beschwerden (Vodafone: 7153; Deutsche Telekom: 3271). Vodafone allein war also 2013 für mehr als ein Achtel aller Be-

schwerden verantwortlich, die bei nordrhein-westfälischen
Verbraucherschützern eingingen.

Ähnliche Erfahrungen machten deren Kollegen aus Niedersachsen. Dort rangiert der sehr allgemein gefasste Bereich
»Verbraucherrecht« mit konstant etwa 40 Prozent der Anfragen als Spitzenreiter. Gleich dahinter folgt die Telekommuni-
kationsbranche als langjährige Nummer zwei: Zwischen 2010
und 2014 hatten Telefon und Internet einen Anteil an den Ge-
samtbeschwerden zwischen 17 und 26 Prozent; 2009 war die
Branche sogar traurige Spitzenreiterin bei den persönlichen
Beratungen. Und dann sind da noch die Zahlen von Reclabox
(reclabox.com), der wohl größten deutschen Internetseite, auf
der Verbraucher Beschwerden einstellen können. Reclabox
gab bekannt: In der Kategorienauswertung von »Ämter und
Behörden« bis »Unternehmensdienstleistungen« seien »Post
und Telekommunikation« mit 15 712 Einträgen (Stand 22.4.
2016) einsame Spitzenreiter. Allein 1278 Beschwerden auf
Reclabox seit dem Jahr 2008 bezogen sich auf Vodafone.

### Vodafone, ein »führender« Anbieter von Telekommunikation?

Vodafone, immer wieder Vodafone. Das ist eigentlich erstaunlich, rühmt sich der britische Konzern doch, nicht nur einer
der größten, sondern auch »ein führender« Anbieter von Telekommunikation zu sein. Mit – Stand 1. Juli 2016 – allein in
Deutschland 44 Millionen Kunden, 11 Milliarden Euro Umsatz und 14 000 Mitarbeitern. »Führend« hieße im Idealfall
nicht nur der größte, sondern vor allem der beste, der kunden-
freundlichste Anbieter zu sein. So ein Riese mit einem solchen
Anspruch müsste, sollte man meinen, doch eigentlich seine

Kunden ernst nehmen und deren Anliegen seriös bearbeiten. Und er müsste ein Interesse daran haben, dass sein Image nicht durch absurdes Management von Kundenbeziehungen und zahlreiche Klagen von Kunden bei Verbraucherschützern und in Internetforen zerfleddert wird. Sollte man meinen.

Doch mit der seriösen Kommunikation scheint es bei Vodafone nicht weit her zu sein. Auf reclabox.com antwortete das Unternehmen bislang auf keine einzige Beschwerde direkt. Begründung: »Das Geschäftsmodell der Reclabox unterstützen wir nicht. Sofern eine Reklamation über diesen Weg an uns herangetragen wird, nehmen wir direkten Kontakt zu unserem Kunden auf. Dagegen führen wir schon aus Gründen des Datenschutzes keinen Dialog mit den Betreibern der Reclabox.« Zu einigen Beschwerden auf Reclabox von Kunden wegen angeblich nicht zugestellter Vodafone-Kündigungsbestätigungen heißt es bei Vodafone, diese seien »allesamt zeitnah nach Eintrag in der Reclabox gelöst« worden.

Vodafone kann aber auch auf unsere Nachfrage hin nicht überzeugend erklären, warum ausgerechnet die eigenen Kunden so viele Probleme haben. So gibt es zwar für jede einzelne gestellte Frage eine Antwort. Ich jedenfalls habe aber nicht den Eindruck, dass dadurch das Gesamtbild überzeugend ausgeräumt wäre.

## Callcenter: Mit wem rede ich eigentlich?

Der Journalist Marvin Oppong, der mir für dieses Buch mit Recherchen behilflich war, ist dem einmal genauer nachgegangen. Dabei fiel zunächst auf: Die Bearbeitung von Kundenreklamationen hat Vodafone zum Teil ausgelagert. »Im Festnetz und Mobilfunk« arbeite Vodafone »vor allem zu

Spitzenzeiten« mit »externen Callcenter-Partnern zusammen«, so das Unternehmen. Diese Zusammenarbeit sei »nicht auf einzelne, spezielle Geschäftsfälle beschränkt« und diene »insbesondere der flexiblen Bearbeitung schwankender Anrufzahlen«.

Wir bekommen Kontakt zu einem früheren Mitarbeiter eines solchen Callcenters, das im Auftrag von Vodafone arbeitete. Er erklärt uns das System so: Vodafone schreibe den Callcenter-Firmen eine Abarbeitungsquote vor, eine Art Schlüssel, wie viele Anrufe/Fälle in einer bestimmten Zeit abgearbeitet werden müssen. Immer dann, wenn diese statistischen Vorgaben nicht erreicht werden können, würden sogenannte »Systemfälle« ausgerufen, erzählt der Ex-Mitarbeiter. Die Callcenter-Mitarbeiter seien dann angewiesen gewesen, Kunden, die in der Zeit, in der die angebliche »Störung« vorlag, anriefen, zu »vertrösten, später oder am nächsten Tag anzurufen«. Durch diese Abwimmel- und Verschiebetaktik im Vorfeld habe sich »die Quote der angenommenen Reklamationen« des Callcenters verbessert. Klar: Kommen weniger Beschwerden bis zum Callcenter durch, erhöht sich natürlich bei gleicher Gesamtzahl abgearbeiteter Anrufe verhältnismäßig die Zahl der abgearbeiteten Beschwerden. Die Gelackmeierten bei einem solchen System sind die Kunden. Denn sie werden ausgetrickst, ihre Anliegen werden einfach verschoben, bis sie wieder in die Statistik passen. Wir konfrontieren Vodafone mit diesen Vorwürfen eines Ex-Callcenter-Mitarbeiters und der Telefonriese bestreitet sie vehement.

Der Ex-Mitarbeiter beharrt jedoch darauf. »Wenn Störungen sind, dann ist die Hotline voll«, erinnert er sich. Kunden, die die Vodafone-Hotline anriefen, hätten dann »30 bis 45 Minuten« warten müssen. Verständlicherweise seien die »Leute stinkig« gewesen. Das sei »ein Armutszeugnis für einen Premium-Anbieter, wenn man ständig Systemausfälle hat, und das findet auf dem Rücken der Kunden statt«, so der Informant. Bei Vodafone heißt es dazu: »Dass Kunden 30 bis 45 Minuten warten mussten, ist ein absoluter Ausnahmefall, da wir bei zu hoher Auslastung einen zeitnahen Rückruf anbieten.« Auf Anfrage erklärt Vodafones Konzernsprecher Volker Petendorf weiter: »Unsere Systeme der Kundenbetreuung arbeiten sehr stabil.« Ein Ausfall »aller Systeme an allen Standorten über einen Zeitraum von mehreren Stunden« sei »nicht bekannt«. Sollte einmal ein Callcenter-Standort ausfallen, würden »die Gespräche zu den anderen Standorten geroutet«.

## »Callcenter-Agent«: Ein echter Stress-Job

Dazu muss man wissen: In vielen Callcentern scheinen für die Beschäftigten offenbar schlimme Zustände zu herrschen. Unser Informant, der Ex-Callcenter-Mitarbeiter, beschreibt sie als »total unzumutbar«. Die Menschen, die eigentlich engagiert den Anrufern (in diesem Fall also den Vodafone-Kunden) helfen sollen, seien »schlecht gelaunt, weil schlecht bezahlt«. Mitarbeiter aber, die schlecht bezahlt werden und unter Druck stehen, leisten keine gute Arbeit. Und am Ende leiden nicht nur sie, sondern auch der Vodafone-Kunde, der schlimmstenfalls miserablen Service bekommt. Man kann es auch so formulieren: Der Kunde bekommt nur jene Servicequalität, die Vodafone zu zahlen bereit ist. Spart Vodafone am Callcenter-Mitarbeiter, spart der Konzern letztlich am eigenen Telefonkunden. Unser Informant sagt, die Callcenter-Mitarbeiter seien es deshalb oft leid gewesen, sich mit Dingen herumzuschlagen und die Wut der Kunden für Fehler abzukriegen, die »Vodafone verbockt« habe.

Vodafone-Sprecher Petendorf will das allerdings so nicht stehen lassen. Er verweist uns gegenüber auf die Ergebnisse jährlicher Mitarbeiterbefragungen, wonach die Mitarbeiter der Vodafone-Kundenbetreuung sehr engagiert und motiviert seien – bei einer insgesamt sehr hohen Zufriedenheit mit Vodafone als Arbeitgeber. Er verweist auf den Tarifvertrag mit der IG Metall, an den man sich halte und nach dem die Mitarbeiter »absolut angemessen vergütet« würden.

### »Umgehend«, »sehr gewissenhaft«, »aktiv« – wirklich?

Der ehemalige Callcenter-Mitarbeiter bestätigt jedoch Probleme mit Vertragskündigungen, wie nicht nur Carsten Janz sie erlebt hat: »Es kam häufiger vor, dass Kunden wegen nicht bestätigter Kündigungen bei der Vodafone-Hotline anriefen.« Bei Vodafone Deutschland hieß es zu Janz' Fall auf Anfrage via Kurznachrichtendienst Twitter, man benötige, um dazu Stellung nehmen zu können, »erst mal die Daten« von Janz. Wir baten Vodafone auch um Stellungnahmen zu allen anderen Punkten. Sprecher Volker Petendorf schrieb daraufhin, er wolle »ein persönliches Gespräch« führen, denn: »Ihre Fragen deuten klar darauf hin, dass hier Missverständnisse und Fehlannahmen ausgeräumt werden müssen.« Mein Recherchepartner Oppong lehnte das ab, weil im Rahmen seriöser journalistischer Arbeit solche Telefonate wertlos, da praktisch nicht sauber zu dokumentieren sind. Daraufhin teilte Petendorf schriftlich mit, Vodafone bearbeite Kündigungen »sehr gewissenhaft« und setze »sie zuverlässig um«. Dies geschehe »grundsätzlich ohne schriftliche Kündigungsbestätigung. Diese verschickt Vodafone nur auf ausdrücklichen Wunsch des Kunden«. Dieser könne »sich darauf verlassen, dass seine

Kündigung auch ohne schriftliche Bestätigung so umgesetzt wird, wie er es wünscht«. Nur bei Unstimmigkeiten nehme man »direkt nach Erhalt der Kündigung Kontakt zum Kunden auf« und bespreche mit ihm »das weitere Vorgehen«.

Ich kann das nicht so recht glauben, denn allein in diesem Buch schildere ich drei weitere Fälle von Vertragsbeendigungen bei Vodafone, die mindestens so kompliziert abliefen wie im Fall von Carsten Janz. Vodafone meldet sich »aktiv« und kümmert sich um eine umgehende Problemlösung? In allen drei weiteren Fällen Fehlanzeige! Es bleibt der Eindruck, dass Reden und Handeln nicht deckungsgleich sind. Und es bleibt der Verdacht, dass Vodafone über wesentliche Teile seines in der Praxis tatsächlich geübten Kundenbeziehungsmanagements Informationen schuldig bleibt.

Wenn Sie Vodafone-Kunde sind, dann prüfen Sie doch beim nächsten Problem, ob man sich »umgehend«, »sehr gewissenhaft« und »aktiv« um Sie kümmert. Und verweisen Sie ruhig darauf, der offizielle Sprecher des Unternehmens habe genau das als Motto ausgegeben. Vielleicht hilft es ja. Ich drücke die Daumen.

## Vodafone Kabel Deutschland: Geld ohne Leistung

Schauen wir uns aber noch einen weiteren Fall an. Ein Mandant von mir, ein gestandener Geschäftsmann aus Göttingen, hatte bei Vodafone Kabel Deutschland ein Gesamtpaket aus Telefon, DSL und Entertainment gebucht. Dazu muss man noch wissen: Vodafone Kabel Deutschland ist nicht irgendein kleiner, unbedeutender Ableger des britischen Telefonriesen. Immerhin ließ sich Vodafone die Übernahme des Kabelnetzbetreibers 2013 mehr als 10,7 Milliarden Euro kosten.

Seit 1. April 2014 ist Kabel Deutschland als Tochterunternehmen Teil des gigantischen Vodafone-Konzerns.

Ein großes, starkes und souveränes Unternehmen also,
sollte man meinen. Erfolgreich nur, weil es immer da ist für
seine Kunden und weil es deren Wünsche professionell abar-
beitet. Dass dies ein frommer Wunsch ist, zeigt das Beispiel
des Göttinger Geschäftsmannes. Der nämlich zog innerhalb
der Stadt um und wollte sein gebuchtes Telefon-, Internet-
und Entertainment-Paket auch in den neuen vier Wänden
nutzen. Nachdem er umgezogen war, schickte man deshalb
einen Techniker zu ihm. Der stellte allerdings fest, dass in der
neuen Wohnung die technischen Voraussetzungen für den
notwendigen Kabelanschluss defekt waren oder fehlten. Also
schickte der Mandant Vodafone eine Kündigung. Logisch,
denn er konnte mangels Anschluss das Vertragspaket ohnehin
nicht mehr nutzen. Das eine bedingte das andere. Und die
überlassenen Geräte schickte der Mann an Vodafone Kabel
Deutschland ordnungsgemäß zurück.

Umso überraschter war er, als man ihm allen Ernstes die
nutzlosen »Vertragsreste« weiter in Rechnung stellte. Gerade
so, als würde oder könnte er sie weiter nutzen. Auch diverse
Anrufe bei Vodafone Kabel Deutschland änderten daran
nichts. Stattdessen kontaktierte ihn die Mahnabteilung. Er erzählte am Telefon zum x-ten Mal dieselbe Geschichte: dass er
nun in einer Wohnung ohne die nötigen technischen Voraussetzungen lebe und im Übrigen längst gekündigt habe.

Die Vodafone-Kabel-Deutschland-Mitarbeiterin zeigte
sich erstaunt, äußerte gewisses Verständnis und versprach, sofort Abhilfe zu schaffen. Es änderte sich aber nichts. Am
Ende musste der Geschäftsmann wegen einer derart eindeutigen Lappalie doch ernsthaft anwaltlichen Rat einholen. Anders konnte er sich nicht mehr helfen. Plötzlich ging darauf-

hin alles ganz schnell. Am 19. April schickte ich ein Anwaltsschreiben heraus mit dem klaren Hinweis, dass sämtliche
Forderungen unberechtigt sind. Ich musste in dem Brief Vodafone erklären, was eigentlich selbstverständlich ist: dass
man nichts bezahlen muss, was man nicht bekommen hat.

Die Antwort von Vodafone Kabel Deutschland kam schon
zwei Tage später. Sie las sich so, als habe sich das Unternehmen erstmals wirklich mit dem Fall auseinandergesetzt. Immerhin lieferte man eine – für mich eher verwirrende – technische Erklärung und teilte schließlich mit: »Aus Kulanz haben wir den Vertrag für Kabel Digital und Privat HD zum
heutigen Tag beendet.«

Das mit der Kulanz ist zwar lächerlich, aber immerhin hatte der Kunde nun erreicht, was er wollte. Warum aber nicht
gleich so? Na klar: weil man erst einmal sehen will, ob der
Kunde für eine Leistung, die er gar nicht nutzen kann, weiter
brav zahlt. Der Wermutstropfen bei alledem: Die gesamten
Entgelte, die das Unternehmen dem Mandanten seit dessen
Umzug in die neue Wohnung bis zur Akzeptanz seiner Kündigung weiter widerrechtlich abgeknöpft hatte, erhielt er
rückwirkend nicht wieder ausbezahlt. Stattdessen wurde ein
Inkassounternehmen beauftragt, um 118,85 Euro einzutreiben. Auch dagegen gehe ich anwaltlich vor.
Apropos Anwalt: Natürlich blieben auch meine Anwaltsge-
bühren an dem Mann hängen. Obwohl Vodafone Kabel
Deutschland letztlich ihr Verursacher war, ist man nicht bereit, auch sie zu übernehmen. Auch dagegen gehen wir notfalls vor Gericht. Ach ja: Bevor das Inkassounternehmen in
Marsch gesetzt wurde, kam eine E-Mail vom Konzern mit
der Drohung, man werde die Kabelprodukte in Kürze sperren – Produkte, die es nie gab, weil es an der notwendigen
Installation fehlte. Humor ist, wenn man trotzdem lacht.

### Juristisch vorgehen – ja oder nein?

Also stellt sich wieder die klassische Frage: Lohnt sich die Mühe, in solchen Fällen juristisch vorzugehen? Will man in letzter Konsequenz sogar gerichtlich überprüfen lassen, ob die technische Erklärung und die daraus von Vodafone gezogenen rechtlichen – für mich zweifelhaften – Schlüsse stimmen? Wieder einmal bleibt es an einem einzelnen Kunden hängen, Zeit und Geld zu investieren, um sein Recht zu bekommen und eine wahrscheinlich in einer Vielzahl von Fällen seitens Vodafone geübte Praxis zu überprüfen. Zum Zeitpunkt der Fertigstellung dieses Buches hatte mir der Mandant den Auftrag dazu erteilt.

Und weil es so schön war, gleich noch einmal Vodafone.

### Vodafone Kabel Deutschland: Die Servicepauschale als teure Überraschung

Wer sich in einschlägigen Foren im Internet umschaut, stößt in Zusammenhang mit Vodafone Kabel Deutschland immer wieder auf Klagen und Beschwerden erboster Kunden, in denen ein und derselbe Betrag vorkommt: 99,50 Euro. Eine Frau schreibt: »Ich habe heute eine Rechnung von Kabel Deutschland bekommen, wo Kosten für einen Techniker von 99,50 Euro aufgeführt sind. Als ich ebendiesen ›kommen ließ‹ (vielmehr geschickt bekommen habe), wurde mir versichert, dass dieser kostenlos sei. Dies hat mir der besagte Techniker vor Ort auch noch mal bestätigt.«

Diese Vorgehensweise ist kein Einzelfall. Eine meiner Mandantinnen hatte immer wieder Probleme mit ihrem Internetanschluss. Man bot ihr eine »Entstörung« an. Auf die ausdrückliche Nachfrage, ob das auch wirklich kostenlos sei, kam ein klares »Ja«. Und das nicht nur einmal. Nachdem eine SMS eintrudelte, um über den bevorstehenden Besuch des Technikers zu informieren, rief die Mandantin noch einmal bei der Kundenhotline des Unternehmens an, um sich zu vergewissern. Doch, doch, das sei wirklich kostenlos, lautete einmal mehr die Auskunft.

Der Techniker kam, konnte aber nichts ausrichten. Er teilte der Mandantin mit, er werde ausdrücklich eine Notiz machen, damit sie keine Rechnung bekomme. Das klang schon irgendwie verdächtig überdeutlich. Die Mandantin wurde misstrauisch. Sie googelte »Betrug Vodafone Techniker« und stellte fest, dass etlichen Leidensgenossen nach der vorherigen Mitteilung, der Hausbesuch eines Technikers sei kostenlos, doch eine Servicepauschale von 99,50 Euro berechnet wurde. Und tatsächlich: Wenig später fand meine Mandantin auf ihrer monatlichen Rechnung die Servicepauschale von 99,50 Euro ausgewiesen.

Dann kam die nächste üble Überraschung. Auf ihren empörten Anruf bei der Kundenhotline hin teilte man ihr mit, dass sie nach den im System gespeicherten Informationen angeblich »ausdrücklich« über die Kostenpflichtigkeit aufgeklärt worden sei. Zuständig war danach das Beschwerdemanagement. Netterweise war es telefonisch für die Mandantin nicht erreichbar und auch nicht per E-Mail, sondern nur über das klassische, per se unangenehme Kontaktformular. Das füllte dann allerdings ich als Anwalt der Frau aus. Und siehe da: Auf einmal hatte sich die Sache erledigt:

*Ihre Reklamation zur Zahlung der Servicepauschale*
Nach eingehender Prüfung Ihrer Angelegenheit entsprechen wir Ihrem Wunsch nach einer Korrekturbuchung.

Wir werden den Betrag aus unserem System ausbuchen, Sie müssen hierfür nichts weiter tun.
Diesen Betrag verrechnen wir Ihnen mit Ihrer nächsten Rechnung.
Wir entschuldigen uns für Ihre Unannehmlichkeiten und wünschen Ihnen weiterhin gute Unterhaltung mit Ihrem Kabelanschluss.

Freundliche Grüße
Ihr Vodafone-Team

## Geschäftsmodell: Den Kunden für dumm verkaufen

Ich habe diese Fälle nicht aufgeschrieben, um für mich als Anwalt zu werben. Sondern weil ich glaube, nein, sogar überzeugt bin, dass es sich hier nicht um Zufälle handelt. Ein Kunde ist unzufrieden, er beschwert sich und wird ignoriert. So geht das wochen- oder monatelang und während dieser Zeit wird bei ihm munter weiter kassiert. Erst wenn der Kunde ernst macht und den Rechtsweg einschlägt, gibt das Unternehmen nach. Warum? Weil es genau weiß, dass es einen etwaigen Prozess mit Pauken und Trompeten verlieren würde. Das ist eine an sich üble Masche und zugleich ein riesiges Geschäft für die Firmen. Denn man darf annehmen, dass dieses Spielchen zigtausendfach so gespielt wird.

## DSL-Anschluss: Sie haben kein Internet? Uns doch egal!

Manchmal werden auch der Gesetzgeber und die Rechtsprechung tätig, wenn der Verbraucher allzu rechtlos scheint. Das kann allerdings dauern. Bis dahin geht die Abzocke erst einmal weiter. Fast jeder, der einen DSL-Anschluss hat, hat irgendwann einmal Kampf und Krampf erlebt, bis der Anschluss auch wirklich funktionierte. Da die Telekom über die letzten Meter zum Kunden verfügt, braucht es, wenn man Kunde bei einem anderen Anbieter wird, gleich zwei Stellen, bis das Surfen im Internet losgehen kann: den eigenen Anbieter und die Deutsche Telekom. Und das scheint den Schwierigkeitsgrad der Sache oft nicht nur zu verdoppeln, sondern zu verzehnfachen. Qualvoll vergeht dann Woche um Woche, in der immer der jeweils andere Dienstleister angeblich an der Verzögerung schuld ist.

Vor 15 Jahren, ich wollte gerade mit meiner Anwaltskanzlei umziehen, bat ich voll naiver Hoffnung auf schnelle Erledigung meinen Internet-Provider Vodafone, meinen DSL-Anschluss ab sofort am neuen Standort zur Verfügung zu stellen. Ganz ungerührt stellte man daraufhin eine Bearbeitungszeit von drei Monaten in Aussicht. Und schuld daran sei natürlich die Telekom. Daraufhin kündigte ich den Vertrag mit Vodafone fristlos. Drei Monate auf schnelles Telefonieren und Internet zu warten kann sich kein Anwalt hierzulande leisten.

Also suchte ich mir einen neuen Anbieter und als per se attraktiver Neukunde hatte ich binnen zwei Tagen DSL und mein Internet. Vodafone aber schickte weiter Monat für Monat Rechnungen, die ich natürlich nicht bezahlte. Also kamen Mahnungen und schließlich ein Mahnbescheid. Auf den Mahnbescheid reagierte ich mit einem Widerspruch. Der wurde mit einem skurrilen Schreiben beantwortet. Es meldete sich eine Anwaltskanzlei. Ich sei ja offenbar Kollege. Bei meinem Widerspruch hätte ich mir bestimmt etwas gedacht. Ob man höflich fragen dürfe, was das sei? Das habe ich gerne beantwortet: dass nämlich eine avisierte Umzugsdauer für den DSL-Anschluss von drei Monaten zur fristlosen Kündigung berechtigt. Und das könne man ja gerne einmal in einem Musterverfahren gerichtlich klären. Ich habe daraufhin nie wieder etwas von der Sache gehört.

Das ist kein Wunder, denn die Beurteilung in der juristischen Fachliteratur ist inzwischen eindeutig. Der Bundesgerichtshof (BGH) hat 2013 endlich in einem Musterverfahren wenig überraschend höchstrichterlich entschieden, dass ein Kunde sofort den Vertrag mit dem Anbieter kündigen darf, wenn dieser ihm nach dem Umzug nicht sehr zeitnah einen neuen Anschluss herstellen kann. Soll heißen, innerhalb weniger Tage oder Wochen.

Wenn ein Gericht aber rechtskräftig feststellt, dass eine beliebte Geschäftspraxis illegal ist, so ist das natürlich eine gewaltige Panne, die es unbedingt zu vermeiden gilt. So etwas kann die schönsten Betrugsmaschen kaputt machen. Das BGH-Urteil ist beeindruckend verbraucherfreundlich, einerseits. Andererseits ist es aber auch bedrückend, wie lange sich in unserem Rechtsstaat systematische und massenhafte Rechtsverstöße begehen lassen, zum Schaden Tausender Kunden.

Ob seither jeder Betroffene das BGH-Urteil (und damit sein Recht) kennt? Wohl kaum. Ob die Provider sich durchgängig daran halten? Ganz sicher nicht. Und wo kein Kläger, da bekanntlich kein Richter. Also dürfte das Spiel weitergehen, bei dem die uninformierten Kunden veralbert werden und die informierten ihre Zeit mit Briefeschreiben und Telefonaten vergeuden müssen, bis im Einzelfall die geltende Rechtslage hergestellt ist.

## 1 & 1 Telecom: Kritik totschweigen

Bei meinen Recherchen bin ich in diesem Zusammenhang auf viele Verbraucherklagen in Internetforen gestoßen, die sich mit dem Anbieter 1 & 1 befassen, und ich bin einigen nachgegangen. Generell sind bei Telekommunikationsverträgen Vertragskündigungen immer wieder ein Problem. Ein häufiger Fall: Ein gekündigter Festnetztelefon-Vertrag läuft einfach weiter und soll dementsprechend auch weiter bezahlt werden. Ein Experte für Kundenpflege, der namentlich ungenannt bleiben möchte, erzählt aus der Praxis des Anbieters 1 & 1 Telecom GmbH. Der sei, was Vertragskündigungen angeht, »Weltmeister« und es gebe dazu »haufenweise Berichte«. Und tatsächlich findet man im Internet Beschreibungen von Kunden, die von Problemen mit Vertragsverlängerungen bei 1 & 1 erzählen.

Ein Kunde spricht in diesem Zusammenhang von »Kundenveräppelung«. Auf reclabox.com gab es allein zu 1 & 1 bis zum Redaktionsschluss dieses Buches 446 Beschwerden seit dem Jahr 2008. In nur 0,4 Prozent der Fälle antwortete 1 & 1 auf die Beschwerden. Gelöst werden konnte nur rund ein Drittel.

Ein 1 & 1-Kunde schilderte in einem Forum im Oktober 2014 Probleme dabei, ein Smartphone zu seiner Vertragsverlängerung zu bekommen. Man habe ihn an den Kunden-Onlineshop verwiesen: »Als ich nach einigen Tagen immer noch kein Angebot im Onlineshop erkennen konnte, rief ich noch einmal bei der Hotline an. Hier wurde mir gesagt, dass eine technische Störung vorliege, die erst behoben werden muss.« Danach sei er mehrfach vertröstet worden, obwohl eine Kündigungsfrist bei ihm auslief. »Zwischenzeitlich habe ich sogar an der Zufriedenheitsumfrage (die man per Mail bekommt,

nachdem man mit dem Kundenservice telefoniert hat) teilgenommen.«

Durch die Verzögerung verpasste der Kunde seine Kündigungsfrist, ohne bis dahin im Besitz eines neuen Gerätes zu
sein. »Von jedem Mitarbeiter bekommt man eine andere Aussage und keine scheint erfolgversprechend zu sein«, ärgerte
sich der Beschwerdeführer. »Kundenservice sieht definitiv
anders aus!« Ob 1 & 1 nun wirklich ein besonderer Problem-
fall ist, lässt sich an dieser Stelle abschließend nicht seriös klären. Dazu fehlen repräsentative Zahlen oder die Möglichkeit,
anhand von belastbaren Daten einen umfassenden Vergleich
mit anderen Anbietern anzustellen. Aber es ergibt sich doch
ein gewisses, nicht untypisches Bild. Bei 1 & 1 wollte man auf
Anfrage zu den Kundenbeschwerden nicht konkret Stellung
nehmen. »Dass es bei den von Ihnen genannten Fällen zu
Komplikationen kam, bedauern wir sehr«, heißt es schlicht.
Obwohl gar keine personenbezogenen Daten berührt sind
und die Kunden, die sich auf reclabox.com beschweren, damit
selbst mit ihren Daten an die Öffentlichkeit gehen, erklärt
man: »Bitte haben Sie Verständnis, dass wir ohne die Einwil-
ligung der Kunden keine Auskunft zu diesen Einzelfällen geben können.«

Schließlich befragte Mit-Rechercheur Marvin Oppong
1 & 1 wie auch Vodafone zu technischen Ausfällen und zur
Zusammenarbeit mit externen Callcentern. Doch die Unternehmen, die doch eigentlich von Kommunikation leben, erwiesen sich als zugeknöpft. Man könne, so 1 & 1, »keine Auskunft geben, da es sich hierbei um interne Informationen«
handele, hieß es. Keine Antwort ist auch eine Antwort.

## Die Justiz als unfreiwilliger Unterstützer

Als Anwalt bin ich Organ der Rechtspflege. Da weiß man, wo die Justiz gebraucht wird und womit sie besser nicht ihre Zeit verplempern sollte. Richter sind hoch qualifiziert und entsprechend teuer für den Steuerzahler. Was mich daher besonders erzürnt, ist die Art und Weise, wie die Telefonkonzerne unsere Justiz und speziell die Gerichte für ihre Zwecke einspannen. Wohlgemerkt die Justiz, die eigentlich dazu da sein sollte, ein gesetzeskonformes Verhalten auch der großen Unternehmen zu erzwingen. Und uns Kunden zu schützen. Eben diese Justiz wird durch die Telefonunternehmen vom natürlichen »Feind« zum Unterstützer gemacht. Die Unternehmen bauen darauf, dass Gerichte Teil der Drohkulisse sind, um den Kunden klein zu halten. Diese Firmen beanspruchen die Gerichte über Gebühr, indem sie sie mit überproportional vielen Fällen zuschütten, wo die Rechtslage eigentlich klar ist. Lauter Fälle, in denen man sich ohne weiteres außergerichtlich mit den Kunden einigen könnte. Dass sie dennoch vor dem Kadi landen, zeigt, welche kleinlichen Streithansel die ach so großen und führenden Anbieter in Wirklichkeit oft sind.

## Zwangsvollstreckungen: Die Gerichte als Dienstleister der Mobilfunkanbieter

Diese Misere zeigt sich gerade im Bereich der Mobilfunkverträge. So erzählt der für Zwangsvollstreckungen zuständige Richter am Amtsgericht im hessischen Kassel, dass etwa die Hälfte seiner Tätigkeit inzwischen darin bestehe, offene Rechnungen für Mobilfunkanbieter eintreiben zu lassen. Das hat ganz enorme Vorteile für diese Unternehmen: Sie müssen ab einem gewissen Punkt nicht mehr eigenes Personal tätig werden lassen. Stattdessen wird ein zum großen Teil durch Steuern finanziertes Verfassungsorgan (jedenfalls im Bereich der Zwangsvollstreckung) zu mehr als 50 Prozent nur für eine Branche tätig. Leidtragende sind alle Steuerzahler. Denn man muss wissen: Im Durchschnitt finanzieren sich Gerichte nur zu 40 Prozent selbst, über Gerichtsgebühren oder Strafzahlungen von Verurteilten. 60 Prozent der Kosten zahlt der Staat. Wir alle also.

Während der Zweck einer Zwangsvollstreckung üblicherweise darin besteht, etwa bei Schmerzensgeld, auch wirklich an das Geld zu kommen, geht es gerade bei Handyverträgen oft massiv um etwas ganz anderes: Gegenüber den Kunden ganz allgemein soll eine Drohkulisse aufgebaut werden. Wer als Anwalt schon mit säumigen Handyrechnungs-Zahlern zu tun hatte, weiß, dass diese sehr oft nicht aus Unwillen heraus nicht zahlen, sondern weil sie das Geld einfach nicht haben. Umgekehrt tun die Anbieter natürlich alles, um ihre Rechnungen hochzutreiben: Teure Tarife, teure Geräte, teure Zusatzleistungen von Drittanbietern werden auch dort massiv etwa mit Werbeanrufen und Lockangeboten in den Markt gedrückt, wo man es mit erkennbar zahlungsschwachen Kunden, etwa Jugendlichen zu tun hat. Statt also den Azubi dahingehend zu beraten, er solle doch lieber auf das teuerste iPhone, die Mega-Datenflatrate oder teure Spielesoftware verzichten, ermuntert man ihn bewusst zum teuren Kauf – um nachher mit Hilfe des Gerichtsvollziehers extrem Druck zu machen. Denn irgendwann zahlen dann schon Mama, Papa oder Oma, um noch höhere Kosten und eine allzu desaströse Schufa-Auskunft des Sprösslings zu vermeiden. Selbstverständlich ist es völlig legitim, wenn Anbieter ihre

Produkte verkaufen und gute Gewinne machen wollen. Aber es ist nicht in Ordnung, wenn wir Steuerzahler mit Millionen systematisch und entgegen dem eigentlichen Zweck des Justizsystems zu unfreiwilligen Subventionen herangezogen werden.

## Versatel: Der 16-Cent-Prozess

Ganz einfach, um ein Zeichen für die Verbraucher zu setzen, habe ich den Spieß umgedreht und meinerseits ein Gericht in einem Fall von einer Größenordnung angerufen, in dem man das normalerweise nicht tut. Es ging um die zu Beginn des Buches bereits erwähnten 16 Cent. Auf diesen Betrag habe ich den Anbieter Versatel verklagt. Der Fall sorgte für allerhand Berichterstattung in der Presse.

Wie kam es dazu?

Vorneweg: Ich bin nicht der einzige Betroffene. In einschlägigen Internetforen beklagten sich einige Inhaber von Festnetz-Telefonanschlüssen darüber, dass ihnen die Versatel GmbH in Köln einmal oder immer wieder über ihre Telefongesellschaft Cent-Beträge abbuchen ließ, weil sie angeblich eine Service-Rufnummer der früheren GEZ, der Gebühreneinzugszentrale also, angerufen haben sollen. Auch mich hatte es erwischt, was mir aber viele Monate lang gar nicht aufgefallen war. Die Telekom hatte die Beträge – meist nur einige Cent – einfach mit eingezogen. Selbst wenn man die monatliche Rechnungsübersicht kontrolliert, fällt der Posten kaum auf. Er steht ziemlich am Ende einer langen Liste von Leistungen.

Wer ihn findet und den Betrag nicht zahlen will, muss seiner Telefonrechnung widersprechen und versuchen, das Geld

wiederzubekommen – mit zweifelhaften Erfolgsaussichten.
Der Aufwand ist groß. Zu groß, sagen sich manche, angesichts dessen, dass es nur um Mini-Beträge geht. Aus der Sicht
dessen, der sie ungerechtfertigt kassiert, addieren sie sich jedoch auf erhebliche Summen. Wer sich wehren will, muss sich
in die einschlägige Rechtslage einarbeiten. Die Fristen für eine
Beanstandung sind kurz. So regelt das Telekommunikationsgesetz in einem ellenlangen Paragraphen: »Der Teilnehmer
kann eine ihm von dem Anbieter von Telekommunikationsdiensten erteilte Abrechnung innerhalb einer Frist von mindestens acht Wochen nach Zugang der Rechnung beanstanden. Im Falle der Beanstandung hat der Anbieter das in Rechnung gestellte Verbindungsaufkommen unter Wahrung der
datenschutzrechtlichen Belange etwaiger weiterer Nutzer des
Anschlusses als Entgeltnachweis nach den einzelnen Verbin-
dungsdaten aufzuschlüsseln und eine technische Prüfung
durchzuführen, es sei denn, die Beanstandung ist nachweislich nicht auf einen technischen Mangel zurückzuführen. Der
Teilnehmer kann innerhalb der Beanstandungsfrist verlangen,
dass ihm der Entgeltnachweis und die Ergebnisse der technischen Prüfung vorgelegt werden.«
Gesetz und Rechtsprechung trauen also Unternehmen
mehr als Verbrauchern: Dass Versatel behauptet, die Gebühren seien angefallen, wird von Haus aus als richtig angenommen. Das will erst einmal widerlegt werden. Die Beweislast
lag in diesem Fall bei mir als Kläger. Der Kläger muss das
Gericht auf die von der Zivilprozessordnung vorgeschriebene
Weise überzeugen, dass seine Behauptung stimmt. Gelingt
das nicht, verliert man automatisch den Prozess. Jetzt versuchen Sie einmal, zu beweisen, dass Sie ein bestimmtes Telefonat *nicht* geführt haben. Das ist gar nicht so einfach, um nicht
zu sagen: eigentlich unmöglich. Ganz sicher ginge das nur im

sogenannten Verfahren des Strengbeweises. Und die Mittel dazu führt die Zivilprozessordnung auf: öffentliche Urkunden etwa. Aber woher soll man die nehmen? Zeugen würden helfen, aber wie soll das gehen? Da müsste ja jemand einen ganzen Monat lang nicht von Ihrer Seite gewichen sein und sich genauestens an Ihr Telefonierverhalten erinnern können. Sachverständigengutachten? Sie scheitern daran, dass die Unternehmen alle notwendigen Interna nicht an einen Sachverständigen herausgeben würden. Die besten Aussichten hätte man als Kläger, wenn man beim zuständigen Richter im Prozess zumindest ausreichende Zweifel an der Datenerfassung bei Versatel überzeugend säen könnte. Dann könnte dieser bestimmen, dass die Beweislast sich wiederum umkehrt und jetzt doch Versatel beweisen muss, dass die Abrechnung richtig ist.

In meinem Fall schien es so, als habe Versatel einen entscheidenden Fehler begangen: Die Nummer, von der das Telefonat (»Sprachdienst«) geführt worden sein sollte, war die Faxnummer meiner Kanzlei. Eine reine Faxnummer. Man kann über das Faxgerät nicht telefonieren. Das geht technisch nicht und es ist auch kein Hörer montiert. Und selbständig zum Telefonhörer greifen kann ein Faxgerät auch nicht. Und wenn es das könnte, könnte es noch lange nicht sprechen. Schon gar nicht könnte es ein paar Minuten mit jemand am anderen Ende der Leitung reden, wie Versatel in meinem Fall festgestellt haben wollte.

Also habe ich das Unternehmen vor dem Amtsgericht Düsseldorf verklagt. Im ersten Versuch auf Rückzahlung der Gebühren für einige angebliche Gespräche, insgesamt so um die fünf Euro. Nur ein Minimalbetrag, aber ich dachte mir, einer muss das mal in einem Präzedenzfall klären. Mir war klar: Habe ich mit meiner Klage Erfolg, dann können meinem

Beispiel womöglich Tausende Leidensgenossen folgen. Das käme Versatel ziemlich teuer.

Bei Beträgen bis 600 Euro wird ein solcher Prozess im sogenannten vereinfachten Verfahren durchgeführt: Der Richter setzt eine Frist, bis zu der man Schriftsätze einreichen kann. Dann entscheidet das Gericht. Eine mündliche Verhandlung findet nur auf Antrag statt. Als Anwalt hat man grundsätzlich einen Vorteil gegenüber dem Normaltelefonierer: Man kann tatsächlich durch Unterlagen in Verbindung mit Zeugen beweisen, dass man nicht telefoniert hat. Zum einen ist das Faxgerät in unserer Kanzlei so konfiguriert, dass es automatisch und regelmäßig Listen aller getätigten Faxsendungen mit Empfängernummer und der Angabe, ob eine Verbindung zustande gekommen ist oder nicht, ausdruckt. Und zum anderen führen wir ein Postausgangsbuch, in dem durch geschultes Personal alle ausgehenden Briefe und Faxe mit Datum und Empfänger präzise und vollständig eingetragen werden. Was in meinem Fall erschwerend hinzukam: Ein Teil der angeblich etwa ein Dutzend Telefonate mit der immer gleichen GEZ-Nummer hätte laut Versatel-Angaben zu den absonderlichsten Uhrzeiten oder am Wochenende stattgefunden, wenn also niemand im Büro ist.

Ich fasse zusammen: Nicht ein einziges Mal fand sich die gewählte Nummer in den Faxprotokollen. Nicht ein einziges Mal war zu den von Versatel angegebenen Zeiten überhaupt ein Fax verschickt worden. Nicht an einem einzigen der von Versatel angegebenen Tage fand sich die Versendung eines solchen oder auch nur ähnlichen Faxes im von meinen Mitarbeitern akribisch geführten Postausgangsbuch. Eigentlich alles klar, sollte man meinen. Doch dem Richter war das alles zu komisch.

Es kann nicht sein, dachte er sich wohl, dass ein seriös

scheinendes Unternehmen einfach dreist gelogen haben sollte. So kann man das aber auch nicht in ein Urteil schreiben.
Für einen Richter, der zwar im Amtsgericht sitzt, aber vielleicht noch Größeres vorhat, wäre das zu plump. Vielleicht
tue ich dem Richter unrecht. Aber mein Eindruck bei diesem
ersten Versuch war, dass er sich gar nicht erst mit der Frage
auseinandersetzen wollte, ob die Telefonate wirklich stattgefunden hatten. Also entschied er, darauf komme es gar nicht
an. Denn ich hätte ja freiwillig gezahlt. Und könne deshalb
meine etwa fünf Euro nicht zurückfordern. So freiwillig und
bewusst, wie man eben zahlt, wenn einfach abgebucht wird.

Einer solch absurden Begründung kann ich nicht folgen.
Ich beschloss also, nicht aufzugeben, und startete den nächsten Versuch, wieder eine Klage vor dem Amtsgericht Düsseldorf. Versatel hatte ja netterweise über viele Monate hinweg
immer wieder dieselben angeblichen Anrufe vom Faxgerät
über die Telekom abgerechnet. Diesmal klagte ich nicht wieder mehrere Monate gleichzeitig ein, sondern beschränkte
mich auf einen Monat. Es ging um 16 Cent plus Umsatzsteu-
er – macht 19 Cent.

Diesmal lief es besser. Der Richter, ein anderer als beim ersten Verfahren, erließ einen Beweisbeschluss. Für den Juristen
ist dies ein Signal, dass die Klage erfolgreich wäre, die Rich-
tigkeit der Angaben des Klägers unterstellt. Nur dann nämlich ergibt es einen Sinn, Beweis zu erheben. Die vier mit der
Handhabung von Fax und Post betrauten Mitarbeiter meiner
Kanzlei sollten diesmal als Zeugen aussagen. Um die Sache zu
vereinfachen, bestimmte das Düsseldorfer Amtsgericht, dass
die Kollegen am örtlichen Amtsgericht in Göttingen vernom-
men werden sollten – eine richtige und übliche Vorgehensweise. Das Faxgerät wollten wir mitnehmen. Um dem Richter zu zeigen, dass man damit nicht telefonieren kann, selbst

wenn zwei Leute es hochwuchten und einer dritten Person an Ohr und Mund halten.

Doch das Göttinger Gericht verweigerte erstaunlicherweise die sonst völlig übliche Amtshilfe. Begründung: Der Düsseldorfer Beweisbeschluss sei schlecht formuliert. Also musste der Düsseldorfer Richter die Zeugen doch selbst hören. Was für ein Aufwand! Zu fünft – vier Mitarbeiterinnen und ich – machten wir uns also auf den Weg nach Düsseldorf. Der Einsatz dafür, Versatel das vermutete Handwerk zu legen, hatte sich gewaltig erhöht: Die Kanzlei musste für einen Tag geschlossen, fünf Zugtickets mussten gekauft werden und eine Mitarbeiterin unterbrach für ihre Zeugenaussage ihren Urlaub.

Der Richter vernahm alle Zeuginnen gründlich. Es lief gut. Der Richter bedeutete dem Gegenanwalt, die Zeugenaussagen seien ziemlich überzeugend. Der konterte nur trocken, der Ausgang des Rechtsstreits sei ihm ziemlich egal; er sei nur die Vertretung. Ich bekam das Gefühl, die doch über tausend Euro Kostenrisiko könnten sich gelohnt haben. Bis das Urteil kam.

Der zuvor scheinbar so gründliche Richter fand in einem Akt von der Prozessordnung nicht vorgesehener Kreativität an den Haaren herbeigezogene angebliche Lücken in meiner Argumentation. Er behauptete, es hätte ja doch ein echtes Telefongespräch im Sinne einer Sprachverbindung und keine Faxverschickung stattgefunden haben können. Und das bedeutete dann unweigerlich auch: Irgendein Dritter hätte sich Zugang zum Fax verschaffen können, um dort einen Telefonhörer anzuschließen, ein Telefonat zu führen, um dann das Protokoll dieses Vorgangs in der geräteinternen Software zu löschen. Was alles eine enorme Fachkenntnis voraussetzt, da dazu ein Hardwaremodul ausgebaut, neu programmiert und wieder eingesetzt werden muss. So ergibt sich das für mich aus den Unterlagen des Faxherstellers Canon. All das soll wohlgemerkt anderthalb Meter entfernt von zwei im selben Raum sitzenden Mitarbeiterinnen geschehen sein können, und das auch noch viele Male. Nicht einmal Versatel hatte all das zuvor im Prozess behauptet, was sich der Richter da nun ausdachte.

Zu Recht gibt es für die Aufstellung solcher Theorien zwei klare Vorgaben vom Bundesgerichtshof (BGH): Wer als Richter eine Annahme trifft, die ausdrücklich und übereinstimmend von beiden Streitparteien nicht getroffen wird, muss beide Seiten dazu vorher anhören. Das unterblieb in meinem Fall mit der Folge eines sehr überraschenden Urteils. Auch die zweite BGH-Vorgabe wurde vom Düsseldorfer Amtsrichter nicht erfüllt. Sie besagt: Wer als Richter komplexe technische Annahmen trifft, muss entweder selbst über die technische Fachkenntnis verfügen oder aber einen Sachverständigen heranziehen.

Beides hielt ich dem Richter in einer sogenannten Gehörsrüge vor – ein anderes Rechtsmittel gab es nicht: Da der Wert, um den gestritten wurde, nicht über 600 Euro lag, war keine Berufung zum Landgericht möglich. Der Richter reagierte ablehnend bis ungehalten. Ich vermute, er war zu verliebt in seine Urteilsbegründung, die zwar eine nach den BGH-Vorgaben rechtswidrige Begründung enthielt, die er aber selbst wohl für besonders klug hielt. Und das Gericht war damit schon öffentlich vorgeprescht.

Wochen bevor ich als Kläger das ausformulierte schriftliche Urteil erhielt, hatte das Amtsgericht bereits eine Pressemitteilung über den durchaus nicht nur wegen der geringen Streitsumme, sondern auch rechtlich interessanten Fall herausgegeben. Die *Bild*-Zeitung brachte einen Artikel mit einem Foto des Richters – souverän lächelnd in seiner Robe am Richtertisch. Überschrift: »Irrsinn! 700 Euro für einen Prozess um 19 Cent«. Das geschah unter Verstoß gegen die Grundregeln des journalistischen Handwerks: Mich hörte die *Bild* vor Veröffentlichung nämlich nicht. Der Kölner *Express* hingegen handhabe das korrekt. Die Redakteurin interviewte mich am Telefon. Ich musste zwar improvisieren, weil mir im Gegensatz zur Presse das Urteil ja nicht vorlag. Aber der Bericht der Zeitung fiel für mich sehr viel freundlicher aus: ein mutiger Anwalt, der unter Einsatz von Zeit und einer erklecklichen Summe Geld aus seiner eigenen Tasche eine Betrugsmasche aufzudecken versucht. Und sich für Tausende andere Telefonnutzer in die Bresche wirft. So war auch der Tenor einer längeren dpa-Agenturmeldung, die bundesweit von unzähligen Zeitungen und Online-Publikationen übernommen wurde. Etliche Zuschriften und Facebook-Einträge anderer Betroffener zur Berichterstattung belegten dann, dass es sich bei solchen dubiosen Mini-Abbuchungen um ein systemisches Problem handelt, nicht um einen Einzelfall.

Umso ärgerlicher, dass das Amtsgericht Düsseldorf kläglich darin versagt hatte, einmal eine grundsätzliche Klärung im Interesse vieler Tausender Betroffener herbeizuführen. Die rechtskräftige Bestätigung meines Verdachts fehlt also. An meiner persönlichen Meinung ändert das nichts. Und: Es ist nicht aller Tage Abend. Ich habe noch einige Rechnungen, auf denen die dubiose Abrechnungsposition auftaucht. Und so werde ich vielleicht noch einmal klagen, zur Widerlegung der merkwürdigen Annahmen des Gerichts. Irgendwann muss es ja klappen.

# Banken: Die hohen Kosten falscher Beratung

## Wenn das Bankgeheimnis nicht so ernst genommen wird

Eines gleich vorab, damit gar nicht erst Missverständnisse aufkommen: So etwas wie ein gesetzlich speziell geregeltes Bankgeheimnis gibt es in Deutschland nicht. Banken und ihre Kunden sind entgegen einem weit verbreiteten Irrglauben nicht in der Weise vor Ausschnüffelei geschützt wie etwa Arzt und Patient, Geistlicher und Gläubiger oder Rechtsanwalt und Mandant. Trotzdem erwartet man natürlich als Kunde von seiner Bank einen besonders sorgfältigen Umgang mit den von Haus aus sensiblen Kundendaten. Gablers Wirtschaftslexikon, ein Standardwerk, definiert »Bankgeheimnis« so: »Das Bankgeheimnis ist eine durch den Bankvertrag stillschweigend übernommene Verpflichtung der Bank, keinerlei Informationen über Kunden und deren Geschäftsbeziehungen unbefugt an Dritte weiterzugeben.« Mit anderen Worten: Was einer verdient, wie vermögend er ist, wie hoch seine Schulden sind, Kontostände und Kontobewegungen – all das geht Fremde nichts an. Privatsache! Darüber herrscht grundsätzlich gesellschaftlicher Konsens. Und die Banken suggerieren ihren Kunden, mit den Informationen über sie so diskret und verantwortungsvoll wie nur irgend möglich umzugehen. Deshalb hätte ich nicht für möglich gehalten, was mir bei einer meiner langjährigen Hausbanken widerfuhr.

Ich hatte dort eigentlich nur Spar-Zinssätze erfragen wollen und entsprechend einen Termin vereinbart. Man bat mich in einen Kunden-Besprechungsraum. Nach wenigen Minuten

erschien dort aber nicht die üblicherweise für mich zuständige Sachbearbeiterin, sondern ein mir bis dato fremder Herr
in Anzug, Krawatte und mit Namensschild und Bankenlogo
am blauen Business-Anzug. Er stöpselte sein Ethernet-Kabel
in die Datensteckdose an der Wand und rief erst einmal meine
Daten auf dem Bildschirm seines Computers auf. So nach und
nach stellte sich heraus: Der Mann war überhaupt kein Ange-
stellter meiner Hausbank. Sondern ein externer Finanzvermittler.

Die Bank hatte nämlich kurz zuvor – wohl, um Lohnkos-
ten zu sparen – Mitarbeitern gekündigt und anschließend mit
ihnen eine Geschäftsverbindung aufgenommen. Sie firmier-
ten nun als selbständige Finanzberater. Externe Mitarbeiter
also, denen man dann ohne viel Federlesens wieder Zugang
zu den Daten der Bankkunden gab. Ohne diese zu informieren oder, was eigentlich angebracht gewesen wäre, um Er-
laubnis zu bitten.

Der Schutzlevel für die sensiblen Kundendaten war natürlich jetzt ein viel niedrigerer als bei einem »echten« Bank-
mitarbeiter. Ich hatte als Kunde einen Vertrag mit der Bank.
Nicht mit dem selbständigen Finanzvermittler, dem externen
Dienstleister also, der mir nun gegenübersaß und munter in
meinen Daten las. Hätte ich das gewollt, hätte ich ihn beauftragen müssen und mir auch noch eine Verschwiegenheitsver-
pflichtung unterschreiben lassen. Aus der Perspektive der
Bank war der Mann kein weisungsgebundener Arbeitnehmer
mehr, dem man per Anweisung strenge Pflichten hätte aufer-
legen können. Er war frei, selbständig und konnte schon zehn
Minuten später die Kenntnisse über meine Person zu einer anderen Bank oder einem anderen Finanzvermittler mitnehmen.

Ich empfand das als unmöglich und informierte den in diesem Fall zuständigen hessischen Datenschutzbeauftragten.

Zu meinem Erstaunen, ja eigentlich sogar zu meinem Entsetzen, interessierte er sich nur wenig für den mehr als nur schludrigen Umgang mit sicher nicht nur meinen sensiblen Kundendaten. Die Bearbeitung meiner Beschwerde verlief zäh und ich musste mehrmals nachhaken. Am Schluss teilte mir der Datenschutzbeauftragte ohne nähere Begründung mit, man habe nichts weiter zu veranlassen. Das verstehe ich bis heute nicht. Was ich aber verstehe: Der Umgang mit Datenschutzbeauftragten kostet Zeit. Und nicht alle von denen sind besonders motiviert.

## Selbstreinigungskräfte: Ungenügend

Wenn es um korrekten und professionellen Umgang mit Kunden geht und um das gerne mit dem Fachbegriff Compliance bezeichnete saubere, regelkonforme Wirtschaften, gehören die Banken generell zu den besonderen Sorgenkindern. Das zeigt sich schon an der Fülle von höchstrichterlicher Rechtsprechung, die zu ihren Geschäftsbedingungen und dem sonstigen Umgang mit Kunden ergeht. Als einzige Branche haben die Banken einen »eigenen« Senat beim Bundesgerichtshof, gern auch »Bankensenat« genannt. Der 11. Senat des BGH befasst sich nur mit Bank- und Kapitalmarktrecht. Zudem standen und stehen die Banken seit einigen Jahren immer wieder im Mittelpunkt von Wirtschaftsskandalen. Man denke nur an die unzähligen Gerichts- und Ermittlungsverfahren der Deutschen Bank in allen möglichen Ländern der Welt. Die Rechtsstreitigkeiten kosten das Geldhaus Milliarden Euro und haben dessen Ruf und Aktienkurs gewaltig ramponiert. Die Ursache für die Rechtsstreitigkeiten sind vielfältig.

Auch viele andere internationale Großbanken, aber auch manch kleine Genossenschaftsbank und die ein oder andere Sparkasse sind ins Visier der Justiz geraten. Ob es dabei um Steuerhinterziehung geht oder um Schwarzgeldwäsche: Immer wieder fällt auf, wie gering die Selbstreinigungskräfte dieser Branche ausfallen. Beispielhaft dafür ist unter anderem der Umgang mit Informanten aus den eigenen Reihen, den sogenannten Whistleblowern. Wer Missstände offenlegt und anprangert, wird verfolgt und nicht dafür belohnt, dass er Schweinereien aufgedeckt und auf Probleme hingewiesen hat. Viele dieser Informanten hätten niemals den Weg in die Öffentlichkeit gesucht, wären ihre Hinweise intern aufgegriffen und energisch verfolgt worden. Doch die Whistleblower, wie die Hinweisgeber im internationalen Sprachgebrauch heißen, wurden stattdessen als Störenfriede abgetan und nicht selten auch bekämpft. Dabei ist das doch eigentlich der Paradefall, in dem sich Regeltreue bewährt: wenn Mitarbeiter auf Regelverstöße hinweisen, noch ehe der Vorgang öffentlich ist. Dann könnte man diese Verstöße gegen Kundeninteressen und Gesetze auch sofort abstellen. Selbst wenn das erst einmal finanzielle Nachteile mit sich bringt.

Die Wirklichkeit sieht aber anders aus.

## UBS und Berenberg Bank:
## Der brutale Umgang mit Whistleblowern

Ein Beispiel ist der Fall der Französin Stéphanie Gibaud, einer ehemaligen Mitarbeiterin des französischen Ablegers der größten Schweizer Privatbank UBS. Im Jahr 2008 stolperte sie über Vorgänge, die den Verdacht weckten, die UBS sei aktiv darin tätig, den Kunden massive Steuerhinterziehung zu ermöglichen. Gibaud meldete das ihren Vorgesetzten. Als sie nach einem Kurzurlaub an ihren Arbeitsplatz zurückkehrte, stellte sie fest, dass ihr Computer neu formatiert worden war und etliche Daten fehlten. Zunehmend war sie in der Folgezeit massivem Mobbing ausgesetzt. Zweimal erstattete zudem die UBS Strafanzeige gegen sie wegen angeblichen Geheimnisverrats. Nach sehr unangenehmen Ermittlungen wurden die Verfahren zwar jeweils eingestellt, doch in der Folge wurde Stéphanie Gibaud entlassen. Erst nach einem langwierigen Gerichtsverfahren vor dem zuständigen Pariser Arbeitsgericht wurde sie rehabilitiert und die UBS zu einer erheblichen Zahlung verurteilt.

Ähnlich erging es laut Berichten von *Spiegel Online* und *brand eins* zwei Mitarbeiterinnen der renommierten und überaus traditionsreichen Berenberg Bank mit Stammsitz in Hamburg. Dem Vernehmen nach läuft inzwischen ein strafrechtliches Ermittlungsverfahren. Auch wenn die Bank eine andere Version der Begebenheiten erzählt und unter anderem mitteilt, man habe sich aus anderen Gründen arbeitsrechtlich getrennt, berichten die beiden Angestellten folgende Version: Bereits 2013 hätten sie als Mitarbeiterinnen der Regeltreue-Abteilung zunächst intern und dann gegenüber den zuständigen Behörden vor Offshore-Geschäften (Geschäfte, bei denen Geld zu Verschleierungszwecken in Steuerparadiese verlagert wird) gewarnt. Sie hätten dabei auf die damit verbundenen Risiken hingewiesen, die Bank könne sich so ungewollt an der Finanzierung von Terrorismus, internationaler Kriminalität und Geldwäsche beteiligen. Daraufhin habe die Bank ihnen untersagt, weitere Geldwäscheverdachts-Anzeigen bei den Behörden zu erstatten. Die Mitarbeiterinnen sagen, sie seien in ein einsames Büro verfrachtet, mithin also kaltgestellt worden. Der Zugang zur Unternehmens-IT sei gekappt, ihnen schließlich Hausverbot erteilt worden und am Ende der Schikane sei ihnen fristlos gekündigt worden.

## Regeltreue als Lippenbekenntnis

In beiden Fällen liegt der Schluss nahe, dass es mit der Regeltreue nicht weit her war. Womöglich wollte sich die jeweilige Bank einfach nicht von profitablen Kunden und lukrativen Geschäften trennen, Regeln hin oder her. Was lehrt uns das? Wenn Regeltreue ernst gemeint sein soll, dann muss sie sich gerade bei so extremen Regelverstößen wie Straftaten im Unternehmen bewähren. Und zwar auch, wenn dies das Unternehmen schlecht aussehen lässt. Egal, ob es Gewinne kostet, weil man auf bestimmte Geschäfte verzichten muss. Wenn Regeltreue dort versagt, dann darf man getrost das Gerede davon als Lippenbekenntnis hinterfragen.

Rechtsanwalt Joachim Kaetzler ist als Vorstandsmitglied im Bundesverband Deutscher Compliance Officer ein absoluter Regeltreue-Experte. Er teilt mit, dass der Bankensektor mit Blick auf Möglichkeiten für interne Hinweise auf Regelverstöße »anders als die Realwirtschaft, etwas zurückhaltender von solchen Kanälen Gebrauch macht«. Einfacher formuliert: Bei den Banken ist es mit der Bereitschaft zum umfassenden Kampf für Regeltreue vielerorts nicht weit her. Zumindest nicht so weit wie in anderen Branchen. Kaetzler ist auch skeptisch, ob sich wirklich dadurch etwas ändern wird, dass seit 2014 das Kreditwesengesetz Banken und Sparkassen in Deutschland vorgibt, Hinweisgebersysteme einzurichten und vorzuhalten. Das ist umso erschreckender, wenn man sich vor Augen führt, dass ein Großteil der dicksten Wirtschaftsskandale der letzten Jahre aus dem Bankbereich kam – und dass faktisch die Banken zu großen Teilen auf Risiko des Steuerzahlers handeln. Denn wenn etwas schiefgeht, wenn eine Bank in Schieflage gerät, dann ertönt als Reflex sofort der Ruf nach staatlicher Hilfe.

Fakt ist, dass zumindest die öffentlich bekannt gewordenen Regelverstöße von Banken auch seit dieser neuen Rechtslage ausschließlich durch Datenweitergabe von Whistleblowern an Journalisten öffentlich wurden (nicht zuletzt über die sogenannten »Panama Papers«). Das lässt keine besonders positiven Rückschlüsse auf die Selbstreinigungskräfte der Kreditwirtschaft zu. Die Selbstreinigung funktioniert nicht. Der Journalist Marvin Oppong hat im Jahr 2015 für das *Bankmagazin* bei 13 Kreditinstituten abgefragt, wie deren Hinweisgeber-Systeme auch im Hinblick auf die neue Rechtslage beschaffen seien. Es stellte sich heraus: Nur ein Institut ließ ausschließlich anonyme Hinweise zu, was vernünftigerweise eine niedrige Hemmschwelle für Whistleblower setzt. Weil sie nämlich keine Angst haben müssen, enttarnt und intern unter Druck gesetzt zu werden. Bei den anderen befragten Banken war das anonyme Hinweisgeben (in unterschiedlicher Ausgestaltung) nur eine von mehreren Möglichkeiten. Hofft man dort etwa, dass die gesetzeskonform eingerichteten Hinweissysteme am besten gar nicht genutzt werden? Weil die Mitarbeiter Angst haben, sich als Hinweisgeber namentlich zu outen?

Jeweils zur Anzahl der seit dem 1. Januar 2014 im eigenen Haus eingegangenen Hinweise befragt, machten die meisten Banken Oppong gegenüber keine Angaben; in zwei Fällen habe es einen Hinweis aus dem Kreis der Mitarbeiter gegeben, hieß es, in einem Fall mehr als einen. Genaue Zahlen blieben sozusagen Bankgeheimnis. Journalist Oppong lag für seinen Artikel die von ihr selbst unter Verschluss gehaltene, interne Richtlinie der Deutschen Bank vor. Ein schwammiges, löchriges Werk. Diese Anweisungen, so Oppong, umfassen zwar eine (arbeitsrechtlich bedenkliche) Pflicht einer »internen Meldung«, behandeln aber in durchaus problematischer Weise die nicht anonyme Meldung als Normalfall und sehen vor, nur auf Wunsch des Whistleblowers »könne« ein Anruf etwa bei der eingerichteten Hotline »anonym behandelt« werden. Das liest sich schon sehr stark so, als gehe es der Deutschen Bank eher darum, das Phänomen Whistleblowing unter Kontrolle zu behalten, als möglichst viele Mitarbeiter zu Hinweisen auf Fehlverhalten zu ermutigen.

### »Panama Papers«

Ich möchte noch einmal darauf hinweisen: Gerade die Veröffentlichung der »Panama Papers«, die zeigen, wie systematisch Banken Reichen und Superreichen dabei geholfen haben, ihr Geld an Finanzbehörden vorbei in der Steueroase Panama in Briefkastenfirmen zu verstecken, zeigt, wie nötig Klarheit und Transparenz wären. Insgesamt tauchen nach Angaben der *Süddeutschen Zeitung* mindestens 14 deutsche Banken in diesen Unterlagen auf. Bestätigt sich der Verdacht, dass damit Illegales verbunden war, dann drängen sich zwei Fragen auf: Wie konnte es überhaupt dazu kommen? Und: Wenn die internen Kontrollsysteme funktionieren würden, hätte uns Bürgern der rechtlich zweifelhafte Teil des Skandals um die »Panama Papers« doch von den Banken selbst mitgeteilt werden müssen. Warum also war es wieder einmal, wie auch in vielen Fällen vorher, die Presse?

## Aus der Finanzkrise nichts gelernt

Für mich zeigen all diese Vorgänge auch, wie wenig die Banken aus der globalen Finanzkrise der Jahre 2008 und 2009 gelernt haben. Wie falsch ihre Versprechungen waren, daraus die richtigen Konsequenzen gezogen zu haben. Damals crashte nicht nur die Lehman-Bank, sondern um ein Haar das gesamte globale Finanzsystem. Nicht weil böse Menschen von außerhalb es angegriffen hätten, sondern weil es sich aus sich selbst heraus um ein Haar ruinierte. Danach war der Katzenjammer groß und viel war davon die Rede, man werde die Verantwortlichen zur Rechenschaft ziehen und dafür sorgen, dass so etwas nicht mehr passiert. Das eine ist so wenig geschehen wie das andere. Und schuld daran ist die Macht der internationalen Großbanken, die die Politik ein Stück weit in Geiselhaft genommen haben.

## Banken in der Imagekrise

Eines aber hat sich deutlich geändert: Der Ruf der Banken ist schlechter geworden und das Misstrauen ihnen gegenüber weitaus größer. Galt früher Banker als ein bei jungen Leuten sehr beliebter Beruf, so hat sich dies aus der Sicht der Branche inzwischen gewaltig geändert. Wer heute nach Schule, Abitur oder Studium bei einer Bank anheuert, muss dies nicht selten erklären, ja sich sogar dafür rechtfertigen.

In dieser Imagekrise müssten die Geldinstitute doch eigentlich ein Interesse daran haben, durch sauberen und korrekten Umgang mit ihren Kunden Vertrauen und verlorenes Renommee wieder zurückzugewinnen. Doch weit gefehlt. Banken sind im Umgang mit uns oft besonders hartnäckig,

man könnte auch sagen »dreist«. Unbelehrbar sind sie häufig
auch. Von der gesamten Rechtsprechung des Bundesgerichtshofs zu unwirksamen Klauseln in Allgemeinen Geschäftsbedingungen (AGB) entfällt ein gewaltiger Teil auf jene der
Banken. Immer wieder wird von den Branchenvertretern der
Öffentlichkeit angekündigt und versprochen, jetzt werde sich
ganz bestimmt die Unternehmenskultur der Kreditinstitute
ändern. Und immer wieder fliegen danach nicht nur neue
große Skandale und Manipulationen ganzer Märkte auf, sondern auch Schummelei über Schummelei im Kleinen. Im Umgang mit uns Sparern und Kreditnehmern. Es scheint sich
einfach zu lohnen. Manchmal hat man sogar den Eindruck,
dass es auch zum Geschäftsmodell des einen oder anderen
Geldhauses gehört, rechtliche Grenzen systematisch zu über-
schreiten. Und erst dann korrekt zu arbeiten, wenn es nicht
mehr anders geht und weil man dazu gezwungen wird. Ein
Beispiel.

## Sparkasse: Kundenservice nach eigenem Gutdünken

Eine Medizintechnikfirma aus dem russischen St. Petersburg
bat mich um anwaltliche Hilfe. Sie hatte an eine Firma in Ostdeutschland Ware geliefert, dafür aber nicht die vereinbarte
Bezahlung erhalten. Nun sollte ich mich darum kümmern
und die Forderung eintreiben. Ein Routineauftrag für einen
Rechtsanwalt. Das russische Unternehmen überwies mir, wie
in solchen Fällen üblich, einen Vorschuss: 500 Euro auf mein
Konto bei der Sparkasse Göttingen.

Die Sparkasse schrieb den Betrag aber nicht gut, sondern
schickte ihn unter Abzug einer happigen Gebühr von 35 Euro
(wofür auch immer) nach Russland zurück. Begründung: Das

EU-Embargo gegen Russland. Wegen der militärischen Aktivitäten Russlands in der Ukraine hatte die EU ein solches verhängt. Nur: Das Embargo bezog sich nur auf Geschäfte von EU-Bürgern und -Unternehmen über militärische oder zumindest militärisch verwendbare (»dual-use«) Güter. Wie sollten meine deutschen Anwaltsschreiben an einen säumigen Zahler in Ostdeutschland im Ukraine-Konflikt militärisch für Russland nutzbar sein? Ich und Militär – wo ich doch nicht einmal bei der Bundeswehr gedient hatte …

Nun war guter Rat teuer. Ich rief bei der Informationshotline der Bundesbank an, die eigens für Auskünfte zum EU-Embargo eingerichtet worden war. Die Mitarbeiterin dort musste herzlich lachen, als ich ihr meinen Fall schilderte. Natürlich war das Verhalten der Sparkasse Göttingen absurd. Egal. Mit dieser Information der Bundesbank ausgestattet, wurde ich bei der Sparkasse Göttingen vorstellig.

Daraufhin schrieb diese den Betrag zunächst wieder gut – um ihn zwei Monate später erneut zu belasten. Mir reichte es. Alles Reden nutzte nichts. Erst auf meine Klage beim örtlichen Amtsgericht auf Zahlung der 500 Euro hin prüfte man in der Sparkasse wohl erstmals ernsthaft den Sachverhalt. Und so hatte ich dann eine ziemlich kleinlaute Justiziarin des Geldinstituts am Telefon, die versprach, die 500 Euro würden sofort wieder gutgeschrieben, nebst Kosten. Ich solle aber bloß den Prozess nicht weiterführen! Man scheute ganz offensichtlich das zu erwartende Urteil zu meinen Gunsten und eine vielleicht daraufhin folgende Presseveröffentlichung. Denn dann wäre die Sparkasse ziemlich blamiert gewesen und womöglich hätte es auch weitere Klagen anderer Kunden in vergleichbaren Fällen gegeben.

Ich hatte gewonnen, aber trotzdem war es kein hundertprozentiger Sieg. Denn die Zinsen für die Zeit, in der mir die

500 Euro widerrechtlich vorenthalten wurden, erstattete die Sparkasse nicht. Wer das für eine Lappalie hält, dem rate ich, sein Girokonto einmal wenige Tage zu überziehen. Für jeden davon werden ihm Zinsen abgebucht. Wenn die Sparkasse umgekehrt aber Zinsen zahlen muss, dann zickt sie. Also habe ich auch den vorenthaltenen Zinsbetrag eingeklagt. Immerhin 26 Euro. Und wieder gab die Sparkasse sofort nach und zahlte. Leider musste ich diesmal die Kosten übernehmen. Die Sparkasse konnte das Gericht davon überzeugen, ich hätte sie nicht hinreichend nachdrücklich vor Klageerhebung zur Erstattung der Zinsen – die sie doch selbst rechtswidrig erhoben hatte – aufgefordert.

Was lernen wir daraus? Dass die Sparkasse sich nicht ohne Druck um die Rechtslage scherte. Man war erst willens, die Rechtslage aktiv zu prüfen und sich dann korrekt zu verhalten, als man bei der Unkorrektheit erwischt wurde und sogar ein Gerichtsurteil mit daraus folgender Vollstreckung drohte. Eine sehr forsche Fehlinterpretation dessen, was Recht bedeutet: nämlich ein eigentlich ohne weiteres geltendes Gebot oder Verbot. Rechtsphilosophisch betrachtet folgt daraus: Würde Recht immer erst Geltung beanspruchen, wenn ein Gericht dieses Recht zusätzlich festgestellt hätte, käme unser Rechtsstaat zum Erliegen. Die Gerichte sind dazu da, berechtigte Zweifelsfälle zu lösen. Und nicht dazu, eine eindeutige Rechtslage noch einmal zu bestätigen. All das belastet übrigens auch den Steuerzahler, der 60 Prozent der Kosten für die deutsche Justiz bezahlt.

## Die Trägheit der Kunden ist Gold wert

Man wird aber den Eindruck nicht los, dass Kreditinstitute auf die Trägheit ihrer Kunden bauen, damit regelrecht kalkulieren, dass diese sich nicht wirklich wehren werden. Immerhin sind viele Selbständige an anderer Stelle immer wieder auf das Wohlwollen ihrer Bank oder Sparkasse angewiesen. Da legt man sich nicht gerne mit ihr an, sondern ärgert sich lieber still, ballt die Faust in der Tasche – und schweigt zähneknirschend. Ich werde nie vergessen, wie zögerlich ein Wirtschaftsprüfer da einmal die Interessen seiner Mandanten wahrnahm. Es ging um gescheiterte Medienfonds, welche das Kreditinstitut unter seinen Kunden vertrieben hatte. Auch bei uns in Göttingen gab es ein halbes Dutzend Opfer. Ohne weiteres hätten sie mit Klagen Schadensersatz wegen Falschberatung fordern können. Und ich meine aus meiner Kenntnis des Sachverhalts, einige Hunderttausend Euro Schadensersatz hätten für die Anleger gut drin sein können. In anderen Städten hatten Anleger in vergleichbaren Fällen bereits solche Prozesse gewonnen. Besagter Wirtschaftsprüfer aber führte erst Gespräche mit der Sparkasse und schien die Sache dann plötzlich nicht mehr in der gebotenen Härte weiterzuverfolgen. Ich war baff. Ich werde den Verdacht nicht los, dass da im Hintergrund irgendwelche ganz anderen Interessen zum Tragen kamen. Sein Kanzleikollege – ein erfolgreicher Politiker – fand sich jedenfalls später im Verwaltungsrat des Kreditinstituts wieder. Ein Schelm, wer Böses dabei denkt und wer sich fragt, wer denn hier eigentlich wen zu kontrollieren hat? Die Leidtragenden sind wohl die Kunden, während sich die örtlichen Honoratioren die Pöstchen hin und her schieben und sich in Interessenkonflikten zu verheddern drohen.

## Deutsche Bank: Mogeleien lohnen sich (doch)

Doch zurück zur Deutschen Bank, dem größten deutschen Geldhaus, was die Bilanzsumme (knapp 1630 Milliarden Euro 2015) und die Zahl der Mitarbeiter (101 000, ebenfalls 2015) angeht. Dramatischer schilderte *Die Welt* am Beispiel der Deutschen Bank, was es bedeutet, wenn kriminelle Kursmanipulationen Teil des Kerngeschäfts waren: »Schon 2006 war es so weit: Die Deutsche Bank machte 8,1 Milliarden Euro Gewinn – mehr als 30 Prozent Rendite. Heute ist klar, zu welchem Preis das geschah: Es gibt so gut wie keinen Sündenfall in der Finanzbranche, bei dem die Deutsche Bank nicht mitgemischt hat. Und es wurde nicht mehr in die Infrastruktur investiert – mit katastrophalen Konsequenzen für die Steuerung der Bank. Mehr als acht Milliarden Euro an Strafen musste der Konzern bis Ende 2014 zahlen, weitere knapp vier Milliarden sind zurückgestellt. Und niemand weiß, ob das reicht.«

Nun mag man einwenden: Wenn die Deutsche Bank immer sauber gearbeitet hätte, dann würde es ihr nicht schlecht gehen. Daran sehe man doch, dass sich Ehrlichkeit nicht lohnt! Gerne heißt es in solchen Argumentationen auch, dass das Geschäftsleben nun mal hart sei und sich viele eben nicht an unsere ethischen Standards halten, vor allem nicht im Ausland. Die Welt sei schließlich voller Skrupellosigkeit und nur mit Anstand könne man sich in globalisierten Zeiten eben nicht durchsetzen. Vielleicht ist die brutale Wahrheit aber eine ganz andere. Nämlich, dass es die Deutsche Bank in der bestehenden Form schon gar nicht mehr geben würde, wenn sie sich nicht mit Kriminalität in Teilen über Wasser gehalten hätte. Wenn sie sich nicht so Geldreserven und Bilanzgewinne verschafft hätte, die nun schön langsam Rechtsstreit für

Rechtsstreit und Bußgeldverfahren für Bußgeldverfahren abgeschmolzen werden können. Und können wir sicher sein, dass wirklich alles auf den Tisch kommt? Nein. Was verjährt ist, hat sich im Rückblick sowieso gelohnt. Die Zeche zahlen Kunden, Aktionäre und der Steuerzahler. Und während die Milliardenbetrügereien liefen, gingen die Chefs der Deutschen Bank im Kanzleramt ein und aus.

Was haben eigentlich die Compliance-Leute in all den Jahren bei der Deutschen Bank zum Schutz der Regeltreue gemacht? Der ehemalige Co-Chef des Investmentbankings der Deutschen Bank, Colin Fan, sprach vor zwei Jahren deutliche Worte. Die *Süddeutsche Zeitung* berichtete Ende Mai 2016, Fan habe angemahnt, dass einige Mitarbeiter »weit davon entfernt« seien, die Verhaltensvorschriften der Bank zu beachten. Pikanterweise ist Fan nun selbst Gegenstand einer Untersuchung – er und fünf weitere Mitarbeiter der Bank sollen auf nicht korrektem Wege 37 Millionen Dollar verdient haben.

## Illegale Kreditbearbeitungsgebühren

Wenn es noch eines Beweises bedurft hätte, dass sich das Beschummeln von uns Kunden lohnen kann, dann wäre dieser um die Jahreswende 2014/2015 durch eben die Bankenbranche erbracht worden. Eine Vielzahl der Banken hatte jahrelang den Kreditkunden millionenfach eine prozentuale Bearbeitungsgebühr abgeknöpft, meist um die drei Prozent. Illegal, wie im Mai und Oktober 2014 der Bundesgerichtshof in eindeutigen Urteilen entschied: Was die Bank an Kosten hat, das hat sie über die Zinsen abzudecken, die der Kunde dann vergleichen kann. Für Gebühren, so die Bundesrichter, ist daneben kein Platz. Ein erwartbares Urteil.

Eigentlich musste jedem juristischen Experten einschließlich der Bankjuristen von vornherein klar gewesen sein, dass das so nicht ging, wie es jahrelang praktiziert wurde. Umso mehr, als der Gesetzgeber durch extra geschaffene Gesetze die Banken dazu angehalten hatte, die Kosten eines Darlehens für uns Kunden in den Zinsen verständlich und durchschaubar auszuweisen. Eine klassische Gesetzesumgehungsstrategie waren diese illegalen Gebühren also. Nach Schätzung der Verbraucherzentralen kassierten die Banken auf diese höchst fragwürdige, nicht gesetzeskonforme Weise zwischen 2005 und 2013 knapp 13 Milliarden Euro. Viele dieser Forderungen verjährten zum Jahreswechsel 2015/2016. Also bemühten sich die betroffenen Banken mannigfach, die Kunden durch mehr als merkwürdig zu bezeichnende Standardschreiben von der Durchsetzung ihrer Ansprüche abzuhalten. Letztlich erfolgreich, denn Schätzungen (die natürlich schwierig anzustellen sind) zufolge zahlten die Banken im Ergebnis nur etwa die Hälfte der knapp 13 Milliarden Euro zurück. Mangels Unternehmensstrafrecht oder anderer Sanktionen handelte es sich um ein Geschäft ohne Risiko.

Selbst in Fällen, in denen Kunden klagten, versuchten sich die Banken teilweise noch herauszuwinden. Auch das natürlich mit Bedacht. Ich hatte im Dezember 2015 für etwa 20 Mandanten Klagen eingereicht. Wir reden hier von einem juristisch eigentlich extrem einfachen Fall. Der Bundesgerichtshof hatte nämlich die Rechtslage ganz eindeutig so geklärt, dass eigentlich jeder Amtsrichter binnen Minuten begreifen musste, dass die Bank ohne Wenn und Aber zu verurteilen war. Und dennoch: Die Banken verteidigten sich vor Gericht mit abenteuerlichen, jenseits der eindeutigen Rechtslage liegenden Ausführungen – und fanden in drei meiner 20 Fälle tatsächlich damit Gehör. In wohlgemerkt identischen Fällen

gab es tatsächlich Richter, die den Klagen nur teilweise statt-
gaben, Zinsen und Anwaltskosten nicht ersetzt sehen wollten. Man kann sich ausmalen, wie hoch die Chancen bei komplizierter gelagerten Sachverhalten sind, dass eine Bank mit,
ich sage jetzt einmal »irren« Ausführungen dennoch Gehör
bei Gericht findet.

## Santander-Bank:
## Wer sich nicht massiv wehrt, zahlt

Mein Mandant war ein fleißiger, etwas wortkarger russischer
Spätaussiedler, ein zuverlässiger Arbeiter in einer Schlach-
terei. Seine Hände zeugten von schwerer körperlicher Arbeit.
Seine Frau hatte Verbraucherinsolvenz anmelden müssen, wie
er mir erzählte. Sie hatte irgendwann einmal bei der Santander-
Bank einen Darlehensvertrag abgeschlossen, und mein Mandant hatte mit unterschrieben. Seit geraumer Zeit konnte die
Frau Zins und Tilgung offenbar nicht mehr zahlen, und so
war die Sache beim Inkassounternehmen Lindorff gelandet,
das das Geld nun eintreiben sollte. Und dabei auch meinen
Mandanten massiv zur Zahlung mahnte. Es ging immerhin
um knapp 20 000 Euro.

Ich hatte von Anfang an große Zweifel an der Berechtigung
der Forderung gegenüber meinem Mandanten. Vielmehr hatte ich bald den Eindruck, dass der Mann von der Bank falsch
beraten worden war. Da seine Nerven schon recht blank lagen, holten wir zum Gegenangriff aus. Ich möchte diesen einmal für Laien so beschreiben: Wir schossen mit der Schrot-
flinte und hofften, dass ein Kügelchen treffen würde. Um im
Bild zu bleiben: Wir luden das Gewehr mit etlichen Argu-
menten und brachten es in Anschlag. Ich erhob für den Man-

danten eine sogenannte negative Feststellungsklage, verbunden mit dem Antrag, ihm vorab Prozesskostenhilfe (die jeder nach der Zivilprozessordnung Bedürftige bekommt) zu gewähren.

Eine negative Feststellungsklage bedeutet, dass man gar nicht erst wartet, bis die Gegenseite ihre Drohungen, Klage erheben zu wollen, wahr macht. Man dreht vielmehr den Spieß um, erhebt selbst Klage und beantragt bei Gericht, festzustellen, dass die angebliche Forderung gar nicht besteht. Ist man sich seiner Sache sehr sicher, hat man so viel schneller wieder Ruhe. Und taktisch gesehen lässt man sich nicht drohen, sondern baut selbst eine Drohkulisse auf. Ganz so wie der australische Haudegen Crocodile Dundee, den es im gleichnamigen Film nach New York verschlägt. Ein Straßenräuber will seine Brieftasche und droht mit einem Springmesser. Darauf Crocodile Dundee: »Das ist doch kein Messer.« Und er zieht sein gewaltiges Buschmesser: »Das ist ein Messer!«

Wie gerade kurz angerissen: Etliches an der Forderung gegen meinen Mandanten kam mir dubios vor. So hatte er als zweiter Darlehensnehmer unterschrieben, wurde aber von der Santander-Bank so geführt, als hätte er eine Kreditsicherheit geleistet. Erklärt worden war ihm das bei Unterschrift des Kreditvertrages nicht. Auch war er – obwohl doch angeblich Darlehensnehmer – in die ohnehin fragwürdige Kreditversicherung nicht eingebunden und hatte auch ein entsprechendes Aufklärungsformular nicht vorgelegt bekommen. Möglicherweise war auch der Anspruch der Bank verjährt.

Irgendeiner dieser Punkte muss der Inkassogesellschaft einen gehörigen Schreck eingejagt haben. Denn noch bevor über die Prozesskostenhilfe entschieden war und man in die eigentliche Klage überwechseln konnte, ließ diese mir nichts, dir nichts die Forderung von knapp 20 000 Euro fallen. Trau-

rig allerdings, wenn man bedenkt, dass etliche Leidensgenossen meines Mandanten sich in gleich gelagerten Fällen wahrscheinlich noch immer einschüchtern lassen und versuchen,
irgendwie die verlangten Zahlungen aufzubringen. Wieder
einer dieser Fälle, in der die abgedroschene Weisheit gilt: Wer
sich nicht wehrt, der lebt verkehrt.

## Keine Waffengleichheit zwischen Bankern und Bürgern

Der ehemalige Bundesinnenminister und Rechtsanwalt Ger-
hart Baum fasste das grundlegende Problem zwischen Banken und Kunden 2013 im *Handelsblatt* so zusammen: »Es
herrscht auch juristisch keine Waffengleichheit zwischen
Bankern und Bürgern. Eigentlich hat der Staat eine Gewähr-
leistungspflicht, wenn Bürger nicht in der Lage sind, sich
selbst zu schützen. In vielen Bereichen funktioniert das. Beim
Bank- und Versicherungsvertrieb versagen das Gemeinwesen,
die Aufsicht und die Justiz.« Und er legte nach: »Die Abhän-
gigkeit hat sich im Vergleich zu meiner Zeit in der Politik verschärft. Die Banken- und Versicherungslobby beeinflusst
konkret die Gesetzgebung. Verbraucherschützer können da
nicht annähernd mithalten.«

Das Recht erst zu beeinflussen suchen und es dann selbst
bis zuletzt zu missachten – das lohnt sich also. Oft milliar-
denschwer.

## Bluffen, bis der Richter kommt

Im folgenden Fall darf ich keinen Namen nennen. Ich habe mich in einem gerichtlichen Vergleich zum Schweigen verpflichtet. Ich hatte einfach keine Lust mehr, wegen 150 Euro im schlimmsten Fall auch noch 500 Kilometer zu einem Gerichtstermin zu fahren. Eine Bank hatte über Jahre hinweg und trotz etlicher Beschwerdebriefe auf einem von mir betreuten Konto immer wieder skurrile Kontoabbuchungen mir unbekannter Personen zugelassen, verbunden mit nachfolgenden Rückbuchungen nach einiger Zeit. Bei der Erstellung der Buchführung auf Basis dieser Kontobewegungen war das natürlich ein arbeits- und kostenintensiver Zusatzaufwand.

Wer war daran schuld? Genau: die Bank.

Wer wollte das nicht bezahlen? Na klar, die Bank.

Die mit Kundenbeziehungsmanagement betrauten Mitarbeiter weigerten sich einfach, ganz nach dem Motto: »Dann verklag' uns doch!« Das habe ich dann auch getan.

Es wäre ein schöner Musterprozess geworden, mit einem Urteil, das Wellen geschlagen hätte. Gerade im Finanzwesen verbreitet sich die Kunde von einem Musterurteil heutzutage mit rasender Geschwindigkeit. So etwas weiß natürlich auch die Bank. Also bot sie, kaum dass die Klage eingereicht war, dann doch die Zahlung der zu Recht begehrten Schadensersatzbeträge an. Um Aufsehen zu vermeiden und den Fall diskret zu lösen. Diese »Großzügigkeit« ist schließlich nicht teuer, sondern sogar extrem billig. Man bezahlt in tausend Fällen einmal und verhindert so einen Musterprozess samt Urteil, womit man sich wiederum viele Tausend Fälle vom Hals hält. Dass auch der Bank die Rechtslage natürlich von vornherein glasklar war, dokumentiert allein schon die

Tatsache, dass sie sofort eingeknickt ist, als ich nur die Boxhandschuhe anzog und noch nicht einmal einen Schlag gelandet hatte. Aber man kann es als Bank ja erst einmal mit einem Bluff versuchen.

## Geltendes Recht – nicht sauber umgesetzt

So etwas geschieht tagtäglich dort, wo das geltende Recht praktisch umgesetzt wird. Oder besser gesagt: eigentlich sauber umgesetzt werden müsste. Viele Details sind klar geregelt und viele Fragen gerichtlich eindeutig geklärt. Man kann nicht sagen, dass das oberste deutsche Zivilgericht, der Bundesgerichtshof, uns Bankkunden im Stich ließe, wenn es darum geht, uns gegen die kleinen Tricksereien der Kreditinstitute zu schützen.

So klein sind die übrigens gar nicht. Der einzelne Kunde mag ein paar hundert Euro ärmer werden, ohne es so richtig zu merken. Da aber alle Bürger bei einer oder mehreren Banken Kunde sind, summiert sich das am Ende auf Milliarden. Milliarden, die den Banken nicht zustehen, die sie sich aber einfach nehmen. Indem sie gierig die Augen vor dem Recht verschließen, denn ihnen müsste nur zu oft klar sein, dass sie auf das Geld nicht den geringsten Anspruch haben. Aber es ist eben ganz komfortabel, man kann einfach das Konto eines Kunden belasten und muss ihm noch nicht einmal eine Rechnung schreiben.

Das Spiel ist immer dasselbe. Wir als Kunden bekommen bei Beantragung eines Kredites oder bei Eröffnung eines Kontos seitenlang Kleingedrucktes vorgelegt. Finden wir daran etwas dubios und wollen das so nicht unterschreiben – dann gibt es eben kein Geld. Im Kleingedruckten aber ist die eine oder andere – sagen wir mal mutige und kreative – Klausel enthalten, formuliert am Rande der Legalität oder sogar darüber hinaus.

Einen richtigen Schub scheint dieses Verhalten noch einmal erhalten zu haben, als der Gesetzgeber vor einigen Jahren strengere Anforderungen an die Angabe des Zinssatzes regelte. Klar und auf den ersten Blick erkennbar und verständlich sollte er sein. Seither finden die Kreditinstitute ihre eigenen Möglichkeiten, den Zinssatz attraktiv aussehen zu lassen und eben anderswo skrupellos abzukassieren. Zum Beispiel über sogenannte Restschuldversicherungen.

## Restschuldversicherungen: Abkassieren ohne Ende

Ein Mandant hatte bei einer Sparkasse einen Ratenkredit über 8000 Euro abgeschlossen. Die Darlehensraten betrugen etwa 190 Euro im Monat. Man drückte ihm gleich ohne weitere Beratung eine Restschuldversicherung zum Preis von fast 500 Euro auf. Die sollte bei Arbeitslosigkeit, Krankheit oder Tod des Mannes zahlen.

Dabei muss man zunächst bedenken: Das allgemeine Kreditausfallrisiko ist natürlich bereits in den Zinssatz eingepreist. Es liegt im Übrigen statistisch im unteren einstelligen Prozentbereich, ist also verschwindend gering. Teil dieses allgemeinen Ausfallrisikos sind eben auch Arbeitslosigkeit, Krankheit oder Tod. Der Kunde zahlte also zweimal für das Ausfallrisiko: einmal über den Zinssatz (der natürlich nicht niedriger wird, wenn ein Kunde zusätzlich eine Versicherung abschließt). Und zum Zweiten über die Versicherung – die im Übrigen typischerweise über die Kreditsumme mitfinanziert wird, sodass die Bank auch auf die Versicherungsprämie selbst noch Zinsen kassiert.

Das Risiko von Tod und dauernder Erkrankung lag bei meinem Mandanten – Ende 20 und kerngesund – im untersten einstelligen Prozentbereich. Eine faire Versicherungsprämie für diese beiden Risiken läge unter diesen Umständen vielleicht bei 80 Euro – hätte er ja zum Zeitpunkt des Todes oder der Krankheit durchschnittlich schon die Hälfte seiner Raten gezahlt. Nun wurde der Mann aber arbeitslos, nachdem er den 8000-Euro-Kredit etwa zur Hälfte getilgt hatte. Laut Versicherungsvertrag deckte die Versicherung aber nicht annähernd das gesamte Risiko der Arbeitslosigkeit ab. Vielmehr setzte sie dann erst mit zweimonatiger Verzögerung ein und zahlte dann auch maximal 12 Monate. »Restschuldversicherung« war also in diesem Fall eine ziemlich beschönigende Formulierung: denn der Kunde hätte bei dauerhafter Arbeitslosigkeit immer noch mit erheblichen Schulden dagestanden.

Ist das fair? Lassen Sie uns nachrechnen.

Nun ja, die maximale Versicherungsleistung war nur gut das Fünffache der Versicherungskosten, rechnet man einmal 80 Euro für Tod und Krankheit heraus. 12 Monate multipliziert mit 190 Euro Monatsrate ergeben 2280 Euro bei einer Prämie von 420 Euro. Fair wäre die Versicherung also, wenn das versicherte Risiko mit einer Wahrscheinlichkeit von knapp 20 Prozent einträte. Die durchschnittliche Dauer der Arbeitslosigkeit betrug bei Abschluss des geschilderten Vertrages nach Informationen des Statistik-Internetportals statista.com aber nur 37 Wochen. Also zahlte der Kunde eine Versicherungsprämie von über zwei Monatsraten für eine statistisch zu erwartende Arbeitslosigkeit – nach der Karenzfrist der ersten zwei Monate – von 28 Wochen. In dieser Zeit fallen

aber nur gut sechs Raten, also 1200 Euro an. Die Versicherungsprämie machte also 35 Prozent des versicherten Risikos
aus! Als ob 35 Prozent der Kreditnehmer arbeitslos würden!
Mit Verlaub: Das ist glatter Wucher.

## Rücklastschriftgebühren:
## Nicht rechtens, aber lohnend

Ebenso hat der Bundesgerichtshof vor Jahren schon die rechtliche Zulässigkeit der Berechnung von Rücklastschriftgebüh-
ren verneint.

Das Argument: Der Kunde bezahlt ja hier nicht etwas, das
ihm dient. Sondern es dient der Bank. Sie will sich selbst vor
Zahlungsausfällen schützen. Und wer bestellt, zahlt auch die
Rechnung. Sollte man denken. Aber nein – Rücklastschriftge-
bühren wurden teilweise weiterhin berechnet. Und wenn
man etwa bei einer Sparkasse für einen Mandanten fragte, wie
das jetzt sei, ob man nach dem Urteil fein säuberlich die zu
Unrecht einbehaltenen Gelder nebst Zinsen zurückzuzahlen
gedenke, dann lautete die Antwort in diesem Fall: Nein, das
sei doch nur eine Gerichtsentscheidung von angeblich be-
grenzter Geltung. Übersetzt in die Alltagssprache: Setzt Euch
hin, rechnet das mühsam aus und verklagt uns; wir können
uns immer einen Anwalt leisten. Ihr Kunden vielleicht aber
nicht.

In einem anderen Fall hatte eine Sparkasse tatsächlich ihre
Allgemeinen Geschäftsbedingungen der Rechtsprechung des
Bundesgerichtshofs für Benachrichtigungsentgelte bei Rück-
lastschriften angepasst. Und sie war 2015 sogar bereit, die ab
dem 9. Juli 2012 berechneten Benachrichtigungsentgelte zu
erstatten. Aber: Der Kunde möge doch bitte im Einzelnen

mitteilen, welche Positionen genau davon betroffen seien. Der Aufwand des Kunden dafür steht natürlich in keinem Verhältnis zu den betroffenen Summen. Und ich meine: Es ist Sache des Kreditinstituts, den eigenen Fehler zu korrigieren. Aber will man das dann wirklich gerichtlich ausfechten?

# Internethändler:
# Gebrauchte Ware zum vollen Preis

### cyberport.de: Ist das Abholen defekter Geräte Kulanz?

Endlich hatte ich den richtigen gefunden. Lange hatte ich gesucht, viele Vergleiche angestellt. Der Internet-Elektronikhändler cyberport.de hatte genau meinen Computer. Und ich war schon länger zufriedener Kunde dort. Der Rechner war schnell, leistungsfähig und mit etwa 1500 Euro noch einigermaßen bezahlbar. Er war groß und schwer, aber mir kam es ja darauf an, was er in welcher Geschwindigkeit konnte. Erleichtert bestellte ich ihn also und ein Paketdienst brachte mir das gute Stück nach wenigen Tagen vorbei. Umso größer die Enttäuschung nach dem Auspacken: Das Gerät war defekt.

Also machte ich mich an die Reklamation bei cyberport.de. Grundsätzlich sei man schon bereit, das Gerät zurückzunehmen, hieß es. Allerdings nur unter der Bedingung, dass ich das Gerät selbst beim Paketdienstleister einliefere. Mir graute davor! Denn erstens hätte ich erst nach Feierabend Zeit dafür gehabt, dann also, wenn vor der Postfiliale erfahrungsgemäß kein Parkplatz zu finden ist und obendrein die Warteschlange am Schalter ewig lang. Zweitens war der Karton mit dem Computer ziemlich schwer. Ihn durch die Gegend zu tragen, wäre eine ziemlich anstrengende Plackerei. Und drittens: Das Gesetz regelt nun einmal nicht, dass ich als Käufer ohne weiteres verpflichtet bin, bei so einem schweren Paket die anstrengende und zeitraubende Prozedur auf mich zu nehmen.

Bei cyberport.de wollte man das nicht so ohne weiteres einsehen. Diverse Schreiben gingen zwischen mir und dem

Internetportal hin und her; letztlich fruchtete mein anwaltlich vorgetragener Hinweis auf die geltende Rechtslage. Der defekte Computer wurde korrekt auf demselben Weg abgeholt, wie er gekommen war, nämlich direkt in meiner Kanzlei. Allerdings mit dem klassischen Hinweis, das passiere rein freiwillig: »Wir lassen das Gerät aus Kulanz bei Ihnen abholen.«

Ich möchte gar nicht wissen, wie oft es ganz anders läuft. Wie oft Kunden nachgeben oder sich erst gar nicht auf die Hinterbeine stellen. Wie oft sie Freizeit opfern und Geld. Und wie oft sie damit im finanziellen Interesse des Verkäufers handeln. Der spart im Einzelfall ein paar Euro Paketgebühr, in der Masse aber macht er ein dickes Geschäft. Kleinvieh, so sagt bekanntlich der Volksmund, macht schließlich auch Mist. Und ja: Leider ist die Rechtslage gerade zu diesem Punkt inzwischen ziemlich unübersichtlich geworden. So hat der Bundesgerichtshof 2011 etwa entschieden, dass bei »erheblichen Unannehmlichkeiten« der Verkäufer die defekte Sache beim Käufer abholen muss, bei »unerheblichen Unannehmlichkeiten« dagegen nicht. Es kommt also leider sehr auf den Einzelfall an. Das bedeutet aber nicht, dass es nicht auch klare Fälle gibt. Wo die Unannehmlichkeiten außer Verhältnis stehen. Wo eben, wie geschildert, auf der einen Seite eine enorme Plackerei steht und auf der anderen nur ein paar Euro.

## Der Onlinehandel boomt weiter

Beim Internethandel gilt das ganz besonders. Denn er wächst und wächst und ein Ende des Booms ist nicht in Sicht. 98 Prozent aller Internetnutzer, zusammengerechnet mehr als 54 Millionen Menschen hierzulande, kaufen online ein, ergab im August 2015 eine Studie des IT-Branchenverbands Bitkom. Selbst die Altersgruppe der über 65-Jährigen kauft immer häufiger im Internet ein. »Onlineshopping ist heute genauso normal wie der Gang ins Geschäft«, sagt Bitkom-Vizepräsident Achim Berg bei der Vorstellung der Studie. Dabei ginge es 37 Prozent aller Kunden so wie mir mit meinem Computer: Sie kaufen im Internet, weil sie die Ware geliefert bekommen. Und weil sie gerade nicht riesige Pakete vom Geschäft ins Parkhaus schleppen wollen und dann von der Laternengarage zwei Straßen weiter in den 3. Stock.

Nun muss man einmal die umgekehrte Rechnung aufmachen: Je mehr Kunden im Internet shoppen, desto mehr Reklamationen gibt es. Desto mehr Fälle also, in denen der Kunde vor der Entscheidung steht, die Rückgabe selbst zu organisieren (und womöglich die Gebühren zu bezahlen) oder – dem Gesetz entsprechend – den Internethändler dazu aufzufordern. Je weniger Letzteres tun, desto besser für das jeweilige Unternehmen.

Grundsätzlich beginnen die Probleme bei vielen Internethändlern aber schon auf der Stufe davor: Man kann als Verbraucher von Glück reden, wenn man am Telefon oder per E-Mail sofort einen festen, kompetenten Ansprechpartner bekommt, der sich eigenverantwortlich und zuverlässig um das Anliegen kümmert. Diese Zeiten sind im Wesentlichen vorbei. Viel eher sehen wir uns einem bis ins Detail vorgegebenen und durchautomatisierten anonymen Prozess gegenüber, bei dem Kundenfreundlichkeit nicht zwangsläufig im Mittelpunkt steht.

## Amazon stiehlt sich aus der Verantwortung

Schauen wir uns die Praxis bei Amazon an, dem US-Welt-marktführer in Sachen Internethandel mit an die 250 000 Mitarbeitern und weit mehr als 100 Milliarden US-Dollar Jahresumsatz. Bei Amazon etwa heißt es in den Allgemeinen Geschäftsbedingungen (AGB) unter dem Punkt »Amazons Rolle«, es sei Drittanbietern erlaubt, Produkte auf der Webseite zu verkaufen. Diese Verkäufer, so die Amazon-AGB weiter, seien »verantwortlich für den Verkauf der Produkte, jegliche Reklamation von Seiten des Käufers und alle anderen Angelegenheiten, die durch den Vertrag zwischen Käufer und Verkäufer entstehen.« Die AGB sehen also vor, dass Amazon nichts damit zu tun hat, wenn wir bei diesen Drittanbietern kaufen. Amazon tut so, als gingen Problemfälle das Unternehmen in solchen Fällen prinzipiell nichts an. Dabei sind aber auch Fälle denkbar, in denen eine Reklamation mit Amazon selbst zusammenhängt, etwa wenn es in der Kaufabwicklung im von Amazon technisch beherrschten Bereich zu Fehlern kommt.

Selbst wie Rückgaben zu laufen haben, hat Amazon uns Kunden gegenüber durch die AGB ziemlich selbstbewusst geregelt. Da heißt es zum Beispiel: »Für eingeschweißte und/oder versiegelte Datenträger (zum Beispiel CDs, Audiokassetten, VHS-Videos, DVDs, PC- und Videospiele und Software) bedeutet dies, dass wir die Ware nur in der ungeöffneten Einschweißfolie bzw. mit unbeschädigtem Siegel zurücknehmen.«

Der Grund dieser Regelung leuchtet im Bereich des Vertragswiderrufs ohne Vorliegen eines Mangels noch ein. Das entspricht insoweit auch der Gesetzeslage zum Widerrufsrecht. CDs sind besonders empfindlich, und wenn Kunden geöffnete CDs zurückgeben, hat Amazon Probleme, diese Ware später noch zu verkaufen; es gibt außerdem Kunden, die CDs anhören oder gar kopieren und dann umtauschen. Doch was wäre, wenn ich als Kunde z. B. einen Film auf DVD kaufe, die Verpackung wegwerfe und dann bemerke, dass ich mir wegen eines technischen Fehlers auf dem Datenträger den Film gar nicht anschauen kann? Der Zustand der Produktverpackung hat erst einmal nichts damit zu tun, ob die DVD einen Mangel hat und ich als Käufer eine neue DVD oder Kaufpreisrückerstattung verlangen kann oder nicht. Die AGB von Amazon verstoßen also in diesem Passus gegen das Gesetz.

Prinzipiell gilt: Als Kunde kann ich bei Käufen im Internet auf zweierlei ganz unterschiedliche Weise die Ware zurückgeben. Entweder binnen mindestens 14 Tagen ohne Grund, etwa weil mir die Ware nicht mehr gefällt. Oder bis zu zwei Jahre nach Kauf dann, wenn die Ware mangelhaft war. Bei Amazon werden die Widerrufsrechte (ohne dass ein Mangel vorliegen muss) und die Mängelgewährleistungsrechte (bei defekter Ware) aber unter dem einheitlichen Thema »Rückgabe« abgehandelt. Da erliegen dann viele Kunden dem weit verbreiteten Irrtum, dass man eine CD, deren Versiegelung geöffnet wurde, auch bei einem Defekt nicht zurückgeben kann. Zum Thema »Reklamation nach 30 Tagen« heißt es bei Amazon (und dabei geht es eigentlich um die klassischen Mängelgewährleistungsrechte):

»Sollte sich mithilfe der Produktbeilagen das Problem nicht beheben lassen, können Sie von Amazon.de versandte Artikel innerhalb von zwei Jahren nach Erhalt der Ware wie folgt reklamieren:

1. Wir empfehlen Ihnen, sich für die Nachbesserung Ihres Artikels zunächst im Rahmen der Herstellergarantie direkt an

den Hersteller zu wenden. Dieser hat in der Regel die Möglichkeit, den Artikel zu reparieren oder Einzelteile zu ersetzen und nachzuliefern. Teilweise bieten Hersteller auch einen kostenlosen Vor-Ort-Service an. Listen der Hersteller, die Service für Endkunden anbieten, finden Sie auf unseren Hilfeseiten für den Servicefall.
2. Falls der Hersteller keine Lösung anbietet, kontaktieren Sie bitte unseren Kundenservice.«

Uns Kunden wird also eingeredet, Amazon – unser eigentlicher Vertragspartner! – sei nur in zweiter Linie Ansprechpartner. Sehr unschön versucht der weltgrößte Internethändler, die eigentlich ganz klar bei ihm liegende Aufgabe, sich mit seinen Lieferanten wegen fehlerhafter Produkte auseinanderzusetzen, auf uns Kunden abzuwälzen. Aber wer von uns soll ohne juristische Ausbildung erkennen, dass diese Darstellung, gemessen an der gesetzlichen Lage, schlicht mindestens schief, wenn nicht gar täuschend ist?

## Zalando: Alles für die Effizienz

Zalando zum Beispiel, der Textil- und Schuhhändler mit Sitz in Berlin, regelt in seinen AGB haargenau, auf welches Konto das Geld des Kunden zurücküberwiesen wird: »Die Rückzahlung erfolgt auf das von Ihnen zur Zahlung verwendete Konto. Bei Zahlung auf Rechnung sowie Überweisung bei Vorkasse wird die Rücküberweisung an das Konto angewiesen, von dem die Überweisung getätigt wurde. Haben Sie per Paypal / Kreditkarte gezahlt, erfolgt die Rückerstattung auf das damit verbundene Paypal- / Kreditkartenkonto.«
Auf welches Konto ein Verkäufer im Falle eines Widerrufs

das Geld zurückerstatten muss, ist im Gesetz, im BGB, aber gar nicht geregelt. Theoretisch kann ich mir als Kunde das auch aussuchen, doch bei Zalando ist es im Sinne von Effizienz und Vereinheitlichung bereits in den AGB geregelt und festgeschrieben. Ich als Kunde kann das nur hinnehmen oder ich kaufe eben beim bekanntesten Mode- und Schuhhändler im Internet nicht ein. Die Chance, einen eigenen Kaufvertrag mit individuell festgelegten Bedingungen auszuhandeln, wie beim Einkauf im Fachgeschäft um die Ecke, habe ich als Kunde nicht. Damit geht Individualität verloren. Vor allem aber können mächtige Anbieter uns Kunden ihre internen Abläufe regelrecht aufzwingen. Sind wir mit einer Bedingung nicht einverstanden, dürfen wir uns mit zweifelhaften Erfolgsaussichten über das vorgegebene System aus Hotlines und Kontaktformularen an das Unternehmen wenden. Und selbst wenn so eine Bedingung krachend illegal ist, dann kann sie ein Ablaufdatum haben, das Jahre oder gar Jahrzehnte in der Zukunft liegt, wenn überhaupt.

## Das lange Leben der Schummelklauseln

Gerade bei für sie wichtigen Klauseln prozessieren Unternehmen – aus ihrer Sicht nachvollziehbar – in juristischen Streitfällen gerne einmal durch alle Instanzen. Das dauert, und bis zur endgültigen rechtsverbindlichen Klärung vergeht viel Zeit. Zeit, in der die Firmen die strittigen Bestimmungen natürlich weiter anwenden. Eine illegale Klausel kann so über Jahre benutzt werden und wir Kunden, deren Rechte bis zur Entscheidung der letzten gerichtlichen Instanz beeinträchtigt werden, können die Zeit oft genug nicht wieder zurückdrehen.

Wie das Spiel so läuft, habe ich in meiner Ausbildung zum Anwalt bei einer großen Wirtschaftskanzlei vor über 20 Jahren schon gelernt – so wie unzählige andere Juristen vor mir und viele nach mir. Ich sollte Allgemeine Geschäftsbedingungen entwerfen und präsentierte das Ergebnis stolz meinem Ausbilder. Er wollte einige, nennen wir es »knackige« Ergänzungen. Ich erwiderte damals (noch sehr jung und naiv), all seine Ideen seien doch rechtswidrig. Und musste dabei lernen, dass man solche Klauseln dann natürlich trotzdem in die AGB reinschreibt. Weil es eben kaum ein Kunde merkt. Und weil man solche Geschäftsbedingungen dann in der Praxis einfach so lange nutzt, bis es eben gar nicht mehr anders geht. Und keinen Tag kürzer.

## Widerrufsformulare als Abschreckungsmittel

Ein anderer Trick ist die Gestaltung der Widerrufsformulare. Das 14-tägige Widerrufsrecht bei Verbraucherkäufen im Internet können wir formlos durch eine Erklärung an den Verkäufer ausüben. Es reicht eigentlich, anzurufen und zu sagen: »Die Farbe der Hose ist mir zu hässlich.« Oder man schickt die Hose zurück, versehen mit einem Zettel: »Will ich nicht mehr.« Doch viele Unternehmen verlangen von uns, ein bestimmtes Formular zu benutzen. In den Zalando-AGB ist beispielsweise ein Muster-Widerrufsformular abgedruckt. Darin heißt es: »Wenn Sie den Vertrag widerrufen wollen, dann füllen Sie bitte dieses Formular aus und senden Sie es zurück.« Da sollen wir Kunden offenbar annehmen, das Ausfüllen und Zusenden des Formulars sei Bedingung dafür, dass wir den Kaufvertrag widerrufen können – was aber eindeutig nicht so ist. Der Vorteil für das Unternehmen liegt auf der

Hand: Wenn nur ein Kunde von hundert den Widerruf nicht ausübt – weil es ihn nervt, solch ein Formular auszufüllen, weil er es nicht mehr findet oder weil er als Migrant schlichtweg nicht gut genug Deutsch beherrscht –, macht die Firma mehr Gewinn. Zu Lasten des Kunden. Außerdem dürfen wir über solche Formulare die Arbeit, die notwendigen Daten in das IT-System des Händlers »einzupflegen«, auch gleich mit übernehmen.

## Amazon: Echte Umsätze mit gefälschten Produkten

Der am häufigsten verkaufte Leichtkopfhörer bei Amazon Deutschland war lange Zeit der Koss Porta Pro. Ein Klassiker, seit 30 Jahren auf dem Markt, mit gutem Klang zum fairen Preis. Eigentlich. Auch ich wollte solch einen Kopfhörer haben. Er verströmt Retro-Flair der 80er und gibt die Musik schön neutral und natürlich wider. Genau das Richtige für einen Freund von Klassik und Jazz, der viel unterwegs ist. Umso begeisterter war ich, als ich einen Koss Porta Pro bei amazon.de entdeckte, für nur 30 Euro. Das war in etwa die Hälfte des Preises, zu dem er sonst verkauft wird, also habe ich ihn gleich bestellt.

Um es kurz zu machen: Was ich auf dem Amazon-Marketplace bekam, war Schrott. Eine billige Kopie mit einem beschissenen Klang. Ich ärgerte mich und fing an, genauer im Internet zu recherchieren. Das hätte ich mal besser vor dem Kauf getan! Ich stieß auf zig Warnungen. Der offizielle Importeur, so stellte sich heraus, informiert schon seit Jahren darüber, dass bei Amazon Fakes angeboten werden und nicht die echten Koss-Porta-Pro-Kopfhörer. Sogar bei Amazon selbst fand ich auf der entsprechenden Internetseite etwa 100

Kundenrezensionen, die darauf hinwiesen, dass es sich um eine billige China-Kopie handelt. Dort stand etwa: »Achtung Fälschung!« Oder: »Trotz Kauf direkt von Amazon ein Fake – peinlich.« Oder auch: »Bezweifle, dass Amazon hier wirklich Koss verkauft. (…) Beschämend, dass Amazon nicht auf die Quelle des billigeren Koss hinweist«, schrieb ein Kunde und fuhr fort: »Bei mir stellt sich ein Vertrauensverlust gegenüber Amazon ein. Es wäre schließlich ein Leichtes zu sagen: Kopie und billiger, und dann kann der Kunde entscheiden. Schlechteste Note für Amazon.« Den ehrlichen Händlern, die das Original verkaufen, macht es das Geschäft kaputt. Amazon schert das offenbar nicht besonders.

Denn es kann Amazon erfahrungsgemäß nicht verborgen geblieben sein, wenn sich derart viele Kunden kritisch zu einem Produkt äußern. Wer einmal einen solchen Kopfhörer gekauft hatte, konnte, wie ich, schnell anhand von Vergleichsfotos im Internet feststellen, dass er einer Fälschung aufgesessen war. Also wandte ich mich an Amazon und beschwerte mich. Das Unternehmen erklärte sich zwar bereit, mir den Kaufpreis zu erstatten. Verlangte aber zugleich, dass ich den Billig-Kopfhörer zurückschicke. Das lehnte ich jedoch ab. Denn es ist urheberrechtlich nicht erlaubt, ein gefälschtes Produkt, ein Plagiat, in den Verkehr zu bringen. Ich hätte mich also genau genommen strafbar gemacht, hätte ich den gefälschten Kopfhörer wieder auf den Weg zu Amazon gebracht. Und weiter ist die Rechtslage so: Wer legal über die Markenrechte und Urheberrechte verfügt, hat ein Recht auf Vernichtung der gefälschten Produkte.

Also habe ich mit Zustimmung des offiziellen Koss-Porta-Pro-Importeurs zum Hammer gegriffen und den Kopfhörer im wahrsten Sinne des Wortes platt gemacht. Obwohl Amazon das nicht gefiel: »Darf ich Sie trotzdem darum bitten, dass Sie den Artikel ›Koss Porta Pro Stereo‹-Kopfhörer an uns zurücksenden und diesen nicht vernichten?« Amazon habe ich ein Foto der danach ziemlich geplätteten Version des Kopfhörers geschickt. Das flache HiFi-Fake-Produkt hatte ich darauf plakativ unter dem linken Vorderrad des Blech-Tretautos meines Sohnes mit der »Sheriff«-Aufschrift platziert. Nach ein wenig Hin und Her bekam ich den Kaufpreis endlich erstattet. Man wolle der Sache sogar insgesamt nachgehen, hieß es bei Amazon: »… vielen Dank für diesen Hinweis! Wir gehen diesem intern nach – eine Kopie Ihrer E-Mail habe ich an die entsprechende Abteilung weitergeleitet.« Das war 2012. Doch es findet sich auf amazon.de die Rezension eines Kunden, der offenbar noch 2016 einer solchen Fälschung aufgesessen ist. Ein klares Indiz dafür also, dass der Kopfhörer-Fake weiter verkauft wird.

In aller Gelassenheit leistet man also bei Amazon weiter illegalem Verhalten Vorschub, nicht zuletzt dem gewerbsmäßigen Betrug an den Kunden. Ich hatte die Ankündigung sowieso nicht geglaubt und schon unmittelbar nach meinen Erfahrungen 2012 Strafanzeige erstattet. Schließlich verstößt es klar gegen unser Strafrecht, gefälschte Produkte in den Handel zu bringen. Doch die zuständige Staatsanwaltschaft stellte die Ermittlungen nach einiger Zeit sang- und klanglos ein. Mit einer bizarren Begründung: Amazon sei kein Vorsatz nachweisbar. Dahinter steht wohl der merkwürdige Irrglaube, so ein großes und allein deshalb mutmaßlich »seriöses« Unternehmen könne nicht bewusst falsch handeln.

Dieselbe Staatsanwaltschaft in Göttingen aber ist weniger zimperlich, wenn es gegen Jugendliche geht, die sich illegal Musik aus dem Internet heruntergeladen haben. Sie werden mit aller Härte verfolgt und saftig bestraft. Ich hatte als Anwalt mehrere solcher Fälle schon auf dem Tisch. Derselbe

Staatsanwalt, der sich in meinem Fall Amazon gegenüber so großzügig zeigte, leitete gegen einen juristisch völlig unbeleckten kleinen Gebrauchtwagenhändler ein Strafverfahren wegen Betruges ein, weil dessen Geschäftsbedingungen fehlerhaft waren – etwas, das bei Großunternehmen dauernd vorkommt und ohne strafrechtliche Konsequenzen für sie bleibt. So wie der Internetriese Amazon, der nach eigenem Gusto handelt und damit durchkommt. Viele Strafverteidiger werden mir bestätigen können, dass es einen ungeschriebenen § 0 des Strafgesetzbuches gibt: »Sieht der so aus wie jemand, der so etwas macht?« Und in den Augen so manches Staatsanwaltes sehen seriös auftretende Großunternehmen offenbar nicht so aus.

## Kundenlisten: Die Guten ins Töpfchen, die Schlechten ins Kröpfchen

Die Qualität der Kaufabwicklung mit uns Kunden richtet sich vorwiegend danach, ob wir nach den internen Maßstäben des Unternehmens ein attraktiver Kunde sind. Im Onlinegeschäft gilt das erst recht. Wer Pech hat, landet dann eben auf der sogenannten »Blacklist« – quasi eine Sperrliste – und wird vom Unternehmen geschnitten. Sicher oft zu Recht, etwa wenn die Zahlungsmoral sehr zu wünschen übrig lässt. Oder dann, wenn Kunden Waren ständig bestellen, um sie im Zeitraum der Widerrufsfrist zu nutzen und dann wieder zurückzuschicken. Man wird aber auch kaum ausschließen können, dass das Abschieben auf die schwarze Liste häufig zu Unrecht geschieht. Zum Beispiel bei vielen, aber eben auch berechtigten, Reklamationen.

Einen Fall von solchem *Blacklisting* entschied das Oberlandesgericht Köln am 26.02.2016 gegen Amazon. Amazon hatte die Vertragsbeziehung mit einem Kunden wegen »Überschreitung der haushaltsüblichen Anzahl an Retouren in dem Kundenkonto« gekündigt. Der Kunde hatte also aus der Sicht der Firma zu oft reklamiert und zu viel Ware wieder zurückgeschickt. Die Folgen einer solchen Kündigung waren ebenfalls wieder in den Allgemeinen Geschäftsbedingungen geregelt. Sie waren so gefasst, dass es Amazon möglich war, dem Kunden den Zugriff auf von ihm sogar bezahlte (!) E-Books oder auf bei Amazon gekaufte und dort gespeicherte Musik und Hörbücher zu verweigern. Der Kunde hätte also nicht einmal mehr bekommen, wofür er bezahlt hatte. Das OLG kippte diese Klausel in den Amazon-AGB jedoch als rechtswidrig und damit unwirksam.

### Wenn man nur will, geht es auch anders

Das angenehme Gegenmodell zum *Blacklisting* sind Kundenbindungsprogramme. Wer oft, viel und teuer einkauft und von wem das Unternehmen vermutet, dass er all dies auch in Zukunft tun wird, wird geködert. Mit einer goldenen Kundenkarte, speziellen Rabatten, Gutscheinen oder vergleichbaren Nettigkeiten. Ich kann mich noch gut erinnern, wie mir einmal eine Postkarte der Deutschen Telekom ins Haus flatterte, nachdem wir in der Kanzlei einen Tag lang einen von der Telekom verursachten Systemausfall hatten. Auf der »Es tut uns leid«-Postkarte an mich stand: »Es liegt uns viel daran, Sie zu unseren zufriedenen Kunden zu zählen.« Da fiel mir plötzlich wieder ein, was ich als Student erlebt hatte. Ich jobbte damals in der Ulmer Filiale eines bekannten deutschen Textilhändlers. Ein bundesweit bekannter Joghurtkönig aus der Region hatte dort eingekauft und eines der hochwertigen Teile war defekt gewesen. Entsprechend groß war die Aufregung im Geschäft. Der Abteilungsleiter drückte den Rücken durch, rückte seine Krawatte noch einmal zurecht und gab die Order aus: »Sie gehen jetzt bitte sofort los und holen zwei Flaschen Wein in einer Geschenkkiste; aber bitte was richtig Gutes.«

Heute, Jahrzehnte später, frage ich mich: Warum sind guter Service und unbürokratisch-freundliches Verhalten gegenüber Kunden eigentlich in so vielen Fällen nur gut betuchten Menschen vorbehalten? Warum gibt es privilegierte Kunden und solche zweiter Klasse? Und natürlich müssen es nicht immer zwei Flaschen Wein sein. Aber eine korrekte Behandlung nach Recht und Gesetz – ist das schon zu viel verlangt?

## buyvip.com: Kein Anspruch auf ein frisches Hemd?

Amazon hat ein Tochterunternehmen, buyvip.com. Nach dem Vorbild des französischen Unternehmens vente-privee. com kann man sich dort als Kunde registrieren und dann bei zeitlich begrenzten Aktionen zu einzelnen Produktgruppen oder Marken schöne Schnäppchen machen. Hauptsächlich Möbel, Anzüge, Hemden, Kleider, Schuhe und Elektronik. Eigentlich nicht schlecht, doch auch buyvip.com nimmt es mit den Verbraucherrechten nicht immer so genau. Das Gesetz besagt, dass der Verbraucher bei einem mangelhaften Produkt zunächst einen Anspruch auf Nachlieferung hat. Das ist auch ganz logisch: Ich schließe einen Vertrag, erfülle meinen Teil, indem ich zahle, und will dann auch die bestellte Ware haben. Wie der Verkäufer seinen Teil der Abmachung bewerkstelligt, ist seine Sache und sein Risiko. Er würde es ja auch nicht akzeptieren, wenn ich auf einmal aus irgendwelchen Gründen den Kaufpreis nicht mehr zahlen wollte.

Im Glauben, dass alles seinen rechtlich einwandfreien Gang nimmt, hatte ich mir bei buyvip.com ein weißes Herrenhemd der Londoner Marke Hackett bestellt. Sie wurde 1979 vom britischen Modeschöpfer Jeremy Hackett gegründet und ist inspiriert vom klassisch-britischen Modestil. Ein weißes Hemd dieses Zuschnitts, dachte ich mir, kann man als Anwalt immer gut gebrauchen. Ich wählte ein gehobenes Modell aus, das nur 30 Euro kosten sollte – einen Bruchteil dessen, was ein Hackett-Hemd regulär kostet. Also bestellte ich und zahlte den Preis. Umso enttäuschter war ich, als das Hemd bei mir ankam: zerknüllt, muffelig und über und über mit gelblichen Flecken bedeckt. Da waren wohl Kaffeeflecken nicht ganz rausgegangen. Eine Unverschämtheit. Also schickte ich es zurück und eine freundliche E-Mail an buyvip.com, dass ich gerne ein frisches Hemd ohne Kaffeeflecken möchte. Ich will schließlich selbst entscheiden, ob und wann ich im Look und Geruch einer durchgearbeiteten Nacht meinen Mandanten gegenübertrete.

Nein, teilte man mir aber mit einer lauwarmen Entschuldigung überraschend mit. Man liefere grundsätzlich keine Produkte nach. Ich verwies im Gegenzug auf die Rechtslage und darauf, dass ich ansonsten das Recht auf einen sogenannten Deckungskauf hätte. Der Hersteller selbst bot das Hemd auf seiner Webseite an, nur etwa 100 Euro teurer. Ich könnte es kaufen und die Differenz müsste buyvip.com tragen. So steht es im Gesetz. Doch der Internethändler stellte sich stur: Nein, das ginge auch nicht, sagte mir ein Mitarbeiter nach Rücksprache mit seinem Vorgesetzten. Was das heißen solle, fragte ich zunehmend ungeduldig und erklärte die Rechtslage unter Hinweis auf die einschlägigen Paragraphen im Bürgerlichen

Gesetzbuch (BGB). Doch das Unternehmen stellte sich stur. Ich bekam statt gleichwertigem Ersatz einen 10-Euro-»Aktionsgutschein« und eine Mail in etwas fehlerhafter Rechtschreibung: »Leider können wir keinen Ersatz raus schicken oder die Differenz eines anderen von Ihnen gekauften Artikels übernehmen, dass tut mir leid.«

Es passierte, was bei mir selten in solchen Fällen geschieht. Obwohl ich mich maßlos ärgerte, gab ich nach. Da buyvip.com noch ein anderes weißes Hackett-Hemd im Angebot hatte, kaufte ich das. Nur war es 20 Euro teurer. Ein schöner Etappensieg für meinen Verkäufer. Wahrscheinlich ging es mir nur wie 999 von 1000 Kunden: Man ist zu genervt und findet sich ab. Eigentlich ein Fehler. Aber ich nahm mir vor, den Amazon-Ableger nun etwas genauer unter die Lupe zu nehmen und einer anderen Strategie zu folgen. buyvip.com sitzt – vermutlich aus steuerlichen Gründen – in Luxemburg. Auch das ist wirklich nicht ungeschickt. Denn die 999 genervten, verunsicherten Kunden wird es noch mehr von der Durchsetzung ihrer Rechte abhalten, wenn sie feststellen, dass sie sich mit einem Verkäufer im Ausland auseinandersetzen und gegebenenfalls dort ihre Forderungen einklagen müssen. Gut, ich hätte an meinem Wohnort klagen können. Aber man probiert ja gerne mal etwas Neues aus. Also wählte ich das standardisierte Verfahren aus, mit dem man Kleinforderungen innerhalb der EU auch grenzüberschreitend durchsetzen kann. Theoretisch.

Es ist nicht unbedingt etwas für schwache Nerven. Zum Ausfüllen des Formulars sind Fremdsprachenkenntnisse vonnöten und man muss das zuständige ausländische Gericht herausfinden. Ich setzte meine Auszubildenden dran, die es nach einigen deprimierenden Fehlversuchen auch schafften, das Formular auszufüllen und ins benachbarte Fürstentum zu schicken. Ich füllte das Formular aus. Dann hieß es Warten. Und noch mal Warten. Ein bisschen enttäuscht war ich schon über das vereinfachte Verfahren. Mehr Spaß hätte es in meiner Vorstellung gebracht, bei einem Gericht in Luxemburg auflaufen zu müssen, natürlich mit schöner Hotelübernachtung – im Ergebnis auf Kosten meines Verkäufers. So aber kam nach Monaten des Wartens im Zuge des standardisierten Verfahrens ein Schreiben mit Ergänzungsfragen vom Gericht zurück – auf Französisch. So kann man natürlich auch versuchen, sich deutsche Klageparteien vom Hals zu halten. Wohlgemerkt gibt es einen fürstlich Luxemburgischen Erlass, dass im Vielvölkerstaat Luxemburg auch Deutsch offizielle Amtssprache ist. Ich hätte es daher juristisch erzwingen können, dass die Angelegenheit auf Deutsch abgewickelt wird. Trotzdem, und obwohl ich sonst durchaus auch Akten auf Französisch abwickle, habe ich entnervt aufgegeben. So war das wohl auch beabsichtigt.

Umgekehrt wäre es natürlich noch schlechter: Da muss ein Franzose in Deutschland sich gleich einen zweisprachigen Anwalt suchen. Solange europaweit nicht wenigstens Englisch als zweite Sprache neben der jeweiligen Landessprache vor den Gerichten zulässig ist, kann von einem einheitlichen Rechtsraum für den Verbraucher nicht die Rede sein. Die verhältnismäßig exorbitanten Kosten für einen zweisprachigen Anwalt oder beglaubigte Übersetzungen machen eine gerichtliche Durchsetzung von Rechten faktisch unmöglich. Ganz abgesehen davon, dass der Aufwand bei kleineren Summen im Einzelfall (und darum geht es in der Regel, wenn wir Verbraucher einkaufen) aus dem Ruder zu laufen droht.

Weiter oben hatte ich bereits den vom Oberlandesgericht Köln entschiedenen Fall geschildert, in welchem Amazon sich prinzipiell die Möglichkeit einräumte, dem Kunden nach

Kündigung den Zugang zu von ihm bereits gekauften und bezahlten digitalen Inhalten zu verwehren. Das war aber nicht der einzige kritische Aspekt, der bei dem Fall vor Gericht zur Sprache kam. So sahen Amazons Bestimmungen für den deutschen Kunden zunächst völlig unproblematisch vor, dass er sowohl in seinem eigenen Land als auch in Luxemburg klagen könne. Es sollte dann aber in jedem Fall luxemburgisches Recht gelten! Auch diese AGB-Klausel hat das Kölner OLG zu Recht als unwirksam angesehen, wenn es für den Verbraucher Nachteile bedeute. Dann gelte zwingend deutsches Recht. Schließlich wäre es aus der Sicht eines Kunden auch absurd, wenn er in seinem Wohnzimmer sitzt, auf einer .de-Webseite surft, sich juristisch aber die ganze Zeit in Luxemburg befindet.

## bruegelmann.de: Unser Chaos ist Ihr Problem

Manchmal ist die Durchsetzung von Ansprüchen aus Onlinegeschäften selbst dann schwierig, wenn man eigentlich gute Beweise an der Hand hat. Das durfte ich selbst beim Amtsgericht Esslingen erleben. Dazu müssen Sie wissen: Ich bin ein begeisterter Rennradfahrer. Wann immer es mir der Job erlaubt, schwinge ich mich abends oder an freien Tagen ein paar Stunden in den Sattel. Wie viele ähnlich Begeisterte – oder sollte ich sagen »Verrückte«? – in diesem Sport bilde ich mir ein, ein Rennrad für Sonnentage und eines für schlechtes Wetter und den Winter zu brauchen. Und das Letztere sollte neue Reifen bekommen – den teuren Testsieger von Schwalbe. Man muss halt investieren, wenn man auf 50 km Strecke drei Sekunden schneller sein will. Also habe ich die guten Stücke bei bruegelmann.de bestellt. Erst wurde nur einer geliefert. Dann kam ein zweiter hinterher – in der falschen Größe. Also habe ich beide innerhalb der gesetzlichen Widerrufsfrist von zwei Wochen zurückgeschickt. Die Rennradsaison dauert nicht ewig und andere können auch liefern, dachte ich mir. Ich kaufte also meine Reifen woanders ein – und forderte vom stoffeligen Internethändler mein Geld zurück. Er erstattete mir nur den Preis für einen Reifen. Ein paar E-Mails gingen nun hin und her. Die Antwort war sinngemäß eine Gegenfrage: Was ich denn noch wolle, man habe doch den Kaufpreis schon zurückgezahlt?!

Da die langjährige Erfahrung lehrt, dass es sinnlos oder zumindest viel zu zeitaufwendig ist, ab einem gewissen Punkt eine solche aberwitzige Korrespondenz fortzusetzen, habe ich einen Mahnbescheid auf den Weg gebracht und Anwaltskosten für die bisherige Korrespondenz berechnet. Es gilt die Regel, dass ein Anwalt seine eigenen Kosten berechnen darf, wenn die andere Seite nicht angemessen zeitnah reagiert, wenn sie insbesondere auf Fristsetzungen nicht handelt und wenn ein »Normalbürger« sich in vergleichbarer Situation auch einen Anwalt genommen hätte. Für mich besteht kein Zweifel, dass all diese Kriterien in meiner Causa Rennrad erfüllt waren. Wer seinen Verkäufer höflich anschreibt, ihm seine Fehler mehrfach geduldig erklärt und dennoch nach ein paar Wochen weder Ware noch sein Geld zurückerhält, der darf nicht nur, sondern der sollte sich sogar fachkundige anwaltliche Hilfe holen. Was bleibt ihm sonst übrig, will er seine berechtigten Ansprüche durchsetzen?

Der Rennradreifen-Internetverkäufer legte dennoch Einspruch gegen den von mir erwirkten Mahnbescheid ein. Was automatisch dazu führte, dass die Sache zum in diesem Fall zuständigen Amtsgericht nach Esslingen ging. Die Richterin dort hatte nach meinem Eindruck keine rechte Lust, sich die eigentlich doch recht übersichtliche E-Mail-Korrespondenz durchzulesen. Eine gute Handvoll E-Mails von jeweils nicht einmal fünf Zeilen. Ich hatte sogar wörtlich in meinen Schriftsätzen aus den E-Mails zitiert und dezidiert mitgeteilt, in welcher E-Mail unter welchem Datum das jeweilige Zitat zu finden war. Mit anderen Worten: Die Akte für die Richterin war äußerst überschaubar.

Ich bin mir ohne Zweifel sicher: Wäre es in dem Fall um 10 000 Euro gegangen, hätte die Richterin die jeweils in Bezug genommene E-Mail gelesen. Ein Zeitaufwand von vielleicht einer Minute. So aber teilte sie zu meiner Verblüffung mit, das alles sei ihr zu unübersichtlich. Sie sprach mir aber – ernsthaft – einen Tag gesetzliche Verzugszinsen (5 Prozentpunkte über dem jeweiligen Basiszinssatz der Europäischen Zentralbank) zu. Einen Betrag von 0,48 Cent oder 0,0048 Euro. Ich habe keine Ahnung, wie man einen solchen Betrag überhaupt überweisen soll. Wollte die Dame in der Richterrobe damit vielleicht ins Guinness-Buch der Rekorde kommen? Als salomonisches Schmankerl obendrauf bestimmte die Richterin immerhin, die Kosten des Verfahrens würden geteilt. Also musste der Internetverkäufer seine Anwältin bezahlen plus die Hälfte der Gerichtskosten. Unterm Strich war das mehr, als die Reifen gekostet hatten. Ein klassischer Pyrrhussieg: Gewinner und Verlierer hatten beide verloren.

Was mich eigentlich interessiert hätte, blieb leider ungeklärt. Für meinen Fall wie für Zigtausende andere Fälle auch: Ab wann darf ein Kunde einen Anwalt einschalten, wenn der Verkäufer sich weigert, die gesetzlich geschuldete Rückzahlung zu leisten, weil in seinem Warenverwaltungssystem und seiner Buchhaltung einfach Chaos herrscht? Die Antwort wäre relevant gewesen für Zigtausende von Kunden. Ich meine nach wie vor, dass es voll auf die Kappe des Verkäufers gehen muss, wenn er sein Kundenbeziehungsmanagement nicht im Griff hat. Wenn der Kunde sich nach ersten eigenen und vergeblichen Bemühungen, und nicht nach Tagen, sondern nach Wochen, an einen Anwalt wendet. Aber das Amtsgericht Esslingen hinterließ bei mir letztlich nur den Eindruck, sich nicht einlesen und auf eine für den Rechtsfrieden wichtige Frage keine Antwort finden zu wollen. Schade.

# Fluggesellschaften: Wir bringen Sie irgendwann irgendwohin

## Abenteuer Fliegen

Ein echtes Massenproblem ist auch das Verhalten der Fluggesellschaften. Praktisch jeder, der öfter fliegt, kann die eine oder andere abenteuerliche Geschichte berichten. Über verlorene Gepäckstücke zum Beispiel. 2014 waren es weltweit 24,1 Millionen. Auch in dieser Branche schaffen sich die großen Unternehmen rigoros ihre eigenen Regeln, ob sie nun geltendem Recht entsprechen oder nicht. Dazu kommen die Probleme, die sich aus der häufig staatenübergreifenden Natur dieser Dienstleistung ergeben. Wir europäischen Verbraucher sind da noch recht gut geschützt im internationalen Vergleich.

## American Airlines – Deal or no Deal?

Mein Freund Frederik Röder und seine Frau bekamen es mit American Airlines zu tun. Frederik ist ein international gefragter Fachmann und als solcher von Haus aus ein Vielflieger. Einer, nach dem sich die Airlines normalerweise die Finger lecken, denn er ist pausenlos unterwegs und garantiert als Kunde dementsprechend viel dauerhaftes Geschäft. Nicht ohne Grund verfügte er schon mit Ende 20 über die Vielflieger-Statuskarten aller großen Airline-Allianzen und weiß manchmal nicht wohin mit all seinen Bonusmeilen. Im Herbst 2015 fand er im Internet einen sagenhaft günstigen Flug: First Class von Prag nach Cancún in Mexiko für weniger als 1000

Euro das Ticket. Das ist nicht völlig ungewöhnlich: Von Zeit zu Zeit starten Airlines atemberaubende Rabattaktionen, um attraktive Kunden auf sich aufmerksam zu machen. Normalerweise aber kostet solch ein Flug in das mexikanische Badeparadies gut und gerne das Zehnfache. Frederik buchte sofort, ein Ticket für sich, ein weiteres für seine Frau. Beide schaufelten ihre Terminkalender entsprechend frei und planten voller Freude über das Schnäppchen einen Urlaub in Cancún. American Airlines belastete Frederiks Kreditkarte mit dem Flugpreis von nicht einmal 2000 Euro.

Deal or no Deal? Natürlich Deal, denn das Geschäft war regulär und rechtlich bindend zustande gekommen. Doch die beiden Reisefieber-Geplagten hatten die Rechnung ohne den Wirt American Airlines gemacht. Die Fluggesellschaft bestätigte zwar die Buchung, buchte das Geld auch ab und bestätigte die Ticket-Details. Dann teilte die Airline jedoch mit, der Preis für die Erste-Klasse-Tickets sei im Internet falsch gewesen. Man werde die Eheleute zu diesem Tarif nicht befördern. April, April!

Stattdessen wollte die Airline den regulären Ticketpreis für die Erste Klasse. Oder aber man zahle dem Paar sein Geld zurück. Meine Freunde baten mich um anwaltliche Hilfe. Ich schrieb American Airlines und pochte energisch auf den rechtsverbindlich zustande gekommenen Vertrag. Doch die Fluggesellschaft zeigte sich uneinsichtig und ließ mich abprallen; es täte ihnen ja alles leid, aber das sei nun mal ein »Pricing Error« gewesen, und da ginge überhaupt nichts. Für Frederik und mich hieß die entscheidende Frage nun: American Airlines vor Gericht verklagen oder nicht? Um es gleich zu sagen: Wir klagten nicht. Denn die Materie ist international höchst verzwickt und eine Klage dementsprechend kompliziert. Wahrscheinlich hätte bis zur Klärung der Flug auch schon längst stattgefunden. EU-Flugrecht war in diesem Fall nicht eindeutig anwendbar. Es war auch unklar, ob wir in Deutschland hätten klagen können, da der Abflugort ja Prag gewesen wäre. In den USA aber sind die Fluggastrechte aus der Sicht der Kunden weitaus schlechter als in Europa. Das Klagerisiko wäre dementsprechend groß gewesen, von den deutlich höheren Kosten ganz zu schweigen. Schweren Herzens und mit der geballten Faust in der Tasche verzichteten wir auf eine Klage; die beiden flogen nicht mit dem Champagnerkelch in der Hand über den Atlantik der Urlaubsbräune entgegen und ließen sich ihr Geld zurückzahlen.

Der auf Luftfahrtrecht spezialisierte US-Anwalt Alexander Anolik weist zu Recht darauf hin, dass das Recht in diesem Bereich nicht verbraucherfreundlich organisiert, sondern von völkerrechtlichen Verträgen und staatlichen Regulierungen bestimmt wird. Nach US-Recht ist es beispielsweise absolut legal, dass Airlines Flüge überbuchen (also mehr Tickets verkaufen, als Plätze in einer Maschine vorhanden sind), solange sie die Passagiere darüber ausreichend informieren. Das US-Department of Transportation (DOT) geht bisweilen zwar durchaus engagiert gegen die Airlines vor, aber der einzelne Passagier ist bei Problemen gezwungen, sich an die Behörde zu wenden. Der direkte Klageweg gegen die Fluggesellschaft, so Anolik, sei praktisch nicht möglich.

Jetzt noch einmal die gute Nachricht: Besser sieht das tatsächlich in der EU aus. Ähnlich wie für die Bahn- und Buspassagiere gibt es detaillierte europäische Regelungen. Die Rechte des europäischen Verbrauchers sind besser geschützt als in den USA und auch der Weg zu den Gerichten ist offener. Umso ärgerlicher, wenn sich auch hier die Airlines oft schon routinemäßig der dank EU klar geregelten Verantwortung entziehen. Außerdem nutzt ein besseres EU-Recht im

Luftverkehr nur sehr bedingt, da es sich eben um eine globale Branche handelt, die nicht nur innereuropäisch funktioniert, sondern auch andere Kontinente wie Amerika oder Asien einbezieht. Die geltende Rechtslage ist aus Verbrauchersicht ein Desaster. Es brauchte dringend einheitliche Regeln und einheitliche, einfache Klagewege.

## Flugverspätungen – Wer ist verantwortlich?

Die sonst so viel gescholtene EU hat vor einigen Jahren innerhalb ihrer Grenzen die Rechte des Fluggasts massiv gestärkt. Bei Flugverspätungen muss seither die Fluggesellschaft Entschädigung leisten. Und zwar – abgesehen von krassen Fällen höherer Gewalt – immer. Das gilt auch unabhängig von Vorsatz und Fahrlässigkeit. Zu Recht, denn es ist Sache der Fluggesellschaft, einen reibungslosen Betrieb sicherzustellen. Fällt etwa der Pilot kurzfristig aus, dann gehört das in den Risikobereich der Airline – ich als Kunde habe darauf keinen Einfluss. Also darf ich nach dem EU-Rechtsverständnis auch nicht der Leidtragende sein.

Kümmert dieser kluge Gedanke des Gesetzgebers durchgängig die Fluggesellschaften? Natürlich nicht. Obwohl die Airlines genau wissen, was in ihren Verantwortungsbereich fällt und wofür sie dementsprechend haften müssen, stellen sie sich oft schlicht dumm. Die Ausreden vor Gericht wären zum Lachen, wäre das Ganze nicht zugleich höchst ärgerlich. Wieder einmal zwingt man uns als Verbraucher auf den mühsamen und langwierigen Klageweg, obwohl man genau weiß, dass wir im Recht sind. Natürlich in der begründeten Hoffnung, dass die meisten von uns wegen einigen Hundert Euro nicht gleich zum Gericht rennen. Manche glauben auch unbesehen der Airline, wenn diese mitteilt, es bestünden leider keine Ansprüche. Viele Rechtsanwälte können dazu aus ihrer täglichen Praxis mit schönen Beispielen dienen.

So gibt es beispielsweise, was die Fluggastrechte bei Verspätungen angeht, eine ganz übersichtliche Rechtslage. Abhängig von der Dauer der Verspätung und der Länge der Flugstrecke müssen die Fluggesellschaften nach europäischem Recht Entschädigung zahlen. Manche kümmert das mehr, andere weniger. Zu Letzteren gehört offensichtlich vor allem der Ferienflieger Condor. Fairplane, ein Verbraucherschutzunternehmen, das sich auf die Durchsetzung von Fluggastrechten spezialisiert hat und nach eigenen Angaben bereits 320 000 Passagieren zu ihrem Recht verholfen hat (Stand Juli 2016), berichtete laut *Frankfurter Allgemeiner Sonntagszeitung* schon 2012, von 4000 Problemfällen jährlich habe man allein in 3000 mit der Condor zu tun. Diese zahle aber meist nur, wenn der Fall vor Gericht gebracht werde.

Und so kam es auch in einem Fall, der bei mir auf dem Schreibtisch lag. Die Eltern waren schon nach Fuerteventura vorgeflogen. Nun sollte der jugendliche Sohn mit einem Kumpel nachkommen. Das Flugzeug hatte aufgrund eines Triebwerksproblems eine Verspätung, die mit 400 Euro Entschädigung abzugelten gewesen wäre. Und die Sache war nicht ohne. Erst startete die Maschine, brach dann jedoch den Flug ab. Für sich schon eine Situation, die nun bestimmt nicht Glückshormone ausschüttet. Und es wurde nicht besser. Der Start wurde von 5.20 Uhr auf 16.30 Uhr verschoben. Die beiden Kids durften in der Flughafenlounge warten. Einen Platz im Hotel bekamen sie nicht. Da hatten andere Vorrang, etwa Familien mit Kindern. Also nicht allein reisende Kinder – logisch. So blieb es dann bei einem 20-Euro-Essensgutschein. Insgesamt waren die Kinder 39 Stunden auf den Beinen. Obwohl die Sachlage eindeutig war, spielte Condor zunächst auf Zeit, um dann die Entschädigung schlichtweg abzulehnen. Ein geradezu dreistes Vorgehen, da das Unternehmen natürlich die Rechtslage kennt, einschließlich des Urteils des Bundesgerichtshofs vom 18. Januar 2011. Darin führt der BGH klar aus, dass es die Fluggesellschaft nicht entlastet, wenn die Verspätung auf einem Triebwerksproblem beruht.

Schon lustig, dass die Condor im Umgang mit unserem Fall nicht einmal die Komik erkannte, die sie produzierte. Die Fluggesellschaft behauptete also allen Ernstes, sie trage nicht das Risiko fehlerhafter Triebwerke. Aber wer denn sonst? Wofür will Condor denn sonst haften? Dafür, dass die Brötchen an Bord ausreichend vertrocknet sind? Als Fluggast habe ich durchaus persönlich schon ein ziemliches Interesse daran, dass sich die Fluggesellschaft sogar in sehr gesteigerter Form für die Triebwerke ihrer Maschinen verantwortlich fühlt. Und zwar nicht nur dafür, dass am Flugzeug überhaupt welche gut befestigt sind, sondern vor allem, dass sie auch funktionieren. Beim nächsten Flug mit Condor schaue ich besser selber mal nach.

Der Mandant war als Kläger daran interessiert, dass an seinem Wohnort der trotz eindeutiger Rechtslage scheinbar unvermeidliche Prozess durchgeführt werde. Zumindest aber am Ort des Abflughafens, und das war in diesem Fall Paderborn. Und Condor? Beantragte Verweisung des Rechtsstreits an das Amtsgericht Rüsselsheim. Also etwa 300 Kilometer entfernt. Als ob Condor nicht bekannt wäre, dass der Europäische Gerichtshof klipp und klar bestimmt hat, dass ein solcher Rechtsstreit am Ort des Abflughafens durchzuführen ist und etwa nicht etwa am Sitz der Fluggesellschaft. Natürlich wurde also in Paderborn weiter gestritten (Az. 57a C 275/14). Da die Condor nun ihre Felle (oder waren es Schwimmwesten?) davonschwimmen sah, entschloss sie sich schließlich doch, die geforderten 400 Euro »aus prozessökonomischen Gründen« anzuerkennen. Man wollte nicht wieder einen Prozess verlieren. Wegen der 400 Euro wurde die Airline also aufgrund des prozessual sogenannten Anerkenntnisses verurteilt.

Doch damit war der Fall längst noch nicht ausgestanden. Nun weigerte sich Condor nämlich, die vorgerichtlich angefallenen Anwaltskosten von gut 80 Euro und die (sehr überschaubaren) Zinsen auf die erst nach langer Verzögerung gezahlten 400 Euro zu übernehmen. Also kam es doch noch zum Gerichtstermin. In Paderborn, wo die Condor dann auch noch insoweit krachend verlor.

Ein Wahnsinnsaufwand – warum nur? Die erschütternde Erklärung kann nur in einem liegen: Es lohnt sich offenbar für die Condor derart, dass sie auch einen ramponierten Ruf lässig akzeptiert. Es lohnt sich für die Fluggesellschaft, weil eben doch viele Fluggäste entnervt sind und eben nicht vor Gericht gehen. Auch hier gilt einmal mehr aus der Sicht des Unternehmens: Die Masse macht's. Man scheffelt Unsummen von Geld dadurch, dass man Kunden nicht gibt, was ihnen zusteht. Deswegen lohnt es sich wahrscheinlich auch, vor Gericht erst einmal einen ganzen Stapel schon tausendmal zurückgewiesener Argumente abzuladen und aufs Letzte zu prozessieren. Weil es vermutlich tatsächlich eine erkleckliche Anzahl von Amtsrichtern gibt, die sich von einer großen Fluggesellschaft hinter die berühmte sprichwörtliche Fichte führen lassen.

Überhaupt scheinen die Airlines gerne einmal nach Gutsherrenart zu entscheiden, nicht nur wann, sondern ob sie überhaupt einen Fluggast auf seinem gebuchten Flug befördern wollen.

## Mit der Lufthansa gestrandet in São Paulo

Besonders unschön ist es zweifellos, wenn man ganz uner-
wartet in einer entfernten Ecke der Welt von seiner Fluggesellschaft überraschend und zu Unrecht im Stich gelassen
wird. Während man sich über den verweigerten Austausch
eines defekten Produktes normalerweise in den eigenen vier
Wänden ärgern darf, sitzt man dann in der Fremde auf irgend-
einem Flughafen fest. In einem Land mit anderer Sprache und
womöglich auch noch mit Zeitverschiebung, was die etwaige
Kommunikation mit einem Anwalt zu Hause zumindest er-
schwert. Oft ist dann auch noch der Wartebereich des Flug-
hafens die einzige Schlafmöglichkeit und der eigene Koffer
enthält, so es sich um einen Rückflug handelt, nur noch
schmutzige Wäsche. Gleichzeitig warten zu Hause Termine
und der Arbeitsplatz. Und in solch einer Situation ist man
dann auch noch der Willkür der Airline ausgeliefert.

So ging es dem Professoren-Paar, das eine Lufthansa-Rund-
reise durch Brasilien gebucht hatte: Frankfurt – Rio – Manaus – Brasilia – São Paulo – Frankfurt. Spontan hatten sich die
beiden Akademiker entschlossen, die brasilianische Haupt-
stadt auf ihrer Route auszulassen. Sie reisten auf anderem
Wege direkt von Manaus nach São Paulo und wollten dort
pünktlich zum gebuchten und bezahlten Weiterflug nach
Frankfurt erscheinen. Eigentlich keine schlechte Sache für die
Lufthansa, hatte die Airline doch für zwei Flüge (Manaus –
Brasilia – São Paulo) jeweils für zwei Tickets kassiert, ohne
dass die Fluggäste diese Leistung auch genutzt hatten. Ein gutes Geschäft also für die Marke mit dem Kranich. Sollte man
meinen.

Zur großen Überraschung wurde dem Paar jedoch in São
Paulo eröffnet, die Tickets nach Frankfurt seien verfallen.

Eine Fluggesellschaft dürfe nämlich davon ausgehen, dass ein Fluggast, der einen Flug auslasse, auch am Rest der gebuchten Flüge kein Interesse mehr habe. Die Lufthansa zeigte sich diesbezüglich unerbittlich. Gewürzt noch mit einem Extra-Aufreger, indem man nämlich erst mitteilte, der Transport solle doch klappen, dann aber wieder nicht. Man kann die Frau Professor verstehen, dass sie vor Gericht bald eine Stunde dem geduldigen Richter ihr Herz über diese emotionale und Service-Achterbahnfahrt ausschüttete. Sehr nett die Denke der blau-gelben Airline: Das wäre so, als wenn ich in einem nicht einmal billigen Restaurant meine Suppe nicht aufesse und dann verweigert mir der Küchenchef den Hauptgang und das Dessert. Am Ende mussten die beiden bei einer anderen Fluggesellschaft für über 2500 Euro zwei neue Tickets nach Frankfurt buchen. Zu Hause wollten sie das Reisebüro verklagen, das ihnen den Trip verkauft hatte. Das Reisebüro bat uns um anwaltliche Hilfe. Ich sah, dass eigentlich beide Opfer waren: die Fluggäste und das Reisebüro. Die Lufthansa hatte die Kunden über den Tisch gezogen und das Reisebüro sollte es ausbaden. So sah das letztlich übrigens später auch ein Gericht.

Sosehr ich auch drüber nachdenke – mir fällt kein vernünftiger Grund außer dreister Abzocke ein, warum die Lufthansa tatsächlich in ihren Allgemeinen Geschäftsbedingungen schreibt: »3.3.3. Sofern Sie sich für einen Tarif entschieden haben, der die Einhaltung einer festen Flugscheinreihenfolge vorsieht, beachten Sie bitte: wird die Beförderung nicht ... auf allen Teilstrecken ... angetreten, werden wir den Flugpreis ... nachkalkulieren. (...) Dieser kann höher oder niedriger sein als der ursprünglich bezahlte Flugpreis.«

Das ist nicht nur überraschend, sondern auch völlig willkürlich und ungerecht – jedenfalls wie im Fall des Paares, wo schlicht Flüge nicht genutzt werden, sonst aber alles beim Alten bleibt. Ganz richtig und konsequent hat daher 2010 der Bundesgerichtshof für eine solche Klausel bei British Airways entschieden: »Eine Klausel in den Allgemeinen Geschäftsbedingungen eines Luftverkehrsunternehmens, in der bestimmt ist, ›Wenn Sie nicht alle Flight Coupons in der im Flugschein angegebenen Reihenfolge nutzen, wird der Flugschein von uns nicht eingelöst und verliert seine Gültigkeit‹, benachteiligt den Fluggast entgegen den Geboten von Treu und Glauben unangemessen und ist daher unwirksam.« Diese Aussage des BGH ist an Deutlichkeit nicht zu überbieten. Das Verhalten der Lufthansa ist also nicht nur extrem willkürlich und kundenfeindlich, sondern eben auch illegal. Dreist illegal.

Da bekommen die Airlines in letzter Instanz vom obersten deutschen Zivilgericht ins Stammbuch geschrieben, dass sie so eine Vertragsklausel nicht verwenden dürfen – und die Lufthansa tut es Jahre später immer noch. Ganz so, als seien Gesetze nur etwas für die Dummen. Und für die Schlauen, wie die Lufthansa, gelten eben die Regeln, die man sich nach dem dritten Bierchen selbst ausdenkt. Demokratische Gesetze und rechtsstaatliche Gerichte werden so zu einem lästigen Übel gemacht, das man getrost ignorieren kann. Angesichts der Chance, mal so eben für neu auszustellende Tickets vielleicht noch etwas extra zu verdienen, wird wieder einmal klar: So, wie das System jetzt gestrickt ist, lohnt sich die Einhaltung des Rechts für die Großen wirtschaftlich nicht. Rechtsverstöße aber lohnen sich offenbar umso mehr.

Ich prophezeie: Auch im vorliegenden Fall des Professorenpaares wird die Lufthansa am Ende den Ticketpreis zurückerstatten sowie die Anwalts- und Gerichtskosten zahlen müssen. Der Prozess ist noch nicht ausgestanden, aber die Chancen des Paares sind gut, wenn sie dann gegen die größte deutsche Airline direkt klagen. Die erwähnten Anwalts- und Gerichtskosten sind aber so niedrig, dass sich die ganze Chose für die Lufthansa schon wieder lohnt – wenn auch nur ein einziger anderer Kunde sich in einem vergleichbaren Fall nicht wehrt. Auch hier plädiere ich für eine Praxis, wie ich sie auch an anderer Stelle in diesem Buch in Zusammenhang mit dem Möbelriesen Ikea verlange: Der eine Rechtsverstoß, der trotz klarer Gesetzeslage vor Gericht landet, müsste eigentlich für die Lufthansa so teuer werden, dass der gesamte Profit aus weiteren Betrügereien ähnlicher Art gleich mit abgeschöpft wird. Plus eine schmerzhafte Summe obendrauf. Sei es, dass eine Strafzahlung in hundertfacher Höhe fällig wird, sei es, dass die Lufthansa vom Gericht verpflichtet wird, nachträglich alle anderen betroffenen Kunden einschließlich Zinsen von sich aus zu entschädigen. Oder sei es, dass (zusätzlich) das verantwortliche Management persönlich zur Verantwortung gezogen wird. Hauptsache, es wird extrem teuer, denn nur das würde erzieherische Wirkung entfalten. Solange das aber nicht der Fall ist, hat der Gesetzgeber seine Hausaufgaben nicht gemacht. Er nimmt stattdessen sehenden Auges in Kauf, dass die Unternehmen klare Vorgaben für die Entschädigung von Kunden ignorieren. Und auf den Staat sogar zum Teil abwälzen, denn vergessen wir auch hier nicht: Von den Gerichtskosten in einem allein von der Airline mutwillig verursachten Prozess trägt statistisch gesehen 60 Prozent der Steuerzahler.

»Beeindruckend« ist auch, mit welch massiven Anstrengungen die Verbraucherzentrale Nordrhein-Westfalen 2013 gegen überhöhte Anzahlungsforderungen bei fünf Reiseveranstaltern, aber auch bei ebenso vielen Fluggesellschaften (Tui fly, Condor, Germania, Air Berlin, Deutsche Lufthansa) vorgehen musste. Vor gleich mehreren Gerichten mussten die

Verbraucherschützer geltend machen und durchsetzen, dass nicht einfach Monate im Voraus der volle Flugpreis erhoben werden kann.

## Allgemeine Geschäftsbedingungen: Kleingedrucktes mit Haken und Ösen

Der Gesetzgeber macht sich grundsätzlich durchaus Sorgen darüber, dass wir Verbraucher durch unfaire Allgemeine Geschäftsbedingungen (AGB) wie bei Fluggesellschaften benachteiligt werden könnten. Generell sind AGB vom Verwender geschaffene Vertragsbedingungen, die in einer Vielzahl von Verträgen einbezogen werden – das berühmte »Kleingedruckte« also. Dementsprechend aufwendig waren dort in den letzten Jahrzehnten die gesetzgeberischen Anstrengungen. Gab es noch bis 2001 ein eigenes Gesetz zu AGB, wurden die entsprechenden Vorschriften dann ab dem 1. Januar 2002 sogar in das Bürgerliche Gesetzbuch (BGB) übernommen.

AGB können es in sich haben. So mahnte die Verbraucherzentrale Nordrhein-Westfalen etwa 2013 mehrere Fernbusanbieter wegen unzulässiger Klauseln in ihren AGB ab. Neun Betreiber, so der damalige Vorsitzende der Verbraucherzentrale NRW, Klaus Müller, hätten in ihrem Kleingedruckten alles Erdenkliche ausgeschlossen, wozu sie verpflichtet gewesen wären. In mehr als 100 solcher Klauseln sei teilweise Abenteuerliches entdeckt worden. »Mal wurde bei Nichtantritt der Fahrt die Erstattung des Fahrpreises gänzlich ausgeschlossen, obwohl der Unternehmer zur Rückzahlung verpflichtet ist, wenn es ihm gelingen könnte, den Platz anderweitig zu vergeben und der Bus dann voll wird«, hieß es in einer Mitteilung der Verbraucherschützer. »Mal wurden bei Fahrplanänderungen mit Abweichungen von bis zu zwei Stunden jegliche Ersatzansprüche ausgeschlossen. Einige Fernbusunternehmen beschränkten die Haftung für Sachschäden auf 1000 Euro pro Person, während das Gesetz eine Haftungsgrenze von 1200 Euro für jedes Gepäckstück vorschreibt. Auch der vollmundigen Werbung für Bordtoilette und Klimaanlage ging im Kleingedruckten die Luft aus: Die Allgemeinen Geschäftsbedingungen schlossen zuhauf die Haftung für Funktionsfähigkeit und Nutzbarkeit der technischen und sanitären Anlagen aus.« Derart überführt, gaben fünf der neun abgemahnten Fernbusbetreiber umgehend entsprechende Unterlassungserklärungen ab. Bemerkenswert ist, dass zuvor offenkundig die 2011 durch eine EU-Verordnung geschaffenen und präzise formulierten Regeln für Bus- und Bahnpassagiere bewusst missachtet wurden. Immerhin aber scheint das in der Gesamtschau aller Bahn- und Busunternehmen die allerdings besonders unrühmliche Ausnahme zu sein.

Das Gemeine an AGB ist generell, dass sie meist umfangreich und unübersichtlich sind. Und der Verbraucher kann sie eigentlich gar nicht überprüfen. Selbst für spezialisierte Juristen ist das eine mühsame Kleinarbeit. Also muss man glauben, was da steht. Und wird dabei oft genug über den Tisch gezogen. Im Bereich der Banken etwa mag die gerichtliche Kontrolle von AGB eine wichtige Rolle spielen. Einmal, weil die Vertragsbedingungen sich langfristiger und komplizierter gestalten als etwa bei einem Kaufvertrag; daher haben die Banken das Bedürfnis nach »Kleingedrucktem«. Und zum anderen, weil enorm viele Banken gleichzeitig dieselben, branchenübergreifend abgestimmten AGB benutzen. Ein Urteil betrifft dann immer sehr viele Kunden gleichzeitig. In anderen Bereichen aber ist die gerichtliche Kontrolle zugunsten von uns Kunden oft weniger engmaschig. Und selbst bei den Banken gilt, dass sie gerne einfach tun, was sie wollen. Sogar, wenn das noch nicht einmal nach ihren eigenen AGB erlaubt ist.

Im Handel läuft das gesetzeswidrige Verhalten gerne auch einmal ab, ohne das schriftlich in den AGB anzukündigen. So käme man natürlich nie im Traum darauf, uns Kunden vielleicht sogar mitzuteilen, wie die internen Kundenbeziehungsmanagement- oder Regeltreue-Strukturen eigentlich aussehen. Das ist Geschäftsgeheimnis. Da steht man als Verbraucher dann auf dem Spielfeld wie ein Fußballspieler, vor dem ein Ball liegt, den er noch nie gesehen hat. Und dann pfeift der Schiedsrichter das Spiel an. Leider mit dem kleinen Pferdefuß, dass nur der Gegner weiß, wie das Spiel heißt und nach welchen Regeln es gespielt wird. Ein einfaches Foul ist das eine; solch ein Spiel ist aber von Haus aus völlig unfair, unfairer geht es gar nicht.

Wir Kunden wollen auch hier endlich Transparenz: Wir wollen *vor* der Bestellung wissen, wie wir danach behandelt werden sollen. Die Reklamationsrichtlinien und überhaupt die Richtlinien des Kundenmanagements gehören veröffentlicht. So wie die Allgemeinen Geschäftsbedingungen. Denn sie sind in der Praxis mindestens ebenso wichtig. Was nirgendwo steht, darf nicht passieren. »Wo steht das denn, bitte?« muss unser Schild gegen die Angriffe aus der Kundenmanagementabteilung werden.

# Ikea: Fleischbällchen statt Fahrtkostenerstattung

**»Wir müssen Ihnen nicht die vollen Fahrtkosten erstatten, wenn Sie uns ein mangelhaftes Produkt zurückbringen«**

Sind es fünf, zehn oder gar 15 Millionen Euro? Über den Daumen gepeilt würde ich – hochgerechnet aus der Zahl der Filialen und der (geschätzten) Zahl der Retouren pro Filiale – erst einmal vermuten, dass es etwa 15 Millionen Euro sind, die der schwedische Möbel-Gigant Ikea allein in Deutschland pro Jahr an zusätzlichem Gewinn einstreicht und zwar durch eine einzige Lüge: »Wir müssen Ihnen nicht die vollen Fahrtkosten erstatten, wenn Sie uns ein mangelhaftes Produkt zurückbringen.« Doch! Genau das muss Ikea! Und alle anderen Händler, die etwas Schadhaftes verkaufen und zurücknehmen, müssen es in vergleichbaren Fällen auch!

Als der europäische Gesetzgeber 2002 unter dem Beifall der Verbraucherschutzverbände ein für alle EU-Staaten einheitliches Mängelgewährleistungsrecht aus der Taufe hob, versprachen sich viele Menschen eine klarere Rechtslage und einen verbesserten Verbraucherschutz. Nur hatte die Sache einen Haken, und sie hat ihn bis heute. Man ist damals einem klassischen politischen Denkfehler aufgesessen: dass nämlich allein schon der Erlass strengerer Gesetze etwas bringt. Dabei ist es anders: Nicht die bloße Existenz, sondern erst die Befolgung der Gesetze bringt etwas. Und nicht nur Ikea, sondern große Teile des Handels haben sich ganz bewusst dazu entschlossen, die neuen EU-Gesetze nicht zu befolgen. Dabei zeigt sich aber auch, dass niemand sie nachhaltig dazu zwin-

gen kann – oder will. Musterprozesse der Verbraucherschutzverbände sind nur der sprichwörtliche Tropfen auf dem heißen Stein. Die Ikeas dieser Welt – sie wollen einfach die Gesetze nicht in ihren täglichen Geschäften anerkennen und
befolgen.

Dabei ist die Sache wirklich einfach: Wer sein fehlerhaftes
Billy-Regal oder ein anderes schadhaftes Möbelstück von
Ikea in die Filiale zurücktransportiert, hat einen gesetzlichen
Anspruch darauf, dass ihm jeder Fahrtkilometer vom Wohnort zum Laden kostenmäßig erstattet wird. Wir waren auf einer Urlaubsrückreise aus Österreich und machten in einer
Ikea-Filiale in München halt, um unsere damals noch sehr
kleinen Kinder zu wickeln. Ich will daher nicht undankbar
sein: So eine Möglichkeit zum Windelwechsel direkt an der
Autobahn ist eine feine Sache. Weniger fein fand ich es, dass
ich auf dem Rückweg vom Wickelraum am Ikea-Kundentre-
sen Zeuge eines wenig korrekt geführten Reklamations-
gesprächs wurde. Das klassische Bild: dort der selbstbewusst
argumentierende Mensch in den schwedischen Nationalfar-
ben, hier die zunehmend unsichere und zur Bittstellerin gemachte Kundin.

Der Ikeaner wollte gerade eine Kundin, die Opfer eines defekten Möbels geworden war, mit dem schlichten Austausch
gegen ein fehlerfreies Teil abspeisen. Da konnte ich mir die
Bemerkung an die Kundin nicht verkneifen: »Sie wissen aber
schon, dass Sie auch die vollen Fahrtkosten ersetzt bekommen?« Ich erntete einen maximal grimmigen Blick vom Herrn
in Blau-Gelb und die Notlüge: »Das wollte ich der Frau gerade sagen.« Ja genau, ganz bestimmt!

In der Praxis sieht die schöne, bunte Ikea-Welt, in der wir
alle geduzt werden, also oft ganz anders aus. Dabei muss man
sich vor Augen führen, dass Unternehmen dieser Größe eige-

ne Rechtsabteilungen haben und bei Bedarf nur die renommiertesten Anwaltskanzleien für sich arbeiten lassen. Sie kennen also die Rechtslage ganz genau. Und zwar nicht nur bei der Schaffung exotischer bis rechtlich zweifelhafter Steuervermeidungsmodelle, was Ikea übrigens auch meisterhaft beherrscht. Dem Möbelriesen kommt sogar die zweifelhafte Ehre zu, dass bei der Reform des Mängelgewährleistungsrechtes in der EU eine in juristischen Fachkreisen schnell »Ikea-Paragraph« getaufte Vorschrift geschaffen wurde. Sie besagt, dass bereits eine mangelhafte Montageanleitung die Mangelhaftigkeit des ganzen Produktes begründet. Die Gesetzgeber kannten ganz offensichtlich ihre Pappenheimer.

Ikea reagiert zuweilen empfindlich, wenn es bei der Kunden-Verarsche gestört wird.

## Erstattung der Fahrtkosten

Ein Jahr nach dem beschriebenen Vorgang in einer Münchner Filiale war ich selbst an der Reihe: Ein defektes Küchenmöbelteil musste zurück zu Ikea. Flugs brachte ich also die mit Industriekleber verschmierte Backofenblende in den Laden zurück und tauschte sie am Warenausgabeschalter um. Natürlich ohne dass die Ikea-Mitarbeiterin von sich aus eine Regung zeigte, mir die Fahrtkosten zu erstatten. Also sagte ich mein Sprüchlein auf: »Ich bekomme dann noch die Fahrtkosten für 101 Kilometer An- und Rückfahrt erstattet.« Daraufhin ging es ein bisschen hin und her und die Mitarbeiterin griff zu einem uralten, klassischen Verhandlungstrick. Das müsse die Vorgesetzte entscheiden, sagte sie. Ich grinste. Die im Hintergrund angeblich kontaktierte Vorgesetzte, die für mich unsichtbar blieb und sich nicht die Mühe machte, selbst an den Schalter zu kommen, entschied dann wenig überraschend auf »Nein«. Als hätte sie Spielraum! Als wäre nämlich die Rechtslage nicht eindeutig und auf meiner Seite.

Das wollte ich nicht auf sich beruhen lassen, getreu nach dem etwas abgewandelten Ikea-Werbeslogan: »Wohnst du noch? Oder streitest du schon …?« Ich bat einen Anwaltskollegen, die Auslagen für die 101 Fahrtkilometer für mich einzuklagen. Da man in eigener Sache auch einmal betriebsblind wird, wollte ich auf Nummer sicher gehen. Das Ding interessierte mich. 30 Cent pro gefahrenen Kilometer wollte ich haben. Ikea zeigte sich daraufhin überrascht und indigniert. Man tat so, als würde man die Rechtslage nicht kennen. Man tat auch so, als wüsste man nicht, dass 30 Cent pro Kilometer der ganz übliche Satz sind. So viel zahlen Firmen ihren Mitarbeitern bei Dienstfahrten, so viel rechnen Bürger gegebenenfalls in ihrer Steuererklärung ab, so viel stellen Anwälte ihren Mandanten in Rechnung. Nur Ikea weiß nicht, woher plötzlich diese 30 Cent kommen, die man einem Kunden pro Kilometer zahlen soll. Der Anwaltskollege übrigens, den ich beauftragt hatte, musste die Sache bei anderer Gelegenheit auch für sich selbst durchfechten. Er hatte zuvor wegen eines kaputten Garderobenständers eine identische Auseinandersetzung mit dem Möbelriesen. Nachdem Ikea sich in meinem Fall weiter sperrig zeigte und kategorisch weigerte, den mir zustehenden Betrag ordnungsgemäß zu zahlen, reichte mein Kollege in meinem Namen Klage vor dem zuständigen Gericht ein. In seiner Klageschrift fasste er süffisant zusammen: »… die Fahrtkosten betragen daher 101 x 0,30 EUR = 30,30 EUR. Man bot nach langem Hin und Her als Wiedergutmachung nur einen Essensgutschein an – wertlos, wie jeder weiß, dem schon einmal ein Köttbullar im Halse stecken geblieben ist.« Als Beweis für diese Behauptung schlugen wir dem Gericht einen Ortstermin vor. Doch dazu kam es nicht mehr. Ikea knickte noch vor einem etwaigen Gerichtstermin ein und zahlte brav. Schade eigentlich, denn eine richterlich protokollierte Köttbullar-Verkostung hätte schon etwas gehabt.

Alles in allem hat das Verfahren Ikea um die 100 Euro gekostet. Genauso jenes, das mein Kollege wegen seines defekten Garderobenständers angezettelt hatte. Auch hier gab Ikea nach, noch bevor der Prozess ins Laufen kam. Es ist verständlich, dass sich Ikea offenkundig an die Weisheit des altchinesischen Generals Sun Tsu hielt, nämlich keine Schlacht zu beginnen, die man nicht gewinnen kann. Umgekehrt hieß das für mich leider: Wenn man kein zur Veröffentlichung geeignetes Urteil als Präzedenzfall erstreiten kann, gleitet die Gerechtigkeit für alle Kunden wie ein nasser Aal durch die Finger.

Doch abgesehen davon: 100 Euro pro Fall – das ist kein Betrag, der auf einen Konzern wie Ikea irgendeine erzieherische Wirkung hat. Nicht auf ein Unternehmen, das 2015 fast 32 Milliarden Euro Umsatz erwirtschaftete, annähernd doppelt so viel wie zehn Jahre zuvor und 11,2 Prozent mehr als 2014. Das 155 000 Mitarbeiter beschäftigt und 328 Einrichtungshäuser in 28 Ländern (Stand August 2015) betreibt. Für solch einen Giganten sind 100 Euro nichts. Was aber, wenn es viele solcher 100-Euro-Fälle gäbe, Tausende vielleicht, Zehn- oder Hunderttausende pro Jahr? Oder was, wenn die gerichtlich festgelegten Strafen dafür, dass das Unternehmen seit Jahren ganz offenkundig EU-Recht ignoriert, so hoch wären, dass es wehtäte? Das wäre der richtige Weg, denn dann würden solche Klagen erst erzieherische Wirkung entfalten. Doch solange sie das nicht tun und solange auch der Gesetzgeber nicht energisch durchgreift, wird sich nichts ändern.

Damit es Ihnen, liebe Leser, bei Reklamationen in Sachen Fahrtkosten nicht so geht wie den meisten Kunden – argumentieren Sie ruhig mit den beiden genannten Fällen Garderobenständer und verschmierte Backofenblende. Und wenn Ihnen Ikea das nicht glauben will – die Aktenzeichen des Amtsgerichts Kassel in beiden Verfahren sind 415 C 5117/07 und 420 C 2122/09.

In meinem Fall entfaltete der kleine Sieg gewisse Wirkung, wie ich bei meiner nächsten Reklamation bei Ikea feststellen durfte. Irgendein Teil fehlte diesmal und die Ikea-Mitarbeiterin am Schalter schaute etwas ungläubig auf ihren Computer-Bildschirm, als sie meinen Namen dort eingegeben hatte. »Hier steht, Sie bekommen 30 Cent pro Kilometer«, sagte sie. Richtig, bravo, Ikea ist also doch lernfähig. Zumindest in meinem Fall wirkt die Abschreckung. Doch was ist mit den zahllosen Kunden, die nicht auf ihr Fahrtgeld pochen? Sie bekommen wahrscheinlich immer noch einen Gutschein für Köttbullar-Fleischbällchen. Wenn überhaupt.

### Rechtlich illegal und marktwirtschaftlich unfair

Wenn sich Unternehmen wie Ikea nicht an die Gesetze halten und eben nicht die Fahrtkosten erstatten, dann liegt darin nicht nur die Missachtung irgendwelcher staatlichen Gesetze. Ihr Verhalten ist nicht nur rechtlich illegal, sondern auch marktwirtschaftlich unfair. Wenn ich bei Ikea einkaufe, schließe ich mit dem Unternehmen stillschweigend einen Vertrag. An den müssen sich beide Seiten halten. Die Firma erwartet zu Recht von mir, dass ich als Kunde ordentlich und vollständig bezahle. Ich als Kunde erwarte zu Recht, dass im Kaufpreis nicht nur die Ware, sondern auch die Gewährleistung bis hin zur Fahrtkostenerstattung enthalten ist. Die heimliche Absicht eines Verkäufers, sich nicht an die geltenden Kundenschutzregeln zu halten, ist für uns Kunden nicht bindend. Wenn man sich also vor Augen führt, dass der Verkäufer verpflichtet ist, ein fehlerfreies Produkt zu liefern, und ich als Kunde verpflichtet bin, dieses vollständig zu bezahlen, dann wird auch klar, wie unfair es hier in der Praxis zugeht. Natürlich bedient sich ein Verkäufer ohne weiteres der staatlichen Justiz, um sein Geld einzutreiben, wenn der Kunde nicht zahlt. Wir Kunden können uns dem gar nicht entziehen oder das im Vorfeld verhindern. Aber umgekehrt werden uns oft von der ersten Sekunde an durch die Unternehmen ausgefeilte und mächtige Systeme entgegengesetzt, um uns über unsere Rechte zu täuschen.

## Und das lohnt sich!

Rechnen wir die finanziellen Folgen für Ikea nun Schritt für Schritt überschlägig durch. Ikea Deutschland hat aktuell etwa 50 Filialen. Nehmen wir an, der durchschnittliche Fahrtweg eines Kunden wären nur 50 Kilometer. Für Deutschland spricht Ikea selbst von 100 Millionen Besuchern im Jahr. Pro Filiale wären das im Schnitt also rund zwei Millionen. Und ziehen wir noch in Betracht, dass auf dem Internetportal moebelkultur.de von einer Reklamationsquote von 15 Prozent die Rede ist. Schätzen wir nun einmal ganz vorsichtig, dass nur jeder Hundertste Ikea-Besucher eigentlich etwas zu reklamieren hätte. Also außergewöhnlich wenig. Macht aber immer noch eine Million Reklamationen pro Jahr, statistisch also etwa 60 pro Filiale. Die angenommene durchschnittliche Fahrtstrecke von 50 Kilometern mal die 30 Cent pro Kilome-

ter macht pro Fall 15 Euro Erstattungsanspruch. Also reden
wir bei einer Million Kunden mit Reklamation von 15 Millionen Euro pro Jahr, die Ikea an Fahrtgeld erstatten müsste.
Rein statistisch. Das bedeutet: Wenn nun 99 Prozent der Betroffenen ihre Fahrtgeldansprüche nicht durchsetzen, spart
Ikea allein in Deutschland 14 850 000 Euro im Jahr.

Um dieses lohnende Ignorieren eines Gesetzes zu durch-
brechen, helfen meines Erachtens nur drastische Strafzahlungen. Was wäre wohl, wenn die wenigen wehrhaften Kunden
mindestens diese 14 850 000 Euro zusätzlich bekommen würden? US-amerikanische Juristen diskutieren in solchen Fällen
durchaus das Hundertfache des fraglichen Betrages. Das wären, um beim Rechenbeispiel zu bleiben, 1500 statt 15 Euro.
Doch das ist hierzulande leider utopisch. Selbst wenn die Sache vor ein deutsches Gericht geht, sind die anfallenden An-
walts- und Gerichtskosten vergleichsweise sehr gering. Und
Ikea kann sie weiter drücken, indem die Firma einfach die
Klage anerkennt und selbst keinen Anwalt einschaltet. So wie
bei mir und meinem Kollegen.

Was man ja auch so verstehen kann: Ikea weiß genau, dass
es kaum etwas zur Gegenwehr in der Hand hat. Bei einem so
geringen Betrag (unter 600 Euro) erlaubt der Gesetzgeber
keine zweite Instanz. Die Verfahrenskosten belaufen sich insgesamt auf gut 100 Euro. Der bei Gericht zu treibende Aufwand ist keineswegs immer geringer, als wenn um die hundertfache Summe gestritten wird – die von der unterlegenen
Klagepartei zu tragenden Kosten sind dagegen viel niedriger.
Und schließlich: Wer von uns geht schon gerne zu Gericht?
Eine Untersuchung hat einmal ergeben, dass dies für viele
Menschen noch unangenehmer ist als ein Zahnarztbesuch.
Der Weg zum Anwalt, der Zeitaufwand, der Ärger – all dies
stellt erhebliche Hürden dar. Sie schrecken uns ab und halten

uns von der Geltendmachung unserer Rechte ab. Dieses Verhalten wird vom Juraprofessor Jürgen Keßler sehr treffend als »rationale Apathie« beschrieben.


## Erstattungsregeln bei der Bahn

Ein positives Gegenbeispiel sind die Erstattungsregeln der europäischen Eisenbahngesellschaften, die in der Praxis recht reibungslos funktionieren. Ich bin jedenfalls stets ohne gerichtliche Hilfe an mein Geld gekommen. Doch auch nur deswegen, weil es ebenso wie für Buspassagiere seit 2011 extra geschaffene präzise EU-Verordnungen zu den Fahrgastrechten gibt. Die Entschädigungen für Verspätungen sind genau beziffert. Anders als etwa in Fällen wie bei Ikea. Die Österreichischen Bundesbahnen hatten übrigens versucht, die Fahrgastrechte im Falle außergewöhnlicher Umstände auszuschließen. Doch der Europäische Gerichtshof schrieb in einem Urteil aus dem Jahre 2013 dem alpenländischen Bahnunternehmen noch einmal ins Stammbuch, dass die Fahrgastrechte natürlich auch dann gelten. Der bürokratische Aufwand zur Geltendmachung bleibt uns Bahnkunden dadurch leider immer noch nicht erspart.


## Haben Teile des Handels die Gewährleistungsrechte abgeschafft?

Das Beispiel Ikea sieht schon nicht schön aus. Es ist aber auch kein Einzelfall. 2012 machte der Bundesverband der Verbraucherzentralen (vzbv) einen breit angelegten Test bei großen Einzelhandelsketten. In insgesamt 550 Fällen führte man

Testreklamationen mit unterschiedlichen Produkten vom Navigationsgerät bis zum Kaffeeautomaten durch. Die Verbraucherschützer wollten herausfinden, wie ernst es die Firmen mit der Gewährleistung nehmen. Werden die Kunden über ihre Rechte korrekt aufgeklärt? Und werden diese Rechte richtig umgesetzt? Die Ergebnisse waren, wie leider zu erwarten: erschreckend! Korrektes Verhalten der Einzelhandelsketten war die absolute Ausnahme.

Kurz die für den Test vorauszusetzenden Gewährleistungsrechte: Bei einem defekten Produkt ist Ansprechpartner der Verkäufer, nicht der Hersteller. Die Rechte können zwei Jahre lang geltend gemacht werden, davon die ersten sechs Monate sogar unter besonders günstigen Beweisbedingungen für den Kunden. Und: Der Händler muss – vereinfacht gesagt – entweder nachliefern oder das Geld zurückzahlen. Transport- und ähnliche Kosten, die dafür anfallen, muss er tragen. Sie sind sein Problem, wenn er schon – was eigentlich nicht korrekt ist – das defekte Produkt zum Hersteller oder Importeur »einschicken« will. Auch wenn der Hersteller oder Verkäufer eine zusätzliche Garantie gewährt, muss er trotzdem auf die gesetzlichen Rechte hinweisen. Sowie darauf, dass diese durch die Garantie nicht eingeschränkt werden. Und schließlich: Das ist zwingendes Recht; bei Neuwaren und gegenüber Verbrauchern kann und darf es nicht vom Verkäufer eigenmächtig geändert werden. Nur der Umtausch im engen Sinne, die Rücknahme der Ware bei Nichtgefallen, also ohne dass diese defekt ist, ist eine freiwillige Leistung des Verkäufers. Kurze Fristen (zwei Wochen) gelten nur beim Widerrufsrecht im Internethandel; aber auch hier muss nicht zwingend ein Mangel vorliegen.

Beim Test der Verbraucherschützer zur Gewährleistung jedoch waren die typischen Antworten der Verkäufer in den

Geschäften: Ansprechpartner sei der Hersteller. Man müsse das defekte Produkt erst einmal einschicken. Und der Kunde könne seine Rechte nur zwei oder vier Wochen lang geltend machen. Alles falsch!

Wohlgemerkt: Unter den Bedingungen der Studie hatte der Testkunde jeweils einen eindeutigen Gewährleistungsanspruch. In allen 550 Testfällen hätte ihm unzweifelhaft ein fehlerfreies Produkt nachgeliefert oder der volle Kaufpreis erstattet werden müssen. Und zwar bis zu zwei Jahre nach Kauf. Die getesteten Unternehmen erkannten diesen Gewährleistungsanspruch jedoch bestenfalls zu 42 Prozent (Real) an. Im schlechtesten Fall (Aldi Nord) waren das nur 9 Prozent. Zu 91 Prozent wurde also von dem Discounter ein berechtigter Anspruch abgelehnt! Lidl, Media Markt, Aldi Süd und Obi lagen zwischen den beiden Extremen. Bei Aldi Nord und Aldi Süd gab sogar es jeweils ein Produkt, bei dem nicht in einem einzigen Fall der Gewährleistungsanspruch anerkannt wurde!

Kreativ präsentierten etwa unterschiedliche Verkäufer bei Aldi Nord und Süd sowie bei Lidl eine frei erfundene »Gewährleistungsfrist« von zwei, vier, sechs, acht oder zwölf Wochen oder aber auch unbestimmter Länge. Dabei ist das Gesetz eindeutig: Die Frist liegt bei 24 Monaten. Nichts anderes gilt. Es sei einfach zu spät für eine Reklamation, hieß es jedoch vielfach bei dem Test. Die Mitarbeiter, welche einen Gewährleistungsanspruch ablehnten, verwiesen ganz überwiegend und eben völlig falsch (zwischen 71 und 94 Prozent) auf die Herstellergarantie anstatt korrekt auf die Pflichten des Händlers. Dies gerne verbunden mit dem Argument, das ginge alles kostenlos und schneller. Oder auch: Der Hersteller übernehme die Versandkosten. Was, nun ja, der Verkäufer natürlich auch muss. Diese vorgeschriebene Übernahme von

Versandkosten durch den Händler boten zwischen sechs Prozent (Lidl) und 60 Prozent (Aldi Nord) der wenigen Verkäufer an, die sich überhaupt in der Verantwortung sahen.

Die getesteten Handelsunternehmen wollen Probleme also offenkundig auf Hersteller oder Importeure abschieben und vermutlich schulen sie ihre Mitarbeiter auch dementsprechend. Und in der Tat sieht das Gesetz so etwas vor: So, wie der Kunde von Aldi oder Ikea Mängelgewährleistung verlangen kann, kann Aldi oder Ikea in der Folge Mängelgewährleistung von seinem Lieferanten (dem Hersteller oder Importeur also) verlangen. Aber das ist dann die Sache zwischen dem Verkäufer und seinem Lieferanten – der Kunde hat damit nichts zu tun! Die Firmen dürfen dies nicht auf den Kunden abwälzen. So steht es im Gesetz. Wem nun in einem demokratischen Rechtsstaat die Gesetze zur Gewährleistung beim Kauf nicht passen, der kann sie nicht einfach dadurch ändern, dass er millionenfach dagegen verstößt, wie vor allem die großen Einzelhändler dies tun.

Wem verbraucherfreundliche Gesetze nicht passen, der muss sie eben ändern. Das geht nur über den politischen Gesetzgebungsprozess, nicht anders. Auch durch Lobbyismus wäre nichts zu bewegen. Kein Politiker, der halbwegs bei Verstand ist, lässt sich dazu bringen, auf Zuruf von Großunternehmen radikal in die Verbraucherrechte einzugreifen: Eine solche Einflussnahme wäre der Öffentlichkeit nicht zu vermitteln und würde das Gegenteil bewirken. Also müsste ein imaginärer Politiker, der das Gewährleistungsrecht ändern wollte, zuvor möglichst schon seine Partei auf Parteitagen und den Wähler im Wahlkampf davon überzeugt haben, dass die Gewährleistungsrechte zugunsten von uns Verbrauchern reines Teufelswerk sind und sofort abgeschafft gehören. Nehmen wir nun weiter an, jemand mit einem so offenbar hirnrissigen Plan würde gewählt und von seiner Partei mit einem Regierungsamt betraut, dann müsste er aber zusätzlich noch ein Gesetz zur Änderung des Gewährleistungsrechts entwerfen. In einem ersten Schritt vielleicht für den Handel. Das wäre recht einfach:

»Das gesetzliche Gewährleistungsrecht des Verbrauchers gegenüber dem Verkäufer wird abgeschafft. Stattdessen wird es in das Ermessen des Handels gestellt, welche Leistungen er gegenüber dem Kunden erbringen will, wenn ein Produkt defekt ist. Der Verkäufer kann zum Beispiel auswählen aus Maßnahmen wie:

a. Rauswurf aus dem Geschäft bzw. dem Telefonat und/oder
b. Tätigen der Aussage ›Ich diskutiere nicht mehr mit Ihnen‹.
c. Einrichten kostenpflichtiger ›Servicehotlines‹ mit großen Auswahlmenüs und Wartezeiten ungeahnten Ausmaßes. Falls das dem Kunden nicht passt, kommt b. zur Anwendung.
d. Aushändigen von Einladungen zur Teilnahme an einem Experiment mit lebensmittelähnlich aussehenden Substanzen (sogenannter ›Köttbullargutschein‹). Falls das dem Kunden nicht passt, kommt b. zur Anwendung.
e. Falls der Kunde immer noch aufmuckt, kommen a. oder b. zur Anwendung.«

Solch ein Gesetz hätte niemals eine Chance. Weder im Bundestag noch in Brüssel und schon gar nicht vor dem Bundesverfassungsgericht oder dem Europäischen Gerichtshof.

Okay, das alles wäre ganz schön kompliziert, nicht wahr? In der zynischen Logik mancher Konzerne bedeutet dies jedoch: Wenn es so kompliziert und aussichtslos ist, ein Gesetz auf korrektem parlamentarischen Weg zu ändern, dann unterlaufen wir es eben. Wir umgehen und missachten es. Auch davon kündet die Studie der Verbraucherschutzverbände.

Denn was wurde im Reklamationsfall den Testkäufern geraten bzw. als Wiedergutmachung angeboten? Aldi Nord, Media Markt, Obi und Real gaben wenigstens in zwei Prozent der Fälle einen Gutschein aus; korrekt allerdings wäre Bargeld gewesen. Ansonsten waren die Reaktionen in fast allen Fällen: »Verweis auf die Herstellergarantie« (71 bis 96 Prozent), »Ausschluss Umtausch«, »Gutachten auf eigene Kosten«, »Sonstiges« und »Keine Auskunft«. Will man das in einem Wort zusammenfassen, dann kann das wohl nur »gruselig« heißen. Die getesteten Händler hielten sich fast überhaupt nicht an die Gesetze. Sie taten so, als gäbe es diese gar nicht. Immerhin: Zwischen 80 und 91 Prozent der Verkäufer verhielten sich »freundlich« oder »sehr freundlich«. Da funktioniert das Kundenbeziehungsmanagement. Im Bereich des Strafrechts nennt man das wohl »Gentleman-Verbrecher«.

»Der Handel muss seine Mitarbeiter besser aufklären und sicherstellen, dass Verbraucher die Informationen und Pflichten erhalten, die ihnen zustehen«, forderte Gerd Billen, damals Vorstand des Bundesverbandes der Verbraucherzentralen. Doch ich glaube nicht, dass es nur an der Ausbildung liegt. Denn in der Praxis erzählen die Verkäufer in den großen Handelshäusern reihum ziemlich präzise das Gegenteil dessen, was im Gesetz steht. Zufall? In großen Branchen, deren Prozesse mit äußerster Präzision geplant und gesteuert werden? Dort, wo es große Rechtsabteilungen sind, deren Mitarbeiter genau wissen, was in den einschlägigen Paragraphen steht? Nein, ich glaube nicht an solche Zufälle.

Liest man die Studie der Verbraucherschützer genau, dann war eines der dort genannten Untersuchungsziele die Frage, ob hinter dem beobachteten Verhalten eine Systematik steht.

Dafür spricht zum Beispiel, dass bis zu 82 Prozent der von den Testkunden angesprochenen Mitarbeiter sich direkt in der Lage sahen, eine Auskunft zu geben. Ohne also bei einem Kollegen oder Vorgesetzten noch einmal nachfragen zu müssen. Vier von fünf Mitarbeitern wirkten dabei »sicher« oder »sehr sicher«. Insgesamt fassten die Testkäufer ihren Eindruck so zusammen, dass die angesprochenen Mitarbeiter trotz Fehlauskünften »argumentationssicher« wirkten. Das ist natürlich kein Zufall, sondern Teil des Konzepts. Die Verkäufer wissen genau, was sie tun, sie sind entsprechend angelernt worden. Sie handeln bewusst und aus eigenem Antrieb gesetzeswidrig oder weil man es ihnen so beigebracht hat. Diese Leute sind sogar hervorragend geschult, in Freundlichkeit und im Betuppen ihrer Kundschaft. In diesem Punkt irrte Verbraucherschützer Billen.

## Es wird – selbstverständlich – geschult

Dazu ein Beispiel. Der Hersteller einer relativ kompakten Softwarelösung, die im Zuge einer Werbeaktion auch schon einmal kostenlos abgegeben wird, wirbt mit der Aussage, man habe es »sich zur Aufgabe gemacht, solch eine Lösung für den Reklamationsprozess zu schaffen«. Weiter heißt es: »Zu Beginn werden die notwendigen Abläufe und beteiligten Personen definiert. Interne Schulungen, in denen das Personal mit den neuen Strukturen vertraut gemacht wird, liefern in einem zweiten Schritt die erforderliche Basis.« Reklamationsprozesse dürften also ab einer gewissen Unternehmensgröße praktisch immer zentral gesteuert sein. Ebenso, wie natürlich dem Personal Vorgaben gemacht oder dieses entsprechend geschult wird. Stichprobe bei Aldi Nord mit einer eindeutig defekten

Lampe. Die Auskünfte, sinngemäß: Nein, wir sind nicht zuständig, das ist Sache des Herstellers. Nein, das können Sie nur binnen vier Wochen reklamieren. Nein, wir wickeln das nach unseren Bestimmungen ab. Alles objektiv falsch. Die Stichprobe fand im Jahr 2016 statt. Vier Jahre nach der Studie also. Die Ergebnisse zeigen: Die gesetzeswidrigen Prozesse laufen noch genauso geölt und präzise wie 2012 ab. Ob sich bei Ikea seither etwas zum Positiven geändert hat? Nun, ich rate jedem Leser, es selbst auszuprobieren. Mal schauen, ob Sie freiwillig mehr bekommen als einen Gutschein für Köttbullar.

## Wie man korrekt über die Verbraucherrechte aufklären kann

Dass man als Unternehmen zumindest korrekt über die Verbraucherrechte aufklären kann, zeigt beispielhaft die sehr informative Übersicht bei den rechtlichen Hinweisen im Shop des Computerherstellers Apple. Dort wird nicht nur eingangs deutlich darauf hingewiesen, dass sowohl die Herstellergarantie wie auch die angebotene Versicherung (»AppleCare Protection Plan«) das Europäische Verbraucherschutzrecht nicht ersetzen, sondern dieses natürlich weiterhin gilt. Dann werden die drei relevanten Bereiche noch einmal übersichtlich aus Sicht des Kunden in einer Tabelle verglichen. Im Übrigen sind diese rechtlich gebotenen Hinweise wahrlich kein Hexenwerk. Jeder Jurastudent im 3. Semester kann sie in zwei Stunden erstellen. Umso bezeichnender ist es, wenn Unternehmen ihren Kunden etwas ganz anderes erzählen wollen.

# Saturn: Alte Lügen
# statt neuer Ware

## »Das Gerät müssen wir erst einmal einschicken«

Familie Neumann (Name geändert) kaufte bei der Elektronik-marktkette Saturn einen Fernseher. Marke Sony, technisch eigentlich gut und nicht billig. Nach drei Monaten war er kaputt. Nichts mehr war zu sehen außer einem schwarzen Bildschirm. Also brachte die Familie Neumann das gute Stück zurück zum Elektronikmarkt, in dem sie das Gerät gekauft hatte. Um dort vom Verkäufer den Satz zu hören, den wir alle schon einmal gehört haben: »Das Gerät müssen wir erst einmal einschicken.« »Einschicken« – welch schönes, altertümliches Wort, nur noch zu übertreffen mit »remittieren«. Bei der Familie Neumann regte sich, wie leider oft in solchen Situationen, kein Widerspruch. Schließlich muss wahr sein, was einer ohne Zwinkern in blau-oranger Corporate-Identity-Uniform sagt, noch dazu in einem Laden, der mit Hunderten Verkaufsregalmetern aus jeder Pore Seriosität ausstrahlt. Wie Saturn-Märkte das nun einmal tun.

## »Geiz ist geil« – DIE Erfolgsgeschichte im europäischen Handel

Schließlich sind sie Teil einer der faszinierendsten Erfolgsgeschichte der europäischen Handelsgeschichte. Saturn ist eine von drei Marken der Media-Saturn-Holding (MSH), zu der auch Media Markt und der Online-Versender Redcoon gehören. Mit einem Nettoumsatz von 22 Milliarden Euro (Geschäftsjahr 2014/2015) und 65 000 Mitarbeitern ist MSH der größte Elektronikhändler Europas. Das Unternehmen geht zurück auf einige Handelspioniere. 1961 eröffneten Friedrich Wilhelm und Anni Waffenschmidt in Köln am Hansaring den ersten Saturn-Markt, mit einer nach heutigen Maßstäben bescheidenen Verkaufsfläche von 120 Quadratmetern. Verkauft wurde die Ware übrigens anfangs nur an Diplomaten. 18 Jahre später eröffneten in München Erich und Helga Kellerhals, Walter Gunz und Leopold Stiefel den ersten Media Markt. Das Konzept revolutionierte den Elektronikhandel. Viele Marken auf großer Fläche, Beratung nach Bedarf, dauerhaft Niedrigpreise. Bis dahin offerierten in der Regel kleine Elektro-Einzelhändler ausschließlich die Marke, mit der sie in Verbindung standen. Damals neu und bis heute gültig ist eine Grundidee: Jeder Markt muss sich allein durchsetzen und firmiert entsprechend als selbständige GmbH unter dem Dach der MSH. Jeder Marktgeschäftsführer ist mit zehn Prozent beteiligt, was unternehmerisches Denken beflügeln und verhindern soll, dass sich unmotivierte Marktleiter im Falle von Misserfolgen auf die Hilfe durch eine Zentrale verlassen.

1988 stieg Kaufhof bei der Media Markt Holding ein und übernahm dort die Mehrheit. Zwei Jahre später erwarb das Unternehmen die Saturn-Hansa Handels GmbH. Seither firmieren zwei im operativen Geschäft völlig getrennte Marken unter dem Dach einer Holding; später sollte noch der Aschaffenburger Online-Elektronikhändler Redcoon dazukommen. Media Markt umfasst etwa 800 Standorte in 14 Ländern. Saturn ist im Gegensatz zu Media Märkten meist nicht in Gewerbegebieten am Stadtrand, sondern bevorzugt in Innenstadtlagen angesiedelt und in vier europäischen Ländern mit 200 Märkten vertreten (Stand Juli 2016). Saturn steht auch für einen der berühmtesten und erfolgreichsten Werbesprüche der Nachkriegszeit, der den Zeitgeist traf wie kaum ein anderer Slogan: »Geiz ist geil.«

Doch zurück zur Geschichte: Man hat es also mit einem erfolgreichen Branchenriesen zu tun, wenn man wie die Familie Neumann bei Saturn einkauft. Einem Unternehmen, das weiß, nach welchen (auch gesetzlichen) Regeln das Geschäft funktioniert. Auf seiner Internetseite verspricht Saturn jedem Kunden: »Kompetente Betreuung durch speziell geschulte Fachberater und ein umfassendes Dienstleistungsangebot besitzen in allen Saturn-Häusern einen hohen Stellenwert. Regelmäßige Trainings und Schulungen gewährleisten die hohe Servicequalität. Darüber hinaus steht Kunden in jedem Markt ein Reparatur- und Lieferservice zur Verfügung, der auf Wunsch auch die Montage und Installation vornimmt. Weitere Angebote lassen sich mit dem ›Power Service‹ hinzubuchen – dabei handelt es sich um unterschiedliche Dienstleistungspakete, die sich durch eine hohe Preistransparenz auszeichnen.« Wer so groß ist und weiter wachsen will, muss dann natürlich eine Verdrängungsstrategie fahren. Viele Hi-Fi-Enthusiasten, die den Sprung ins kalte Wasser der Selbständigkeit wagten, sind da inzwischen auf der Strecke geblieben. So eine Strategie ist natürlich in der Marktwirtschaft legitim. Wenn sie über die Preise läuft. Oder über die Angebotsbreite. Oder meinethalben auch über die wirksamere Werbung. Nicht aber, wenn sie mit Abstrichen beim Verbraucherschutz verbunden ist.

## Bei defekten Geräten
## ist der Händler der Ansprechpartner

Wie kommt es dann aber, dass Familie Neumann bei der Rückgabe des kaputten Sony-Fernsehers diesen Blödsinn hören muss, von wegen: Wir müssen das Gerät erst einmal einschicken?

Die richtige, weil juristisch korrekte Antwort wäre gewesen: »Geben Sie her, ich gebe Ihnen einen neuen Fernseher mit.« Der Kunde hat den Kaufvertrag schließlich mit Saturn und nicht mit Sony geschlossen. Der Händler also ist der Ansprechpartner. Wie er sich nachher mit dem Hersteller einigt, ist seine Sache. Erst nach sechs Monaten und dann bis zum Ablauf der Gewährleistung nach zwei Jahren muss der Kunde beweisen, dass die Ware bei Übergabe fehlerhaft war. Vorher liegt der gegenteilige Beweis beim Händler, der ihm bei einem defekten Bauteil wohl kaum gelingen wird. Dann muss er jedenfalls kostenfrei und ohne Diskussion nachbessern. Wenn er das verweigert – so wie Saturn den Neumanns –, kann der Kunde sich gleich für Wandlung entscheiden: Geld gegen defekte Ware also. Nach fünf Minuten wäre dann eigentlich das Thema durch.

Doch das Spiel mit dem Einschicken wiederholte sich zwei Mal, bis Familie Neumann bei mir anwaltlichen Rat einholte. Da die Zentrale von Saturn die Sache immer noch verschleppte, habe ich kurzerhand beim Kollegen des zuständigen Mitarbeiters, den ich flüchtig kannte, abends um halb elf privat angerufen; glücklicherweise (für Familie Neumann, nicht für ihn) stand er im Telefonbuch.

Ich teilte ihm kurz mit, er solle am nächsten Morgen gleich um neun seinem Kollegen doch einmal die Rechtslage erklären. Und genau an jenem Vormittag ratterte mein Faxgerät vielversprechend. Familie Neumann bekomme einen neuen Fernseher, stand da. Ich wette aber: In viel zu vielen derartigen Fällen gelingt es Saturn, die Kunden bis zum Ablauf der ersten sechs Monate oder auch der zwei Jahre gesetzlicher Gewährleistung hinzuhalten. Dann ist der Zeitpunkt einer erfolgversprechenden Klage verpasst. Und der Fernseher bleibt für immer schwarz.

Ein solches Verhalten ist eines namhaften Unternehmens wie Saturn eigentlich nicht würdig. Womöglich blendet uns alle aber auch die tolle Erfolgsstory vom Aufstieg des Unternehmens. Oder aber, der schlechte Kundenservice wird getoppt durch die dauernden Auseinandersetzungen der heutigen Eigentümer der Media-Saturn-Holding. Etwa drei Viertel der Anteile gehören dem Düsseldorfer Handelskonzern Metro.

Im Rahmen eines Mandats habe ich selbst schon in dessen Düsseldorfer Zentrale am großen Konferenztisch sitzen dürfen. Schon cool. Der größte Besprechungstisch, den ich bis dato gesehen habe. Metro würde nun gerne durchregieren bei der im bayerischen Ingolstadt angesiedelten Tochter MSH – auch die mit all ihren Bürogebäuden praktisch eine Stadt in der Stadt. Allein das verhindert dort der letzte der verbliebenen Firmengründer, Erich Kellerhals. Er verfügt über eine Sperrminorität, die bedeutet, dass die Gesellschafterversammlung der Media-Saturn-Holding wichtigste Entscheidungen nur mit 80-prozentiger Mehrheit fällen darf. Also nutzen der Metro ihre etwa 75 Prozent gar nichts, wenn Kellerhals nicht will.

Seit Jahren tobt ein Kampf um Macht und Einfluss im Unternehmen zwischen dem Milliardär mit Wohnsitz Salzburg und der Metro AG. Keiner gibt auch nur ein Jota nach; zig Prozesse beschäftigen die Gerichte. Die Lage ist verfahren, die

Stimmung im Keller, die Medien sind seit Jahren voll von dem Zoff, den die *Süddeutsche Zeitung* schon als Kasperltheater beschrieb. Aus der Sicht von uns Kunden muss jedoch das Thema sein, dass dieses Wirrwarr, dieses Chaos nicht überdecken darf, was unten falsch läuft. In der Kommunikation und im Geschäft mit uns Verbrauchern. Und da stimmt so manches nicht, wie nicht nur das Beispiel der Neumanns zeigt.

### »Woher sollen künftig die Erträge kommen, wenn sauber gearbeitet wird?«

Grundsätzlich stellt sich vielmehr die Frage nach der Regeltreue von Unternehmen. Und ob sich Regeltreue für sie lohnt. Ist es finanziell attraktiver, uns Kunden korrekt zu behandeln, oder ist es profitabler, uns unsere Rechte vorzuenthalten? Jedenfalls für einen Teil der auf Regeltreue spezialisierten Rechtsanwälte scheint der Fall klar, wie Ende 2015 in der Zeitschrift *Anwaltspraxis* zu lesen war: Langfristig bedeute Regeltreue für Unternehmen einen Marktvorteil. Und diese Unternehmen hätten »stabilere Geschäftsbeziehungen, (…) mehr Ertragspotenzial«.

Regeltreue soll sich also angeblich lohnen. Zahlen werden dann aber nicht präsentiert. Wir haben erfahren, dass Ikea jedenfalls mit den Kosten der Mängelgewährleistung in Form von Fahrtkosten des Kunden es nicht so genau nimmt – und dies höchstwahrscheinlich im zweistelligen Millionenbereich die Gewinne erhöht. Ikea ist überhaupt wirtschaftlich sehr erfolgreich. Sein Gründer Ingvar Kamprad wird mal als elftreichster Mensch der Welt einsortiert; nach andern Schätzungen ist er angeblich reicher als Bill Gates, so der *Tagesspiegel*. Manchmal purzelte er laut Wikipedia aber geschätzt auch aus der Gruppe der hundert reichsten Menschen der Welt heraus. Wie dem auch sei: »Unstabile Geschäftsbeziehungen« und »wenig Ertragspotential« sehen da doch irgendwie anders aus. Würde es Herrn Kamprad nützen, wenn Ikea mehr Fahrtkosten erstatten würde? Schwer zu sagen und zu messen. Soweit man sich hier nicht regeltreu verhält, scheint das aber nicht besonders zu schaden. Das sollten auch andere wissen, die Aktionäre von Media-Saturn etwa, zu denen die Familie Haniel gehört, eine der reichsten dieses Landes, und der Milliardär Kellerhals, der sein gigantisches Vermögen auch seinen Kunden verdankt.

Umgekehrt wird vielmehr ein Schuh daraus. Die Reklamationspraxis bei Aldi, Obi, Media-Saturn und anderen, die Tatsache, dass der VW-Diesel-Betrug zu dem Ziel beitragen sollte, größter Autohersteller der Welt zu werden – das zeigt, dass Schummeleien nicht ein Zufall sind, sondern viel zu oft zum Kern der Geschäftsstrategie gehören, also die Gewinne geradezu in wesentlichen Teilen vom illegalen Verhalten abhängen oder durch dieses zumindest erhöht werden sollen. So analysierte *Die Welt* Ende 2015 für den Siemens-Korruptionsskandal: »Eine Abkehr von alten Geschäftspraktiken führt … zur alles entscheidenden Frage für ein Unternehmen: Woher sollen künftig die Erträge kommen, wenn sauber gearbeitet wird?«

## Lohnt sich Regeltreue?

Lohnt sich also Regeltreue wirklich? Eine weitere Antwort liefern die an anderer Stelle dargestellten Zahlen aus der erwähnten Studie der Verbraucherzentralen zu Aldi Nord und Süd, Obi, Lidl und Media Markt. Würde es diesen Unternehmen nützen, wenn sie sich anders, korrekter, verhalten würden als in der Studie dargestellt? Schwer zu sagen.

Für sich selbst haben die Unternehmen eine Antwort gefunden: Nein. Denn sie gehen nun einmal so vor wie dargestellt. Man darf unterstellen, dass sie sich wirtschaftlich sehr konsequent verhalten. Und sie haben offenbar für sich ermittelt, dass es nützlich ist, sich jedenfalls für die untersuchten Sachverhalte nicht regeltreu zu verhalten. Umgekehrt: Schadet das ihnen? Wieder spricht sehr viel für ein Nein: Wir reden hier von Marktführern in ihrem Sektor.

Im Jahr nach der geschilderten Studie mit Aldi Süd, Aldi Nord und Lidl lauteten die Plätze eins, zwei und drei der reichsten Deutschen 2013 laut focus.de: Familie Karl Albrecht (Aldi Süd), Familie Theo Albrecht jun. (Aldi Nord), Dieter Schwarz (Lidl, Kaufland). So ein totaler Schuss in den Ofen scheint es nicht zu sein, wenn einem die Regeltreue mal hier oder da durchrutscht.

Eine Regeltreue gegenüber staatlichen Vorschriften dagegen kann sich sehr lohnen – VW darf das gerade im Umkehrschluss herausfinden. Der Staat ist schließlich verdammt mächtig. Regeltreue gegenüber uns kleinen privaten Kunden aber lohnt sich in vielen Fällen offenbar nicht. Das zeigt auch, dass die Sanktionen weitaus höher sein müssten, als sie es sind, um die wirtschaftlichen Vorteile mangelnder Regeltreue im untersuchten Fall und auch anderen in diesem Buch geschilderten Fällen zu neutralisieren. Warum nicht einmal die hundertfache Summe des eigentlichen Schadens zusprechen? Ein spürbarer Strafeffekt träte vielleicht sogar erst bei der tausendfachen Summe ein.

Warum aber geschieht das nicht? Scheut der Gesetzgeber massiven Gegenwind aus den Unternehmen, will er sich nicht »amerikanische Verhältnisse« vorwerfen lassen, erkennt er das Ausmaß des Problems nicht? Wahrscheinlich eine Kombination aus alledem. Da der Gesetzgeber jedenfalls im Ergebnis seit Jahrzehnten nicht gegensteuert, kann das jeweils schummelnde Unternehmen die wirtschaftlichen Vorteile seines Verhaltens praktisch ungeschmälert genießen.

# Versicherungen:
# Wir verkaufen am liebsten,
# was Sie nicht brauchen

## Schummeln bei der Auflagenhöhe

Claudia Falk (Name geändert) ist eine herzliche Frau Mitte 50. Fleißig ist sie obendrein. In einer Kleinstadt in Niedersachsen betrieb die alleinerziehende Mutter und Oma ein kleines Geschäft für Second-Hand-Textilien und Arbeitswochen von 60 Stunden waren für sie keine Seltenheit. Schließlich arbeitete sie noch halbtags als das, was ich als Student immer liebevoll als »Mensamutti« bezeichnete: an der Essensausgabe der örtlichen Uni-Mensa. Falk hatte sich noch nicht lange selbständig gemacht, da bekam sie auf einmal Besuch von der Vertriebsmitarbeiterin eines Verlags für Werbematerialien. Die Frau präsentierte ihr den Entwurf eines Flyers mit wichtigen Telefonnummern, der angeblich in der Region, vor allem aber in der benachbarten, größeren Stadt kostenlos verteilt werden sollte. Und zwar an jeden, der dort einen Telefonanschluss besitzt. In einem langen, ausführlichen Beratungsgespräch pries die Außendienstlerin das Produkt an: Der Flyer mit dem Logo von Falks Laden werde – so konnte man leicht überschlagen – bei mehr als 10 000 Menschen landen. Er sei mithin also die perfekte Werbung für den kleinen Laden. Die Kosten in Höhe von ein paar Hundert Euro schienen Claudia Falk in einem guten Verhältnis zur Werbewirkung zu stehen. Also unterschrieb sie den Auftrag.

Kurze Zeit später saß sie bei mir in der Kanzlei und bat um Hilfe. Denn unmittelbar nach ihrer Unterschrift und nachdem die Vertriebsfrau des Verlages gegangen war, musste Claudia Falk feststellen, dass auf ihrem Durchschlag des Auftragsformulars erkennbar hastig hingekritzelt eine Auflagenhöhe von lediglich 1000 Exemplaren des Flyers vermerkt war – viel weniger als die von der Vertriebsfrau des Verlages versprochenen Adressaten im gesamten Telefonnetz der Nachbarstadt. Also hatte Claudia Falk beim Verlag angerufen, sich beschwert und den Auftrag storniert. Ohne Erfolg. Man ließ sie abblitzen, schickte stattdessen eine Rechnung, dann Mahnungen und schließlich verklagte man sie auf Zahlung des vereinbarten Betrages. Aber Claudia Falk weigerte sich standhaft, sie fühlte sich hereingelegt und betrogen. Zu Recht.

Der Fall landete vor Gericht. Letztlich ließ sich auch dort nicht mehr aufklären, ob die Vertreterin – wie von uns vermutet – tatsächlich im Nachhinein vor Aushändigung der Durchschrift schnell noch den Vertrag um die kleine Druckauflagenzahl »ergänzt« hatte. Immerhin jedoch glaubte der Richter meiner Mandantin, dass sie zu Recht nach dem Vorgespräch von einer viel größeren Auflage ausgegangen sei, und erklärte den Vertrag für ungültig. Das ist umso bemerkenswerter, weil die juristische Beweisführung in solchen Fällen in der Praxis oft schwierig ist. Es gab keinen Zeugen, denn niemand war bei der Vertragsunterzeichnung dabei, außer meiner Mandantin und der Verlagsvertreterin. In solch einem Fall kann das Gericht alle Beteiligten selber anhören und sich so ein Urteil bilden. Dabei machte Claudia Falk ganz offensichtlich – und zu Recht – einen glaubwürdigen Eindruck. Der Richter am zuständigen Amtsgericht entschied jedenfalls zu ihren Gunsten, Falk musste nicht bezahlen und stattdessen der Verlag die Gerichts- und meine Anwaltskosten übernehmen.

Doch zweifelsohne war es unter den gegebenen Umständen auch ein knapper Sieg. Eine Leidensgenossin war kurz zuvor vom selben Richter zur Zahlung verurteilt worden. Es bestätigte sich obendrein einmal mehr die alte Weisheit, besser nichts zu unterschreiben, was man vorher nicht genau durchgelesen hat. Und das unterschriebene Schriftstück danach nicht mehr aus den Augen zu lassen oder aus den Fingern zu geben. Das Geschäftsmodell des obskuren Verlages im Fall von Claudia Falk scheint es zu sein, solche Drucksachen wie den Flyer anzubieten und dabei mit der Auflage gewaltig zu schummeln.

Geschummelt wird öfter, als man denkt, und wir Kunden sind dabei regelmäßig die Gelackmeierten. Man kann im Einzelfall darüber streiten, wie viel kriminelle Energie jeweils im Spiel ist. Die Grenzen sind auch fließend. Doch es gibt eine Vielzahl von Firmen, die per se Dienstleistungen und Produkte anbieten und verkaufen, die es nicht gibt. Oder die unnötig sind und trotzdem als scheinbar unabdingbar den Menschen aufgeschwatzt werden. Oder aber, es wird nie bestellte Ware zuerst verschickt und dann verkauft.

### Der Sinn der Inspektionsprotokolle

Kennen Sie das? Sie holen Ihr Auto aus der Inspektion ab. Vor Schlüsselübergabe bekommen Sie ein Inspektionsprotokoll vorgelegt, das Sie doch bitte unterschreiben sollen. Damit dürfen Sie bestätigen, dass alle angekreuzten Arbeiten ausgeführt wurden. Wie das gehen soll? Ich habe keine Ahnung. Wie soll ich überprüfen, ob die Werkstatt tatsächlich diese oder jene Klemme im Innersten des Fahrzeugs ersetzt, das eine Kabel ausgetauscht oder das andere Teil eingebaut hat? Oder ob wirklich die Buchsen der vorderen Fahrwerksquerlenker oder die Motorkompression gecheckt wurden?

Ein normaler Autofahrer kann das nicht überprüfen und selbst für Fahrzeugprofis ist es schwer, jedes Mal sozusagen in die Eingeweide eines Autos vorzudringen und zu kontrollieren, was dort konkret repariert wurde. Unterschreiben, dass dieses und jenes erledigt wurde, das soll der Kunde aber. Als hätte er in einschlägigen Autozeitschriften und Internetforen noch nie davon gelesen, dass praktisch nur in Ausnahmefällen die vorgeschriebenen (und bezahlten!) Arbeiten wirklich bis ins letzte Detail ausgeführt werden – oft aber nur ein Bruchteil von dem erledigt wurde, was hernach in Rechnung gestellt wird. Der Zweck der Unterschrift unter ein Inspektionsprotokoll kann also für die Werkstatt nur darin bestehen, sich gegen die Folgen dieses »Geschäftsmodells« abzusichern: »Was, wir sollen nicht sechs Liter Öl eingefüllt haben? Aber Sie haben uns das doch schriftlich bestätigt!« Also unterschreibe ich das nicht. Nie. Allenfalls nur mit dem Zusatz: »Nicht überprüfbar. Weitere Überprüfung vorbehalten.« Den Schlüssel und den Wagen bekomme ich so auch. Traurig für jeden, der einfach so unterschreibt.

## Elektronikversicherungen: Völlig überflüssig

Der kleinen Autowerkstatt um die Ecke traut man solche Manipulationen zu, vielleicht sogar der Vertragswerkstatt einer großen Automobilkette. Schließlich weiß man nicht erst seit dem VW-Skandal, dass man bei der Branche generell vorsichtig sein sollte. Doch geschummelt wird auch in anderen Bereichen. Mit völlig überflüssigen Versicherungen zum Beispiel.

So ist es bei manchen Händlern in den vergangenen Jahren üblich geworden, dem Kunden beim Kauf eines hochwertigen Elektrogeräts, etwa eines Notebooks, gleich noch eine Versicherung anzubieten. Ich sage nur »Saturn«. Eine scheinbar günstige, ein paar Euro nur, um das Notebook abzusichern etwa für den Fall, dass es mal herunterfällt und kaputt geht. Genau betrachtet aber sind die Kosten dafür im Vergleich zum Preis des Geräts erheblich. Wir Deutschen sind ja Weltspitze im Bedürfnis, uns gegen alles zu versichern. Ich warte auf den Tag, an dem man uns am Eingang von Aldi eine Einkaufswagen-Kollisions-Versicherung anbietet oder in der U-Bahn eine Transportversicherung für Transporte mehr als fünf Meter unter der Erdoberfläche. Ist das im konkreten Fall sinnvoll, die Versicherung für ein einzelnes Elektronikgerät? Aus meiner Sicht: nein.

Zum einen, weil es ja das gesetzliche Gewährleistungsrecht gibt, das auftretende Produktmängel eine Zeit lang absichert und den Verkäufer zur Haftung zwingt. Dafür braucht es also schon einmal keinen (zusätzlichen) Versicherungsschutz. Hinzu kommt dann oft noch eine Herstellergarantie, die typischerweise auch dann noch einen Schutz bietet, wenn ich nach Ablauf des ersten halben Jahres der gesetzlichen Gewährleistung beweisen müsste, dass der aufgetretene Mangel bereits beim Kauf vorhanden war. Zu versichern blieben nur noch Fälle wie der versehentlich über die Notebook-Tastatur gekippte Kaffee. Und solche Schäden kann ich auch über eine Elektronikversicherung auffangen, die ich sinnvollerweise aber nicht beim Händler, sondern bei einer ganz normalen Versicherungsgesellschaft abschließe.

Natürlich hat man das Gefühl, das gerade gekaufte Gerät sofort versichern zu müssen, und der Verkäufer legt einem das erfahrungsgemäß ja auch besonders ans Herz. Da muss man dann schon einmal unter einem angekreuzten Kästchen unterschreiben, man habe die Versicherung abgelehnt. Das erzeugt ein mulmiges Gefühl, und das soll es auch. Aber die Versicherung ist in der Regel ein schlechtes Geschäft. Wer nämlich bei einem Versicherungsunternehmen gleich mehrere Geräte absichern will, zahlt dafür in der Regel nicht viel mehr. Ich habe zum Beispiel alle meine Geräte in meiner Kanzlei – Computer, Drucker, Fax, Telefone – insgesamt zu einer Prämie versichert, die sich kaum von der unterscheidet, die man mir im Elektronikmarkt für ein einziges Gerät anbietet.

Groß dabei, wenn es um das Aufschwatzen von (zu) teuren Versicherungen geht, sind aber nicht nur die provisionsgetriebenen Verkäufer in Elektronikmärkten, sondern auch die Vermittler in Anzügen oder Kostümen bei Finanzfirmen und Banken.

## Aufgeschwatzt: Versicherungen bei Finanzdienstleistern und Banken

Hier heißt es beispielsweise: »Sie brauchen nicht nur einen Kredit, sondern auch einen Bausparvertrag, eine Lebensversicherung und eine Restschuldversicherung.« Nein, brauche ich nicht!

Früher haben viele Banken und Finanzvermittler noch häufiger als heute bei der Finanzierung eines Hauskaufes gleich ein ganzes Paket von Produkten verkauft. Da wurde einmal ein Kredit abgeschlossen. Bei dem musste der Häuslebauer aber zunächst nur die Zinsen zahlen. Die Tilgung sollte erst ganz am Ende der Laufzeit erfolgen, nach zehn oder mehr Jahren. Um dann tilgen zu können, wurde ein zweites Produkt verkauft, eine kapitalbildende Lebensversicherung. Der Plan war, dass die Lebensversicherung genau so weit angespart würde, dass am Ende der Kreditlaufzeit die Kreditsumme auf einen Schlag abgelöst werden konnte. Manchmal wurde in diese Konstruktion auch noch ein Bausparvertrag integriert.

Warum das Ganze? Zur Begründung konnte man etwa hören, dass man mit solch einem Konstrukt staatliche Fördermöglichkeiten oder Steuervorteile mitnehmen könne. Der wahre Grund aus meiner Sicht: Gebührenmaximierung! Maximierung der Abschlussprovision, Maximierung der laufenden Verwaltungsgebühren. Denn eine solche Konstruktion ist nicht nur teuer (schließlich muss ich gleich an drei Unternehmen bezahlen, auch damit sie die anfallenden Vermittlungsprovisionen auszahlen und die Verträge gegen Gebühr verwalten können) – sie ist auch unflexibel. Weil sich so eine Finanzierung bei veränderten Lebensumständen nur sehr schwer wieder umbauen lässt. Vor allem aber ist sie hoch riskant. Weil es ja gar keine Garantie gibt, dass die Lebensversicherung in den Jahren auch tatsächlich die erforderliche Kreditsumme erwirtschaftet. Als in Folge der Finanzkrise und der nun schon jahrelangen Niedrigzinsphase die Renditen der Lebensversicherungen sanken und sanken, kamen auch reihenweise Versicherer und damit auch deren Kunden in Schwierigkeiten. Und der manches Mal gegebene Tipp des Finanzberaters, doch gleich eine neue Lebensversicherung abzuschließen, machte das Dilemma nicht besser. Das konnte nämlich dazu führen, dass sogar noch die Steuerersparnis der zuerst abgeschlossenen Versicherung dahin war. Wenn man nur ausreichend ungeschickt wegen der zu geringen Rendite den Vertrag ergänzte.

Kaum anders sieht es bei Restschuldversicherungen bei Verbraucherdarlehen aus. Die dienen ja gar nicht so sehr der Absicherung des Kunden, sondern der Absicherung der Bank. Bezahlen darf sie aber – natürlich – der Kunde. Was nützt zum

Beispiel der Todesfallschutz, wenn im Erbfall der Nachlass überschuldet ist und die Erben sowieso ausschlagen und dann mit dem Kredit nichts mehr zu tun haben?

Was das für ein Bombengeschäft ist, zeigt eine einfache Rechnung: Die Versicherungsprämie beträgt gerne einmal fünf Prozent von der Kreditsumme. Das durchschnittliche Ausfallrisiko für die Banken bei Verbraucherkrediten beträgt aber nur zweieinhalb Prozent. Und dieses Ausfallrisiko ist ja eigentlich schon in die Zinsen eingepreist. Ich würde es mir daher sehr gut überlegen, ob ich eine Restschuldversicherung brauche oder lieber einen etwas kleineren Kredit aufnehme – denn die Restschuldversicherung muss ja mitfinanziert werden.

## Wie Rentner verarscht werden

Eine bevorzugte Zielgruppe für alle, die Unnützes teuer verkaufen oder Kunden übertölpeln und reinlegen wollen, sind ältere Menschen. Eine ganze Industrie lebt von der Ehrlichkeit und Korrektheit von Rentnern – und nutzt diese schamlos aus. Die Übeltäter kalkulieren bei ihren Betrügereien damit, dass alte Menschen noch aus einer Generation stammen, in der es Ehrensache war, seine Rechnungen sofort zu bezahlen. Bei Adresshändlern ist diese Gruppe hoch beliebt. Die Daten dieser Altersstruktur lassen sich gut verkaufen, was übrigens oftmals sogar unsere Einwohnermeldeämter für ein paar Euro pro Datensatz auch taten. Wer solche Kommunen hat, braucht keine ausländischen Geheimdienste. Wer aber die Adressen gekauft hat, kann sie leicht für Betrugsmaschen nutzen.

Was dann passiert, konnte ich in meiner eigenen Familie erleben. Meine Mutter wurde um ein Haar das Opfer gewissenloser, verachtenswerter Abzocker. Sie ist Jahrgang 1927, Großstadtkind aus Leipzig, stammt aus einer Unternehmerfamilie und wurde als junger Mensch so erzogen, dass es bereits unanständig ist, eine GmbH zu gründen. Weil nämlich ein ordentlicher Kaufmann immer mit seinem ganzen Vermögen haftet und nicht nur mit einer GmbH-Einlage. Eine Frage der Ehre.

Auch im hohen Alter ist meine Mutter eine sehr resolute Frau geblieben, die sich eigentlich zu helfen weiß. Eines Tages bekam sie ein Paket zugeschickt, das sie nicht bestellt hatte. Es enthielt einige Exemplare aus einer Serie von maßstabsgetreu im Kleinformat nachgebauten Modellen historischer DDR-Motorräder. Neben jedem Modell enthielt das Paket eine saftige Rechnung. Mama wollte natürlich sofort bezahlen oder die Modell-Motorräder zurückschicken. Ich bat sie, das nicht zu tun, denn das Gesetz ist in solchen Fällen eindeutig. Es besagt, dass unaufgeforderte Warenzusendungen keinerlei Verpflichtungen begründen. Es hat mich zwar einiges an Überzeugungsarbeit gekostet, aber meine Mutter hat daraufhin weder bezahlt noch die Ware zurückgeschickt.

Dann kam noch ein Motorrad, dann noch eins, noch eins und schließlich sogar eine Sammelvitrine. Die Kartons stapelten sich, das schlechte Gewissen meiner Mutter wuchs. Es wurde auch nicht kleiner, als nach allerhand Rechnungen die erste Mahnung eintraf und wenig später die zweite. Spätestens jetzt war meine sonst so selbstbewusste Mutter eingeschüchtert. Ich vermute mal, dass es in vergleichbaren Situationen sehr vielen älteren Menschen so geht. Sie fürchten Scherereien und Kosten. Da aber die Mini-Motorrad-Sammlung noch nicht vollständig war und mein kleiner Sohn Spaß an den (leider nicht sonderlich haltbaren) Modellen hatte, bat ich meine Mutter inständig, die Nerven zu behalten.

Leider wurde sie vollends konfus, als das Schreiben eines Inkassounternehmens eintraf mit der ultimativen Forderung zu sofortiger Zahlung einer saftigen Summe, sonst gehe das Ganze vor Gericht. Ich freute mich schon. Denn diesen Prozess hätte ich angesichts der unmissverständlichen Rechtslage locker gewonnen und das Urteil augenblicklich veröffentlicht. Leider hatte ich die Rechnung ohne meine Mutter gemacht, die keinen Prozess, sondern die Angelegenheit umgehend beendet wissen wollte.

Also habe ich als braver Sohn dem Inkassounternehmen ein Schreiben geschickt. Mit meinem Briefkopf als Rechtsanwalt habe ich auf die Rechtslage nebst meiner Vorfreude auf den anstehenden Prozess hingewiesen und die Forderungen gegen meine Mutter entsprechend zurückgewiesen. Ich schickte den Brief per Fax an das Inkassounternehmen. Nur zwei Stunden später kam ein Fax zurück, in dem stand, dass man die Sache nicht weiter verfolgen wolle. Schade, dachte ich mir. Warum aber macht ein Unternehmen so etwas, wenn es doch genau weiß, dass ihm eine Bezahlung nicht zusteht? Die Antwort ist klar: weil genügend Rentner in einer Mischung aus Unsicherheit (und vielleicht auch in diesem konkreten Fall auch aus Ostalgie) die Billigmodelle behalten und ein paar Hundert Euro dafür zahlen würden. Aus purer Angst vor weiteren, noch teureren Konsequenzen. Genau mit dieser Angst alter Menschen kalkulieren solche Versandunternehmen – und verdienen damit Millionen. Da macht es auch nichts, wenn vielleicht nur die Hälfte derer bezahlt, die vorher unverlangte Ware bekommen haben. Angesichts der massenhaften und zielsicheren Versendung dürfte die Quote der Zahler erschreckend hoch sein.

## Abmahnindustrie: Von der Konfliktscheu
## der Menschen profitieren

Von zweifelhaften und verwerflichen Praktiken profitiert abgesehen von den Versandunternehmen noch eine ganze Branche: die Abmahnindustrie. Jene Anwaltskanzleien also, die
für andere Forderungen eintreiben, in der Regel mit wenig
zimperlichen Methoden. Dabei setzen sie auf die Kon-
fliktscheu vieler Menschen. Bestes Beispiel: Filesharing, also
tatsächlich oder angeblich illegal aus dem Internet herunter-
geladene Filme und Musik.

Es gibt es Kollegen, die sich noch viel stärker als ich auf
solche Fälle spezialisiert haben. Aber selbst ich bringe es inzwischen auf einige Dutzend solcher Fälle binnen weniger
Jahre. Allein das Studium dieser Akten zeigt, wie selbst namhafte Künstler und ihre Managements nicht davor zurück-
schrecken, den einen oder anderen Euro auf zweifelhafte
Weise abzukassieren. Bushido etwa, der auf cool getrimmte
Rapper aus Berlin, der so gerne und bisweilen auch vulgär
gegen das ach so spießige Establishment ansingt und anpö-
belt, steht dabei zumindest in meinem Aktenschrank an der
Spitze der Charts.

Insgesamt geht es um Hunderttausende Downloads jährlich. Die Verbraucherzentralen meldeten für 2010 geschätzte
600 000 Fälle. Für 2012 galt, dass monatlich etwa 300 000 IP-
Adressauskünfte bei den Internet-Providern erfragt wurden.
Nun schwanken die Zahlen und sind insgesamt wohl schwer
zu schätzen – ein Interessenverband berichtet etwa für 2014
»nur« von 74 500 Abmahnungen; doch sind Downloads unzweifelhaft ein bemerkenswertes Massenphänomen. In gewisser Weise zu Recht, werden doch auch massenweise illegal
Musik und Filme aus dem Internet heruntergeladen. Das än-

dert aber nichts daran, dass am Abmahnwesen insgesamt, wie auch an sehr vielen Abmahnungen im Einzelfall, große Zweifel angebracht sind.

Mir jedenfalls sind insbesondere zwei Dinge aufgefallen: In vielen Fällen muss ich meinen Mandanten glauben, dass der Vorwurf schlicht nicht stimmen konnte. Etwa weil der angebliche Urheberrechtspirat zur fraglichen Download-Zeit nachweislich nicht zu Hause war. Oder die Musikrichtung passte vorne und hinten nicht zu der Person, die vor mir saß. Der tätowierte und gepiercte Student mit dem schwarzen T-shirt, darauf die Tourdaten von Motörhead, der sich alpenländische Volksmusik heruntergeladen haben sollte. Oder die Rentnerin mit Rollator, bei der der Punk nur so richtig rockt, wenn er über die illegale Tauschbörse ins Seniorenheim findet – na ja, man weiß zwar nie, und »jeder Jeck ist anders« – aber trotzdem dürften Fälle dieses Zuschnitts unrealistisch sein.

Und auch wenn der Vorwurf zähneknirschend einzuräumen war: Die Forderungen, welche die sogenannten Abmahnkanzleien aufmachten, waren in fast allen Fällen extrem überzogen. Der Gesetzgeber hat die Kosten bereits 2008 kräftig gedeckelt. Aber auch danach waren Gesamtforderungen jenseits von 1000 Euro keine Seltenheit. Ich habe meinen Mandanten stets geraten, nichts oder nur einen Bruchteil davon zu zahlen. Und bis auf einen Fall – in dem wir uns am Ende vernünftig einigen konnten – sind die Sachen nie vor Gericht gegangen. Ich nehme an, meine Berufskollegen haben ähnliche Erfahrungen gemacht. Eine Kanzlei, die mitteilt, mehrere Tausend derartige Mandate zu vertreten, berichtet von einer Klagequote von lediglich 1,5 Prozent.

Nur verschwindend wenige Fälle werden also von der abmahnenden Seite wirklich vor Gericht gebracht. Wieder eine – man muss sagen: Industrie, deren Geschäftsmodell auf

einem bestimmten, hohen Prozentsatz von Menschen besteht, die sich verständlicherweise einschüchtern lassen. Die
Unternehmen kalkulieren in vielen Fällen knallhart mit ge-
sellschaftlichem Druck. Sie wissen, dass sich ein braver Fami-
lienvater wegen eines angeblich geladenen grenzwertigen
Hardcore-Pornos (»17 Jahre – das erste Mal anal«) nicht gerne vor Gericht ziehen lässt. Und lieber zahlt, auch wenn er
sich das Filmchen nicht einmal angeschaut hat. Besser so, als
womöglich ins Gerede zu kommen, denkt er sich, denn ir-
gendwas bleibt bekanntlich immer hängen. Anderen ist es
hingegen schlichtweg zu mühsam, sich zu wehren. Und genau das garantiert dann die unberechtigten Extra-Umsätze.

# Callcenter: Überrumpeln, ausspionieren, ausnehmen

## Die Callcenter-Lösung: Effektiv und günstig

Sie sind die Marktplätze und Basare im Internetzeitalter, der Ort, an dem von Mensch zu Mensch Kundenbeziehungen angebahnt und gepflegt werden, wo Produkte angeboten und verkauft werden, wo Reklamationen bearbeitet und Probleme gemanagt werden. Die Rede ist von einer ganzen Branche, die vor 20 Jahren noch kaum eine Rolle spielte: Callcenter.

Inzwischen arbeiten mehr als eine halbe Million Menschen hierzulande in solchen Einrichtungen, deren Bezeichnung wörtlich übersetzt so etwas wie Beratungs-, Betreuungs- oder Akquisezentrum für Kunden bedeutet. De facto sitzen Callcenter-Mitarbeiter den ganzen Tag da und telefonieren. Sie tun dies in eigenen Unternehmen, deren Zahl in den vergangenen Jahren statistisch betrachtet scheinbar überraschend sank. Das Statistische Bundesamt meldet für die Jahre 2007 bis 2014 einen deutlichen Rückgang der umsatzsteuerpflichtigen Callcenter-Firmen von 1350 auf 907. Man darf sich aber nicht täuschen lassen: Die Arbeitsplätze und die Bedeutung der Branche nehmen in Wirklichkeit gewaltig zu. Nur gibt es am Markt heftige Konzentrationsprozesse. Einfacher formuliert: Große Callcenter-Firmen schlucken kleine. Der Umsatz aller Unternehmen liegt zusammengerechnet bei inzwischen zwei Milliarden Euro, Tendenz weiter steigend. Gewerkschaften beklagen, dass die Callcenter-Mitarbeiter meist schlecht bezahlt seien. Zumal dafür, dass sie in vielen Fällen die Prellböcke für verärgerte und frustrierte Kunden sind.

Branchenverbände widersprechen dem und verweisen darauf, dass die Ausbildungsstandards immer besser würden. Tatsache ist aber, dass in vielen Fällen die »Callcenter-Agents«, die Kundenmanagement-Agenten also, nur für den Mindestlohn arbeiten. Und vor dessen Einführung für noch weniger.

Die Frage ist auch, in welche Richtung die Ausbildung geht. Werden die Mitarbeiter darin geschult, ausschließlich im Interesse der auftraggebenden Firmen zu handeln, für die sie telefonieren? Oder sollen sie deren Kunden serviceorientiert und entgegenkommend betreuen?

Dass sich die Branche professionalisiert, ist unstrittig. Es gibt Callcenter, in denen etwa Akademiker sitzen, Ärzte oder Anwälte zum Beispiel, die natürlich auch ordentlich bezahlt werden. Ihre Aufgabe ist ja auch eine spezielle. Sie sollen – um bei dem Beispiel zu bleiben – im Auftrag von Pharmakonzernen niedergelassene Ärzte von deren Produkten überzeugen. Oder eben für Rechtsschutzversicherungen Erstberatungen durchführen. Was den klassischen Arzneimittelvertreter ersetzt, der die Praxen abklappert und dort nicht selten in Wartezimmern viel wertvolle Zeit vergeudet. Beziehungsweise den Versicherten davon abhalten soll, gleich einen Anwalt seines Vertrauens aufzusuchen. Die Callcenter-Lösung ist für die Unternehmen effektiver – und günstiger.

Inzwischen sind es sehr viele Branchen, deren Firmen ihr Kundenmanagement ausgelagert haben. Callcenter arbeiten aber nicht im luftleeren Raum, sondern sie werden von ihren Auftraggebern umfassend vorbereitet. Dem zugrunde liegen umfassende Informationstechnologie-Lösungen. So werden beispielsweise die Briefe von Kunden eingescannt und in Datenbanken verwaltet oder Kundenanfragen per Kontaktformular abgewickelt. Auf diese Weise lassen sich Beschwerden direkt in ein Softwaresystem einspeisen und leichter bearbeiten. Dass wir als Kunden – anders als etwa bei einer E-Mail – dann noch nicht einmal eine Kopie unserer Nachricht haben – umso besser für die Unternehmen. Die Firmen speichern unsere Daten und ermöglichen den Callcenter-Mitarbeitern – meist also externen Dienstleistern in Fremdfirmen – den Zugriff darauf. Denn nur dann kann der Callcenter-Mitarbeiter auf unsere Bedürfnisse als Kunden eingehen. Oder sollte man besser sagen: uns abwimmeln?

## Werbeanrufe

Schauen wir uns die einzelnen Arbeitsmodelle doch einmal genauer an. Anrufe, die wir aus Callcentern erhalten und um die wir nicht gebeten haben, werden in der englischen Fachsprache »Cold Calls« genannt. »Kalte Anrufe« also, weil der Kunde sich zuvor nicht für diese Art der Kommunikation erwärmt hat. Das Anrufen erfolgt automatisiert, ein Computersystem spielt den »Callcenter-Agenten« ausgewählte Rufnummern ein. Zum Beispiel solche von Personen, die schon einmal etwas gekauft oder sich an einer Sonderaktion beteiligt haben. Ein Vorgang, der an sich ein übles G'schmäckle hat, wie Schwaben in solchen Fällen sagen. Zweifelhaft ist er allein deshalb, weil dabei die Kunden oft überrumpelt werden und der Anrufer in ihre Privatsphäre eindringt, ohne dass die Betroffenen darauf vorbereitet oder sogar damit einverstanden sind. Solche Werbeanrufe sind in der Regel illegal. Und wo sie erlaubt sind, sind sie an strenge Vorschriften geknüpft. So muss der Kunde vorab sein prinzipielles Einverständnis erklärt haben. Jeder kennt das: Irgendwann, etwa beim Abschluss eines Telefonvertrages, wird man gefragt, ob man künftig zu neuen Tarifen oder Geräten informieren dürfe. Ein

»Ja« des Kunden erlaubt von nun an dem Unternehmen »Cold Calls«. Anwälten oder Ärzten sind sie übrigens prinzipiell verboten. Schon ein Ausweis von Seriosität.

## Erkennung von Rufnummern

Die Telefonsysteme von Callcentern sind heutzutage so ausgeklügelt, dass Anrufer anhand ihrer übermittelten Rufnummer wiedererkannt werden können. Wer als Kunde etwa die Kundenhotline des Netzanbieters Netcologne anruft, erfährt entsprechend: »Ihre Rufnummer konnte mit Hilfe unserer Kundendaten erkannt werden«. Mit der Erkennung von Rufnummern von Anrufern können auch lästige Mehrfachanrufer gezielt in eine Warteschleife gehängt werden. Bei echten Querulanten mag das in gewisser Weise verständlich sein. Nur: Wo ist die Grenze zwischen notwendigen Mehrfachanrufen und Querulantentum? Und, vor allem: Wer zieht diese Grenze? Denn diese Praxis wird sehr schnell zum Problem, wenn jemand berechtigterweise mehrmals die Hotline anruft oder eben anrufen muss. Und das ist eher der Normalfall als die Ausnahme, wie wir alle wissen.

Zum Teil geben Hotlines verschiedene Auswahlmöglichkeiten vor – etwa das Drücken der »Eins« auf dem Telefon für potentielle Neukunden und das Drücken der »Zwei« für Bestandskunden. Hier wird unter Umständen gleich von Beginn an ausgesiebt. Wenn wir als Kunden den Abschluss eines neuen Geschäfts versprechen, sind wir per se interessant. Wir kommen schneller durch, werden zügiger mit einem freundlichen Mitarbeiter verbunden als jener Anrufer, der schon Kunde ist und dessen Anliegen Aufwand statt Umsatz bedeutet. Ich habe schon zeitsparende Erfahrungen damit gemacht, im Zweifel auch bei Problemen nicht die Beschwerdehotline, sondern die Neukundenbetreuung anzurufen, mich dann dumm zu stellen und weiterverbinden zu lassen.

## »Ihr Anliegen wird bearbeitet«

Man könnte meinen, dass telefonische Warteschleifen durch E-Mail-Kommunikation leicht zu umgehen wären. Wären sie auch. Nur: Unsere E-Mails werden dann eben nicht beantwortet. Die Deutsche Telekom etwa gibt auf ihren Rechnungen der Gesetzeslage entsprechend vor, dass man gegen dubiose Rechnungspositionen (etwa von Drittanbietern wie im Telefonkapitel dieses Buches beschrieben) binnen kurzer Frist zu protestieren habe. Ich habe das einmal per E-Mail gemacht und, nachdem ich danach nichts mehr gehört hatte, zwei weitere Male entnervt und wieder per E-Mail nachgehakt. Schließlich wurde mir lediglich mitgeteilt, mein Anliegen werde bearbeitet. Das Ergebnis dieser Bearbeitung war mir auch nach Monaten noch nicht mitgeteilt worden. Mein berechtigtes Anliegen – nämlich die fragwürdige Rechnungsposition rückerstattet zu bekommen – lief einfach ins Leere.

Das ist auch unter dem Gesichtspunkt des Datenschutzes äußerst fragwürdig. Denn es ist mein gutes Recht, zu erfahren, wer eigentlich meint, bei mir über die Telefonrechnung abkassieren zu müssen. Was eher hilft: sich an den digitalen Türstehern vorbeizuschleichen und direkt eine zuständige Person, möglichst hoch in der Hierarchie, anzurufen – das jedoch wird zunehmend schwerer. Denn viele Unternehmen schotten sich in Sachen Telefonnummern nach außen ab. Sie richten Service-Hotlines ein und veröffentlichen auch im Internet ausschließlich deren Kontaktdaten. Wer es tatsächlich schafft, die reguläre Rufnummer eines Unternehmens ausfindig zu machen, landet in der Regel in einer Telefonzentrale, deren Mitarbeiterinnen und Mitarbeiter sich weigern, Kundenbeschwerden woandershin durchzustellen als – jawohl, zur Service-Hotline.

Immer seltener gehören wir zu den Glücklichen, die ein und denselben Kundenbetreuer als ständigen Ansprechpartner dauerhaft zugewiesen bekommen, zumindest so lange, bis das konkrete Problem gelöst ist. Das ist insofern von Vorteil, weil man dann nicht bei jedem Anruf komplett von vorne seine Geschichte erzählen muss. Bis vor einigen Jahren zumindest gab es bei der Deutschen Telekom ab einer bestimmten »Eskalationsstufe« (ja, so heißt das wirklich) einen solchen festen Ansprechpartner. Man muss sich das so wie bei einem Computerspiel vorstellen.

Da ich dieses System aus einem Mandat kannte, habe ich bei einem eigenen Problem immer schön meinen Spielstand (um im Bild zu bleiben), also meine Eskalationsstufe abgefragt – und hart daran gearbeitet, dass sie weiter steigt. Schon nach wenigen Tagen hatte ich eine echte, leibhaftige Kundenbetreuerin mit einer »normalen« Telefonnummer und der Ortsvorwahl 0228 – Bonn, der Sitz der Telekom-Zentrale; ein echter *Highscore* im Callcenter-Spiel. Und bleiben wir fair: Die Dame hat mein Problem kompetent gelöst. Die Regel ist jedoch: Während die Unternehmen unsere Daten sammeln, während sie nach und nach viel Wissen über uns häufen und dieses den Callcenter-Mitarbeitern für den täglichen Kampf gegen unsere Beschwerden an die Hand geben, werden uns Kunden umgekehrt die einfachsten Informationen verweigert.

## Gesprächspartner im Nirgendwo

Beispiel Deutsche Bahn. Ruft man deren Hotline an, kann es passieren, dass das Gespräch aufgezeichnet wird. Wo und von wem? Arbeiten die Leute im Callcenter noch räumlich mit der Bahnverwaltung Tür an Tür? Oder haben sie mit der Bahn eigentlich gar nichts zu tun und können mir daher nur eingeschränkt helfen? Wir wollten es genau wissen, also rief mein Recherchepartner Marvin Oppong an. Als Erstes fragte er sein telefonisches Gegenüber freundlich, in welchem Callcenter es denn gerade säße? »Das darf ich Ihnen nicht sagen«, lautete die Antwort. Warum nicht? Das habe »Sicherheitsgründe«, die Callcenter-Mitarbeiter dürften »halt den Ort nicht nennen«. Er hakt nach und drängt, woraufhin er zur Teamleiterin verbunden wird. Sie bestätigt: »Das ist eine Anweisung, die wir haben.« Callcenter der Bahn gebe es zum Beispiel in Berlin. »Ansonsten muss ich leider das Gespräch beenden.« Neuer Versuch. Eine andere Hotline-Mitarbeiterin sagt zur Begründung, es gebe »Leute, die Langeweile haben, da gibt's dann mal 'ne Bombendrohung«.

Dabei wäre dieses Problem technisch leicht zu umgehen, so zumindest die Werbung. Das bayerische Unternehmen ASC (Slogan: »We record & analyze communications«) bietet die passende Lösung für Drohanrufe an: »Eine dauerhafte Dokumentation eines Drohanrufes erfolgt durch einfachen Tastendruck am Telefon oder per Mausklick am PC. Zu einem beliebigen Zeitpunkt des Gesprächs kann die Taste betätigt werden, um das gesamte Gespräch von Anfang an zu speichern. Der aufgezeichnete Anruf wird als Beweismittel und als Grundlage für polizeiliche Ermittlungen verwendet.« Mit einer anpassbaren Start-Stopp-Steuerung könnten »gezielt nur Drohanrufe aufgezeichnet werden«.

Doch andererseits: Wer entscheidet, wenn ein Kunde in seinem Frust nur berechtigte weitere Maßnahmen ankündigt, ob dies eine Drohung ist oder eine erlaubte Ankündigung? Wo ist die Grenze, ab der ein echter »Drohanruf« vorliegt? Diese Argumentation ist also nichts anderes als ein echtes Einfallstor zur heimlichen und rechtswidrigen Aufzeichnung von Telefonaten.

### Daten sammeln, mehr Produkte absetzen

Probleme, die für uns als Kunden häufig erst beim Telefonat mit Callcentern offenkundig werden, beginnen in Wirklichkeit viel früher. Sie haben damit zu tun, dass die Firmen uns nicht auf Augenhöhe, als Geschäftspartner im besten Sinne dieses Begriffes, betrachten, sondern als Melkkühe, aus denen man für möglichst wenig Leistung möglichst viel Geld holen will. Wenn man sich dieses System dahinter anschaut, wundert man sich nicht mehr, warum derjenige, der sich mit einem Problem an ein Callcenter wendet, schlechter behandelt wird als jener, welcher als Neukunde neues Geschäft verspricht.

Um ihr Kundenbeziehungsmanagement zu perfektionieren, sammeln Unternehmen eine Vielzahl unserer Daten. Dazu gehören nicht nur solche über gekaufte Artikel, sondern auch personenbezogene Angaben, demografische Daten und anderes. Viele Menschen haben sich schon gewundert, warum ihnen beim bloßen Klick auf amazon.de sofort ein Artikel eingeblendet wird, der irgendwie verwandt mit einem anderen Artikel ist, den man jüngst bei Amazon gekauft hat. Möglich ist dies nur, weil Amazon Daten über seine Kunden sammelt, was vorrangig dazu dient, mehr Produkte abzusetzen. Und wer schon einmal in einem Media Markt oder Promarkt nicht online, sondern im Geschäft selbst eingekauft hat, wurde bestimmt schon an der Kasse nach seiner Postleitzahl gefragt. (Als die gleichnamige US-Fernsehserie noch populär war, habe ich gerne »90210« geantwortet.) Je mehr Kunden auf diese Frage antworten, desto eher wissen Media Markt oder Promarkt, woher ihre Käufer kommen. Daraus lassen sich weitere Erkenntnisse gewinnen: Aus welchen sozialen Schichten kommen die Kunden? Eher aus der Hochhausgegend oder aus der Villenviertel? Wo sollte man also am besten Plakatwerbung schalten? Wo lohnt es sich, den nächsten Markt zu eröffnen?

## »Sie können bestimmen, ob das Gespräch aufgezeichnet wird oder nicht«

Anruf beim Kundenservice von Barclaycard. Das weltweit tätige Kreditkartenunternehmen ist eine Tochter der britischen Barclays-Bank. Seit einigen Jahren bietet das Unternehmen auch Verbraucherkredite an, schwerpunktmäßig für Selbständige. Marvin Oppong, der Journalist, der mir bei der Recherche für dieses Buch geholfen hat, ist Kunde von Barclaycard. Nun wollte er wissen, welche Daten das Kreditkartenunternehmen von ihm gespeichert hat und wie es mit diesem Informationsschatz umgeht. Was er auf der Suche erlebte, war absurd. Eine Groteske!

Oppong wählt die Nummer der Kunden-Hotline. Bevor er mit einem leibhaftigen Menschen spricht, klärt ihn eine Computerstimme auf und sagt einen Satz, den jeder sicher schon einmal gehört hat: »Zur Qualitätssicherung können Gespräche aufgezeichnet werden. Wünschen Sie dies nicht, so geben

Sie uns bitte zu Beginn des Gesprächs einen Hinweis.« Oppong wartet, bis sich eine menschliche Stimme meldet. Dann folgt er der Anweisung und teilt sofort mit, dass er mit einer Aufzeichnung des Gesprächs nicht einverstanden ist. Und er will wissen, aus welchem Grund überhaupt Gespräche aufgezeichnet werden. »Zur Datensicherung und Qualitätssicherung«, klärt ihn die Callcenter-Mitarbeiterin auf. Oppong hakt nach: »Wird das jetzt aufgezeichnet oder haben Sie die Aufzeichnung gestoppt?« Die überraschende Antwort der Frau: »Das ist noch nicht gestoppt. Nur wenn Sie ausdrücklich sagen, Sie möchten das nicht, dann stoppe ich das.« Höflich, aber unmissverständlich weist er die Mitarbeiterin darauf hin, dass er genau das doch zu Beginn des Gesprächs bereits gesagt habe. »Und ich habe Ihnen gesagt, wenn ich es stoppe, kann ich mit Ihnen nicht reden«, sagt die Frau.

Wohlgemerkt: Nach dem Strafgesetzbuch macht sich strafbar, wer unbefugt das nicht öffentlich gesprochene Wort eines anderen aufzeichnet – unabhängig davon, was denn im Einzelnen besprochen wird. Auf den Hinweis von Marvin Oppong, dass die Aufzeichnung schon längst hätte gestoppt werden müssen, sagt die Mitarbeiterin nur: »Aber Sie haben doch noch nichts gemacht. Ich habe weder nach Ihrem Namen noch sonst etwas gefragt. Dann stoppe ich jetzt das Gespräch.« Dann sagt sie noch: »Dann bitte ich Sie, Ihr Anliegen schriftlich einzureichen, weil ich so mit Ihnen nicht reden kann.«

Oppong ruft ein weiteres Mal die Barclaycard-Hotline an. Wieder sagt er zu Beginn des Gesprächs, dass er mit einer Aufzeichnung nicht einverstanden ist. Daraufhin bittet der Callcenter-Mitarbeiter am anderen Ende der Leitung Oppong umgehend, er möge doch sein Anliegen per E-Mail oder Brief an Barclaycard richten.

Dritter Versuch. Wieder weist Barclaycard-Kunde Marvin Oppong gleich zu Beginn des Gesprächs darauf hin, dass eine Aufzeichnung nicht gewünscht ist. »Ich muss das Gespräch aufzeichnen oder aufzeichnen lassen. Allerdings ist das nicht schlimm«, meint der Callcenter-Mitarbeiter. Auf die Frage, warum eine Aufzeichnung erfolgen müsse, kommt er ins Stammeln. »Ja das hat, ähm, das hat, ähm, ähm, äh, sicherheitsrelevante Hintergründe«, sagt er. Darauf Oppong: »Was für sicherheitsrelevante Hintergründe sind das konkret?« Der Mitarbeiter: »Kann ich Ihnen nicht nennen.« Oppong: »Warum können Sie das nicht?« Mitarbeiter: »Weil ich dazu nicht befugt bin, Ihnen interne Richtlinien mitzuteilen.« Oppong: »Gibt es denn jemand, der befugt ist, der mir das mitteilen könnte?« Obwohl wir lediglich den Grund für die Datenerhebung erfahren möchten (laut Computeranlage ja eigentlich nur zur »Qualitätssicherung« und mit klarem Einverständnis), antwortet der Mitarbeiter auf Oppongs Frage: »Nein, ich kann Sie ja gerne an die Beschwerdeabteilung weiterleiten.«

Auch dieses Gespräch zeichnet der Mitarbeiter auf, obwohl Oppong zu Beginn darauf hingewiesen hatte, dass eine Aufzeichnung nicht erfolgen soll, mithin nach Gesetzeslage also auch nicht erlaubt ist. Er rechtfertigt sich damit, dass er ja auf den Schriftweg verwiesen habe. Doch dadurch ist einem Anrufer, der nicht nachhakt, bestimmt nicht klar, dass eine Aufzeichnung dann doch passiert. Und die erforderliche Zustimmung zur Aufzeichnung ist damit erst recht nicht erfolgt. »Was kann ich denn jetzt eigentlich nun Gutes für Sie tun?«, lenkt der Mitarbeiter im schönsten Callcenter-Scheinservice-Deutsch ab. Anschließend verrät er Ungeheuerliches: »Ich hätte hier nicht einmal die Möglichkeit gehabt, die Aufzeichnung zu stoppen.« Die Technik lasse das nicht zu, ungeachtet dessen, was die Computerstimme am Anfang so verspricht. Das gelte auch für den Fall, klärt uns der Callcenter-Mitarbeiter auf, dass ein Kunde klar äußert, dass er mit einer Aufzeichnung nicht einverstanden ist.

Beim nächsten Mal rufen wir wieder in der Sicherheitsabteilung von Barclaycard an. Wir sagen gleich zu Beginn, dass wir mit einer Aufzeichnung dieses Telefongesprächs nicht einverstanden sind. Der Mitarbeiter am anderen Ende erklärt, dass er das Gespräch unter diesen Umständen nicht mehr fortführe, »weil wir das immer dokumentieren müssen für den Fall, dass vielleicht ein Betrugsversuch aufgefallen ist oder Ähnliches«. Wir sprechen weiter mit dem Mitarbeiter. Nach zweieinhalb Minuten fragen wir, ob das Gespräch aufgezeichnet wird. »Bisher schon«, lautet die Antwort. »Ich kann die [Aufzeichnung] stoppen.« Als wir ungläubig nachfragen, ob wirklich aufgezeichnet wird, obwohl wir uns das doch verbeten hatten, verstrickt sich der Mitarbeiter in Widersprüche und stammelt: »Ich habe die natürlich pausiert jetzt«, sagt er zuerst. Dann erklärt er: »Ich kann die aber sofort wieder anstellen.«

Auf die Frage, wann er die Aufzeichnung genau gestoppt hat, antwortet er verschwurbelt: »Ich habe die Aufzeichnung bisher noch nicht gestoppt, weil ich ja noch nicht wusste, ob Sie dann zustimmen, wenn ich Ihnen eben sage, dass dokumentiert werden muss für den Fall, dass hier irgendetwas vorliegt, ein Betrugsfall oder Ähnliches, dass das dann sauber abgearbeitet ist.« Erst als wir sagen, dass wir in dieser Praxis einen Straftatbestand erfüllt sehen, bietet der zuständige Callcenter-Mitarbeiter an: »Ich werde dann jetzt hier aufnehmen, dass Sie grundsätzlich Aufzeichnungen widersprechen und dass die Aufnahme dann natürlich herausgenommen werden soll.«

Als wir ein weiteres Mal mit der Barclaycard-Sicherheits-abteilung sprechen, erklärt ein Mitarbeiter: »Wenn es um die Kartensperrung oder Ähnliches geht, dann muss man es aufzeichnen. Nur wenn es allgemeine Fragen sind, dann darf ich die Aufzeichnung stoppen.« Eine halbe Minute nachdem wir erklärten, keine Aufnahme zu wollen, sagt der Mitarbeiter: »Momentan wird es aufgezeichnet.« Das ist bemerkenswert, hatte der Mitarbeiter beim Anruf zuvor doch einen entsprechenden Vermerk zugesichert, der Aufzeichnungen generell ausschließt.

Als wir unsere Verwunderung ausdrücken, heißt es: »Sagen Sie mir einfach bitte erst mal, worum es geht. Dann kann ich sagen, ob aufgezeichnet werden muss oder nicht.« Nach über neun Minuten Gespräch fragen wir erneut, ob das Gespräch aufgezeichnet wurde, was der Mitarbeiter wieder bejaht. »Das geht ja unter Beweispflicht«, müsse »in diesem Fall gemacht werden« und stehe auch in den Allgemeinen Geschäftsbedingungen, sagt er. Sonst könne der Kunde nachher Äußerungen am Telefon abstreiten.

## Generalverdacht gegenüber den eigenen Kunden statt Datenschutz

Generalverdacht also gegenüber den eigenen Kunden statt Datenschutz. Und eben eindeutig strafbar. Das Strafgesetzbuch bestimmt außerdem unmissverständlich: »Die Tonträger und Abhörgeräte, die der Täter oder Teilnehmer verwendet hat, können eingezogen werden.« Das würde ich gerne sehen, wie die Polizei die Callcenter-Technik von Barclaycard auseinandernimmt und im Zuge von Ermittlungen kartonweise wegträgt. Falls das hier ein engagierter Staatsanwalt liest: Der grundsätzlich erforderliche Strafantrag dürfte in diesem Fall noch nicht einmal nötig sein: weil natürlich bei einem mutmaßlich so massenhaften Gesetzesverstoß ausnahmsweise ein besonderes öffentliches Interesse für die Einleitung eines Strafverfahrens vorliegt.

Das Beispiel führt uns eindrucksvoll vor, wie das wirkliche Konzept aussieht, das hinter der Verlagerung der Kundenkommunikation in virtuelle Marktplätze und Basare namens Callcenter steht. Es geht dort aber nicht mehr darum, den Kunden und seine Belange ernst zu nehmen. Ihm Service, womöglich sogar Hilfe angedeihen zu lassen. Sondern es geht darum, ihm seine Bedürfnisse auszureden und die des Unternehmens schmackhaft zu machen. Nach einem vorher festgelegten Drehbuch mit Mustern, welche den Callcenter-Mitarbeitern an die Hand gegeben werden. Sie müssen sich an diese Regieanweisungen halten, wenn wir anrufen. So kommt kein wirkliches Gespräch zustande, kein Dialog, sondern von Anfang an geht es nur darum, mit Hilfe des besagten Drehbuches etwaige Forderungen der Anrufer von den Unternehmen fernzuhalten. Der Kunde soll scheitern, zumindest aber sein Anliegen aufgeben. Er soll wehrlos gemacht werden, mit allen erdenklichen Tricks. Und seien es heimliche, widerrechtliche Aufzeichnungen, aus denen man im Bedarfsfall hofft, Informationen saugen zu können. Natürlich nur, wenn es zum eigenen Vorteil ist.

Das führt uns zu einer grundlegenden Problematik: Callcenter und ihre Arbeit sind wesentlicher Teil des Kundenmanagements geworden.

## Big Data

An dieser Stelle ist ein bisschen Theorie zum Verständnis hilfreich: Der Universität Kiel zufolge verbindet ein Kundenbeziehungsmanagement-System verschiedene IT-Systeme eines Unternehmens und beinhaltet die »Zusammenführung und Auswertung aller Kundeninformationen«. Das Ziel: »An jedem Kontaktpunkt sollen alle Informationen zum Kunden vorliegen.« Im Bereich analytisches Kundenbeziehungsmanagement verwenden Firmen auch Big Data, also die gezielte Zusammenführung und Auswertung gewaltiger Datenmengen. Zu den untersuchten und verknüpften Datenarten gehören »Stammdaten von Kunden und Interessenten«, »Kaufhistorien: Wer hat was gekauft?«, »Aktionsdaten: Wer wurde wie kontaktiert?« und »Reaktionsdaten: Wer hat wie auf einen Kontakt reagiert? Liegen Beschwerden vor?«

Wir werden also ausgeforscht, aber merken es oft gar nicht. Und das beginnt lange vor dem Callcenter. Ein Beispiel: Wer im August 2015 beim Sportartikelhändler Sportarena einkaufte und in bar bezahlte, erhielt neben dem Kassenbon einen »5-Euro-Willkommensgutschein« als QR-Code ausgehändigt. Darauf ein Hinweis auf den Newsletter, um den zu erhalten man Sportarena seine E-Mail-Adresse geben müsste, sowie auf den Onlineshop. Sobald ich nun nach dem Besuch im echten Geschäft den Onlineshop aufrufe, beginnt der sogenannte *Referrer*, der bei jedem Webseitenbesuch mitgesendet wird, weitere Daten über mich zu sammeln: Ortsangaben etwa, oder die Information, dass ich offenbar ein teures Apple-Notebook benutze. Und schon kann ich auch im stationären Geschäft nicht mehr anonym einkaufen, jedenfalls, wenn ich nicht bar zahle.

Auch unsere jeweiligen Einkäufe werden per *Data Mining*

nach Wertvollem durchforstet, um wiederum Potential für zusätzliche Verkäufe zu entdecken. Ziel für die Marketingabteilung ist es dann, so wieder die Universität Kiel, »dem richtigen Kunden zur richtigen Zeit in der richtigen Art und Weise das richtige Angebot zu machen«. Das Ganze kann durch Daten aus Kundenzufriedenheitsumfragen oder aus der Marktforschung angereichert werden.

Zu den Quellen der Informationsbeschaffung über uns gehören dem Fachbereich Informatik der Hochschule Darmstadt zufolge auch »Installations-, Reparatur und Wartungsdaten der Kunden«, »Beratungsgespräche, Briefe, Beschwerden, Anfragen, Feedback-Formulare«. Bei der »internetbasierten Beobachtung« der Kunden werden »Logfiles« (zum Beispiel Zahl der Seitenbesuche und Verweildauer), »Cookies« und »Registrierung« eingesetzt. Je mehr Daten vorab gesammelt und je besser diese verknüpft werden, desto stärker sollen wir auf die daraus resultierenden Angebote zugreifen.

Als Gegenstand dieser Aktionen bekommen wir von alledem meist nichts mit. Nach unserem Einverständnis werden wir sowieso allenfalls in Teilen und am Rande gefragt. Dabei hat das Kundenbeziehungsmanagement erhebliche Auswirkungen auf uns Kunden. Wir werden durch festgelegte Abläufe als Fall behandelt und nicht als individuelle Käufer. Wir werden zugeordnet zu Gruppen von profitablen Kunden einerseits und andererseits solchen, deren Anliegen auch später oder schlechter bearbeitet werden können. Logisch, Unternehmen wollen zu Recht ihren Profit maximieren. Es überschreitet aber Grenzen, sobald der für uns geltende Verbraucherschutz dabei auf der Strecke bleibt. Und sobald wir einfach nur noch abgeschoben werden, indem man unsere Anfragen von einem Callcenter-Mitarbeiter etwa ins Leere laufen lässt, anstatt uns korrekt nach Recht und Gesetz zu behandeln. Diesen Missstand zu beheben, wäre eigentlich eine echte Hausaufgabe für den Gesetzgeber. Ich jedenfalls möchte mindestens nach meiner Zustimmung gefragt werden, bevor man mir in Computer und Hirn schauen will.

## Das 360-Grad-Bild des Kunden

In diesem Zusammenhang sind auch Bemühungen zu sehen, eine möglichst gute, das heißt genaue, widerspruchsfreie und für Zwecke des Unternehmens aussagekräftige »Datenqualität« zu erreichen. Als Basis für die Callcenter, die unsere Anliegen dann abwürgen. Sehr blumig, so die *Computerwoche*, heißt die »Obermenge der Kundendaten aus allen Quellen«: *Golden Record* – die goldene Aufzeichnung. Im *Wissensmanagement* hieß es dazu: »Das 360-Grad-Bild eines Kunden muss in weniger als zwei Sekunden zur Verfügung stehen …«

Der Ansatz des Kundenbeziehungsmanagements gibt vor, auch im Massenmarkt jeden Kunden individuell anzusprechen. De facto ist jedoch das Gegenteil der Fall. Denn es geht ja nicht um unsere Bedürfnisse, sondern um jene des Unternehmens, das möglichst einfach und kostengünstig an unser Geld kommen will. Ein anderes Schlagwort in diesem Zusammenhang lautet *One Face of the Customer* (das eine Gesicht des Kunden). Dies beinhaltet, so die Universität Kiel, eine »Identifizierung des Kunden an den verschiedenen Kommunikationskanälen«. Es geht also wieder um die bekannten Ziele: »Daten über den Kunden sammeln, Kundenprofile erstellen und Kunden in gleichartige Segmente einteilen«.

Und weil man uns Kunden nebenbei am liebsten noch ständig den Zufriedenheitspuls fühlt, werden auch solche Daten gesammelt. Dazu schrieb das Wirtschaftsmagazin *brand eins:*

»Wer heute Kunde ist, wird ständig befragt und getestet. Es genügt, sich zehn Gummiringe bei Amazon zu kaufen oder einen alten Hocker bei Ebay zu ersteigern – schon wird man bedrängt: War alles in Ordnung? Gut verpackt? Nette und richtige Beratung? Hat alles Ihren Wünschen entsprochen?«

Da mir als Kunden völlig unklar ist, was die Unternehmen aus den Antworten auf die Fragen und Umfragen für Schlüsse ziehen, ist ja eigentlich Dreierlei denkbar: Es soll der Kundenservice tatsächlich verbessert werden, wie es in diesen Umfragen immer so schön und motivierend heißt. Oder: Der Service soll gleich gut bleiben, aber billiger werden. Oder: Der Service soll sehr viel billiger werden, ohne allzu viel schlechter zu werden. Ob die Sammelei mir persönlich etwas nutzt, merke ich als Kunde, wenn überhaupt, oft erst dann, wenn ich später ein Problem an das Unternehmen herantrage. An der Erreichbarkeit und am Verhalten des Callcenter-Mitarbeiters am Telefon lässt sich beispielsweise herausfinden, ob das vorherige Gerede von der angeblich beabsichtigten Verbesserung der Servicequalität Substanz hatte – oder aber doch ganz andere Gründe.

Auf jeden Fall aber führt die ganze Datensammelei zu einem sehr ungleich verteilten Wissen zwischen Unternehmen und Kunden. Wo der Verkäufer oder Dienstleister bis hin zur Manipulation jedes Komma und jeden Klick dokumentiert und speichert, haben wir als Kunden kaum etwas in der Hand. Ohne durchaus mühsame, eigene Anstrengungen jedenfalls nicht mehr als das, was uns der Verkäufer oder Dienstleister aus seinem System und nach seinen Strukturen freiwillig zur Verfügung stellt. Und das ist sehr wenig. Ich weiß zum Beispiel nicht das Geringste darüber, wer mich bei sich welchen Kundengruppen zugeordnet hat. Bin ich nach zwei Einkäufen und ausgegebenen 200 Euro schon ein Kunde mit Kuschelfaktor oder erst nach zehn und 2000? Mache ich mir das dann schon durch zwei Reklamationen oder erst durch vier wieder kaputt? Und was bedeutet das jeweils konkret für den Umgang mit mir? Wir können auch zweifelhafte Rechnungen und Abrechnungen nicht widerlegen, wenn uns nicht beim Kauf des entsprechenden Produkts oder der Dienstleistung ein Dokument an die Hand gegeben wurde, das wir im Bedarfsfall hervorholen können. Genau dieses Machtgefälle ist es, das Callcenter-Mitarbeiter gegenüber uns bei Bedarf ausspielen können.

Wenn es dann hart auf hart kommt, helfen uns Gerichte nur selten. Wollen wir uns dort – nachdem alle Versuche der gütlichen Einigung gescheitert sind – gegen eine fragwürdige Forderung wehren, sind wir ganz in der Hand des Richters. Ist dieser nicht bereit, an der Seriosität der Unternehmensdaten zu zweifeln, dann steht man als Verbraucher praktisch auf verlorenem Posten. Gerichte tun sich prinzipiell schwer, den Kleinen zu glauben, und sind schnell bereit, den Großen von vornherein Seriosität zu unterstellen. Es ist dasselbe Muster wie bei den Banken, die in der gesamtgesellschaftlichen Betrachtung jahrzehntelang unantastbar schienen und erst neuerdings kritischen Blicken unterzogen werden. Nachdem viele Sauereien bereits verjährt sind und von der Justiz massenhafte Manipulationen von Zinssätzen, Devisenkursen oder Goldkursen geahndet werden. Manchmal muss die Sache erst über viele Jahre bis zum Bundesgerichtshof getragen werden, bevor auch die Landgerichte und Oberlandesgerichte auf eine verbraucherfreundliche Linie gebracht werden. Und wer dann umgekehrt zu früh geklagt oder zu früh aufgegeben hat, hat eben das Nachsehen.

Auch das an anderer Stelle in diesem Buch beschriebene Geschäftsmodell, dubiose Abrechnungspositionen auf Telefonrechnungen unterzubringen, bleibt in Kraft. All dies ist auch deshalb so, weil die Möglichkeiten, zweifelhaften Forderungen zu widersprechen, in vielen Fällen schlichtweg ins Leere gehen. Bevor man nämlich gezwungen ist, überzahlte Summen zurückzuklagen, sehen die einschlägigen Gesetze eigentlich eine Pflicht zu sofortiger Herstellung von Transparenz vor. Das Telekommunikationsgesetz regelt beispielsweise eindeutig: »Stellt der Anbieter von öffentlich zugänglichen Telekommunikationsdiensten dem Teilnehmer eine Rechnung, die auch Entgelte für Leistungen Dritter ausweist, so muss er dem Teilnehmer auf Verlangen unverzüglich kostenfrei folgende Informationen zur Verfügung stellen: 1. die Namen und ladungsfähigen Anschriften der Dritten ...«

Nur ist hier meine leidvolle Erfahrung: Wenn ich sofort nach Erhalt einer mehr als fragwürdigen Rechnung eine Protestmail schreibe, bekomme ich die gesetzlich geschuldete Information gerne nicht. Man sitzt die Sache aus. Und der Anruf im Callcenter bringt sowieso nichts. Denn letztlich wird auch hier nach dem Motto verfahren: Finde dich ab oder verklag uns doch! Aber das machst du sowieso nicht. Ja, und selbst wenn man den Namen und die ladungsfähige Anschrift des fragwürdigen Anbieters kennt, dann darf der – wie bei meiner 16-Cent-Klage gegen Versatel – die entscheidenden Informationen vor Gericht einfach als Geschäftsgeheimnisse behandeln. Wo wir als Kunden gläsern sind, da verbergen sich unsere Vertrags»partner« hinter einer Mauer des Schweigens.

# Volkswagen:
# Systematischer Betrug am Kunden

## Schwarze Jahre

Wenn die Wirtschaftsjournalistin Sabine Wadewitz von 2015 als einem schwarzen Jahr für das korrekte Verhalten von Unternehmen spricht, bezieht sie sich natürlich vor allem auf Volkswagen und sein »Dieselgate«. Es geht um einen Abgasskandal, der als die schwerste Krise des Volkswagen-Konzerns gelten darf, mithin also des größten europäischen Automobilherstellers, der 2015 mehr als 610 000 Menschen beschäftigte und 213,3 Milliarden Euro Umsatz einfuhr. Jetzt ist er in seinen Grundfesten erschüttert, ja, sogar in seiner Existenz bedroht. Es ist lange noch nicht ausgestanden. Stand jetzt, im Sommer 2016, sind die Folgen und Konsequenzen bei weitem nicht absehbar. Eines aber ist bereits klar: Der VW-Abgasskandal ist eine Komplett-Verarschung. Vor allem die Kunden, aber auch die Aktionäre des Unternehmens, die Mitarbeiter, die Weltöffentlichkeit und die Politik wurden auf eine dreiste und beispiellose Weise hinters Licht geführt. Dieser Skandal ist das Extrembeispiel für all das, was dieses Buch in all seinen Facetten darstellen will. Er steht für systematischen Betrug an Kunden, für Vertuschen und Verheimlichen, für Abzocke und eine geradezu atemberaubende Kaltblütigkeit bei alldem. An diesem Beispiel kann man viel lernen. Doch der Reihe nach.

Als 2011 bei Volkswagen ein neuer Leiter der Compliance-Abteilung installiert wurde, jener Abteilung also, die ethisch korrektes und den Regeln entsprechendes Arbeiten des Un-

ternehmens sicherstellen soll, las sich die Pressemitteilung
dazu hübsch und – wie wir im Nachhinein wissen – allzu perfekt. Zuvor hatte VW seit 2005 in der Folge einer Affäre um
Schmiergeldzahlungen und »Lustreisen« das Thema Compliance nach eigenem Bekunden bereits massiv vorangetrieben.
Zumindest behauptete Volkswagen das. Nun war die Erklärung in Zusammenhang mit dem neuen Compliance-Mana-
ger vom 31. Januar 2011 nicht weniger als vollmundig, ja
geradezu eine veritable Heilsbotschaft. Darin betonte der damalige Vorstandsvorsitzende Martin Winterkorn: »Der gute
Name von Volkswagen ist unser höchstes Gut. Bei der Einhaltung unserer Verhaltensgrundsätze darf es keine Kompro-
misse geben. Mit der Zusammenfassung von Governance,
Risk und Compliance in einen eigenen Bereich beschreitet
Volkswagen einen innovativen Weg.« Und weiter: »Damit
stärken wir nochmals die Risikovorsorge, die bereits über
verbindliche Verhaltensgrundsätze, Schulungsprogramme
und regelmäßige Mitarbeiterinformationen eine tragende
Rolle bei Volkswagen spielt.«

Nur zu sagen, diese Aussagen hätten im Rückblick einen
bitteren Beigeschmack, wäre zu wenig. Sie sind blanker
Hohn. Das System hat versagt. Manche haben sich einlullen
lassen, wie etwa der Rechtsanwalt und Politiker Wolfgang
Kubicki, der in dem Zusammenhang beratend tätig war und
das VW-System über den grünen Klee lobte. Leider ganz zu
Unrecht. *The rest is history,* wie man so schön sagt – der Rest
ist Geschichte. Eine längere Geschichte.

## Manipulations-Software

Die Geschichte begann eigentlich schon 2005, während der Amtszeit des VW-Vorstandsvorsitzenden Bernd Pischetsrieder und des VW-Markenchefs Wolfgang Bernhard. Damals bereits soll nach Informationen der Deutschen Presseagentur in der Motorenentwicklung in der Wolfsburger VW-Zentrale die Entscheidung gefallen sein, Manipulations-Software in Dieselfahrzeuge einzubauen. Sie wurde so programmiert, dass die Autos in Abgastests die strengen US-Abgaswerte für Stickoxide einhielten. Nicht aber im Alltagsbetrieb, wo sie beim Ausstoß die Grenzwerte massiv überschritten. Die *Bild am Sonntag* berichtet Jahre später, der Automobil-Zulieferkonzern Bosch habe VW vor einer illegalen Verwendung seiner Technik zur Abgasnachbehandlung frühzeitig ausdrücklich gewarnt.

Offenbar blieb das ohne Konsequenzen. 2014 deckt eine Studie des Forschungsinstituts International Council on Clean Transportation der Universität West Virginia bei einigen VW-Modellen in den USA erhöhte Emissionswerte auf. Der Konzern nimmt sich des Themas insofern an, als dass er die Probleme zunächst offenbar auf dem Verhandlungsweg mit den amerikanischen Behörden zu lösen versucht. Ohnehin ist Volkswagen in den Vereinigten Staaten unter Druck; die Kernmarke VW verliert Marktanteile. Die Angelegenheit dümpelt vor sich hin, ehe sie im September 2015 plötzlich rasant Tempo aufnimmt. Am 3. September räumt Volkswagen gegenüber der Umweltbehörde EPA die Manipulation der Abgaswerte bei Dieselmotoren ein.

Am 19. September, nach einer entsprechenden Veröffentlichung der EPA, wird endlich auch die Weltöffentlichkeit informiert. »Die Manipulation weitet sich von nun an zum

Skandal aus«, berichtet der NDR. »Allein in den USA sollen 480 000 Fahrzeuge betroffen sein.« Einen Tag später kündigt Konzernchef Winterkorn »umfassende Aufklärung« an. Wieder einen Tag später leitet die in solchen Fällen als wenig zimperlich bekannte US-Justiz Ermittlungen ein. Der Aktienkurs stürzt ab; das Unternehmen verliert binnen weniger Stunden fast 40 Prozent seines Wertes. Wer dabei die Aktienkurse und die Unternehmensgewinne für abstrakte Zahlen hält, die nur von ein paar hektischen Händlern auf dem Börsenparkett verhackstückt werden, der muss jedenfalls in Niedersachsen dazulernen.

Bekanntlich hält das Land 20 Prozent an VW. Die Dividenden, also Gewinnbeteiligungen der Aktionäre waren stets fester Teil der Finanzplanung. Und im Rahmen des kommunalen Finanzausgleichs flossen immer erhebliche Summen den Kommunen zu. Das ist auf einmal Makulatur. Für die Stadt Göttingen etwa wurde dadurch ein überraschendes Haushaltsloch für das Jahr 2016 von einer Million Euro kolportiert. Und laut *Hannoverscher Allgemeiner Zeitung* haben Wolfsburg und Braunschweig als wesentliche VW-Standorte und daher Gewerbesteuerbezieher im Jahre 2015 ihre Haushaltsplanungen für 2016 auf Eis legen müssen. Das trifft die Städte knallhart. Die Gestaltungsspielräume sind dort ohnehin eng. Das meiste Geld ist bereits für sogenannte Pflichtaufgaben wie Sozialleistungen und z. B. Familienhilfeleistungen verplant. Die verbleibende »freie Spitze« bricht erheblich weg. Extras wie neue Spielplätze, Schulrenovierungen, Kulturförderung sind nun vielfach nicht mehr drin. Und so ist dann jeder einzelne Bürger betroffen.

Winterkorn klammert sich zunächst an seinen Stuhl, betont, er habe sich nichts zuschulden kommen lassen. Doch er ist nicht mehr zu halten. Am 22. September tritt er als VW-

Vorstandschef zurück. In der Folgezeit müssen weitere Top-
manager gehen. Die Staatsanwaltschaft Braunschweig nimmt
Ermittlungen gegen Winterkorn und andere auf, VW legt
6,5 Milliarden Euro zur Seite, um die Folgen zu finanzieren.
Bald wird sich herausstellen, dass diese Summe bei weitem
nicht ausreichen wird. Intern geben VW-Ingenieure Medienberichten zufolge zu, dass sie die Software ab 2008 in Dieselmotoren installiert haben. Inzwischen weiß man auch: Mehr
als zwei Millionen Fahrzeuge sind betroffen. Mindestens. Im
Oktober zwingt das Kraftfahrt-Bundesamt Volkswagen zu
einer Rückrufaktion von 2,4 Millionen Fahrzeugen. Das Unternehmen geht auf Nummer sicher und ruft vorsorglich in
ganz Europa 8,5 Millionen Autos zurück. Im Herbst 2015
verschärft sich die Krise immer mehr. VW meldet für die Monate Juli bis September einen Verlust von 3,5 Milliarden Euro
vor Zinsen und Steuern. Marktanteile gehen verloren, immer
mehr Motortypen in immer mehr Fahrzeugen des Konzerns,
zu dem auch Marken wie Audi, Skoda oder Seat gehören, geraten in Verdacht, manipuliert zu sein. Die Sorge um die Arbeitsplätze wächst. Intern vergeht kein Tag ohne neue Turbu-
lenzen. Am 4. Januar 2016 verklagen die USA den Konzern.
»Die Verstöße könnten mit einer Milliardenstrafe geahndet
werden«, berichtet der NDR. Immer mehr Schweinereien
kommen ans Tageslicht. So soll der damalige VW-Vorstand
um den zwischenzeitlich gegen den vorherigen Porsche-Chef
Matthias Müller ausgetauschten Martin Winterkorn bereits
Ende 2015 von den Manipulationen gewusst haben. Winterkorn selbst hätte laut VW-interner Untersuchungen bereits
2014 von der Schummelei wissen können.

Doch was heißt Schummelei – der Fall ist ein handfester
Skandal. Am 15. März 2016 gibt das Landgericht Braunschweig bekannt, dass 278 Großinvestoren Volkswagen auf

insgesamt 3,255 Milliarden Euro Schadensersatz verklagt haben. Sie fordern Ausgleich für die Kursverluste ihrer Aktien in Folge des Skandals. Ebenso 76 Kleinaktionäre, die ihrerseits Klagen eingereicht haben. Weit mehr als eine Million Fahrzeuge werden später umgerüstet. Ende Juni 2016 heißt es, die Aufarbeitung des Abgasskandals werde für VW in den USA deutlich teurer als erwartet. Von 13,3 Milliarden Euro ist die Rede.

Kurzum: Volkswagen hat seine Kunden im großen Stil hintergangen und muss nun um seine Existenz fürchten. In jedem Fall aber wird sich der Reputationsschaden so schnell nicht beheben lassen. Was wiederum Auswirkungen für Aktionäre, Mitarbeiter und letztlich auch Kunden, Steuerzahler und Bürger hat.

## Das Versagen von Compliance-Management

Der VW-Abgasskandal ist geradezu ein Musterbeispiel für das Versagen von Compliance-Management, den Maßnahmen also zur Regeltreue der für das Unternehmen geltenden externen und internen Normen. Es dürfte außerhalb jeder Diskussion stehen, dass es geradezu ein Kernzweck von Compliance bei einem Automobilhersteller sein muss, Fahrzeuge auszuliefern, in denen ein gesetzeskonformer Motor verbaut ist. Das scheiterte in historischem und globalem Ausmaß. Wie wenig VW seine eigene Compliance-Abteilung ernst nahm, zeigt ja bereits die Tatsache, dass eine Fülle von Managern öffentlichkeitswirksam gefeuert wurde. Unter anderem betraf das im Mai 2016 den Porsche-Manager und ehemaligen Leiter der VW-Motorenentwicklung Wolfgang Hatz. Laut *Handelsblatt* vom 3.05.2016 teilte Porsche mit,

Hatz habe an der Aufklärung mitgewirkt und es gebe keinerlei Hinweise für eine Mitverantwortung bei ihm. Da fragt sich
der geneigte Beobachter, warum er dann gehen musste? Da
eine Begründung dafür ausbleibt, wird die Öffentlichkeit
wieder einmal in ihrem berechtigten Bedürfnis nach Transparenz enttäuscht. Doch: Obwohl offensichtlich die Compliance-Abteilung in der Durchsetzung von Regeltreue versagt
hatte, wurde zu aggressiven und umgehenden Aufräumarbei-
ten dort nichts öffentlich bekannt – ganz nach dem Motto:
»Was kann denn das Feigenblatt dafür, dass der Kaiser keine
Kleider trägt?«

## »Das ist einfach so, wie wir das sagen und machen, basta«

Diese Haltung ist leider allzu häufig und typisch. Die internen Strukturen im Unternehmen, sosehr sie auch auf recht-
mäßige Ergebnisse gerichtet sein mögen, bekommen früher
oder später ein Eigenleben. Werden diese Strukturen und Abläufe nur lange genug gelebt und machen nur mehr und mehr
Mitarbeiter dabei mit – dann verdrängt die Routine unweigerlich das Unrechtsbewusstsein. Selbstkritik wird ersetzt
durch den Gedanken: »Es ist ja schon so lange gut gegangen.«
Das erinnert an den Trickbetrüger, der so oft mit seiner Masche durchkommt, bis er sich einbildet, im Recht zu sein.
Oder: dass seine Opfer selbst schuld sind. Und auch, wenn
diese Selbsttäuschung bei VW 2015 ein jähes Ende fand: Man
will nicht wissen, wie hoch die Dunkelziffer der Fälle ist, in
denen so etwas immer noch »gut geht«. Umso mehr, als die
eigentlich betroffenen Kunden ja so geschickt hinters Licht
geführt werden, dass sie selber gar nichts merken. Das Unternehmen kommt gegenüber den Kunden einfach durch. Im

Falle von VW waren das deutlich über zehn Millionen Kunden, die nichts gemerkt haben. Die Haltung »Wir machen das einfach so« wurde von den Kunden unwissentlich akzeptiert, obwohl sie eben massenhaft fehlerhafte Fahrzeuge gekauft haben. Ein fast perfektes System, seinen Kunden einfach die selbstherrlich begangenen Rechtsverstöße aufzudrücken. Ein System, in dem beide Seiten kooperieren; der Kunde allerdings unfreiwillig. Was wäre passiert, wenn nicht fast zufällig die Sache in den USA aufgeflogen wäre? Machen wir uns nichts vor: Dann würde VW heute noch die illegalen und fehlerhaften Motoren verkaufen. Wer aber meint, das gäbe es nur bei VW, dürfte ein hoffnungsloser Optimist sein.

## Auch die Staatsmacht hat versagt

Schauen wir uns Volkswagen noch näher an: Als zeitweilig weltweit größter Autobauer und Europas unangefochtene Nummer eins in dem Sektor, als größtes Unternehmen Deutschlands darf und muss man von VW die höchsten professionellen Standards verlangen. Das gilt umso mehr, als in Form des Landes Niedersachsen der Staat mit 20 Prozent beteiligt und zudem mit besonderen Rechten ausgestattet ist. Insbesondere hat er entgegen den landläufigen aktienrechtlichen Vorschriften eine besondere Stimm-Macht. Gebracht hat dies gerade vorliegend nichts. Obwohl man doch denken sollte – sofern man dem Staat besonderes Vertrauen entgegenbringt –, dass Staatsmacht eine besonders verantwortliche Unternehmensführung nach sich ziehen sollte. Man muss wohl sagen, dass das Gegenteil der Fall war. So haben der Staat und die mächtigen Eignerfamilien Piech und Porsche offenbar nur die Tendenz im Konzern zu verknöcherten

Strukturen befördert. Und sie schufen ein Unternehmen, das allzu sehr mit sich selbst beschäftigt war. Damit nämlich, die Machtbalance zwischen unterschiedlichen Eignergruppen auszutarieren. Die Außenbeziehungen zu uns Kunden waren dabei zweitrangig oder gerieten einfach in dem selbstverliebten Spiel der Akteure aus dem Blickwinkel.

Der 2011 bestellte Regeltreue-Beauftragte von Volkswagen, Frank Fabian, ist seines Zeichens Arbeitsrechtsanwalt. Er selbst lobte noch 2015 das VW-System als besonders gut. Fabian trat als Referent auf Fachtagungen auf und trug zu zwei Sammelbänden zum Thema wissenschaftliche Aufsätze bei. Kritisiert wird jetzt: Die Bestellung von Arbeitsrechtlern für diese Position sei Compliance 1.0, kein modernes System also. Es bedürfe eines gerade in Compliance ausgewiesenen Experten, nicht per se eines Juristen und nicht zwangsläufig eines Arbeitsrechtlers. Natürlich liegt gemäß der Weisheit *For someone with a hammer everything looks like a nail* (für jemanden mit einem Hammer sieht alles wie ein Nagel aus) nahe: Ein solcher Compliance-Beauftragter wird sich zuvörderst um die Einhaltung von Regeln mit arbeitsrechtlichem Bezug kümmern – wie im Falle von Fabian (aus damals aktuellem Anlass) etwa mit Fragen der Korruption. Gegenüber der *dpa* sagte dazu Edda Müller, Chefin von Transparency International Deutschland, Regeltreue-Systeme seien oft zu einseitig nur auf Korruption ausgerichtet.

VW betonte lange Zeit sogar noch, die Regeltreue-Aktivitäten basierten auf einer konzernweiten Strategie, die einen präventiven, also vorsorgenden Ansatz verfolge. Doch: Weder konnte dem größten Skandal der Unternehmensgeschichte vorgebeugt werden, noch kann man sicher sein, dass die Strategie tatsächlich konzernweit griff oder überhaupt jemals greifen konnte. Denn es sind gewichtige Stimmen zu hören, dass eben die US-Aktivitäten jahrelang außerhalb des Compliance-Systems liefen und bis zuletzt der sich anbahnende Skandal nicht nach Wolfsburg gemeldet wurde. Die US-Regeltreue-Expertin Donna Boehme spricht von einem »Desaster« und zeigt sich ungläubig erstaunt, wie ein so breit angelegter Betrug so lange unentdeckt bleiben konnte. Ein für den vom Skandal betroffenen Geschäftsbereich zuständiger, mittlerweile geschasster Manager bestreitet das Desaster, hat sich aber gleichzeitig mit einem persönlichen Strafrechtsanwalt ausgestattet. Wie belastbar sein Dementi also ist, darf ernsthaft hinterfragt werden: Der Rechtsstaat gestattet es dem potenziellen Straftäter, sich herauszureden, um sich nicht selbst zu belasten.

Die an anderer Stelle dieses Buches erwähnte und zitierte Reklamations-Studie der Verbraucherzentrale Nordrhein-Westfalen über Aldi, Obi und andere lehrte uns, dass sich so komplexe Abläufe nicht einfach einzelne Mitarbeiter ausdenken können. Wenn ein Staatsanwalt bei den in der Studie geprüften Unternehmen einmal wirklich hinter die Kulissen zu schauen bereit wäre, dann wäre es gut möglich, dass er auf ganz gezieltes und vorsätzliches illegales Verhalten stößt. Eine Stufe darunter, zu nicht ausdrücklich flächendeckend geschultem, aber doch weit verbreitetem Fehlverhalten, zitiert die *Frankfurter Allgemeine Zeitung* den Organisationswissenschaftler Stefan Kühl. Er spricht von »nützlicher« Illegalität. Regelverstöße seien »›nützlich‹ und funktional im Sinne des Unternehmenszwecks, verkürzen Abläufe, sparen Geld. Viele Kollegen sind eingebunden: Sie wissen, ahnen dumpf, dulden stillschweigend. Anders als im Märchen gibt es keine eindeutigen Schurken.«

## Kultur des Fehlverhaltens

Es gibt also in mannigfacher Ausprägung geradezu eine Kultur des Fehlverhaltens. Gutes Schummeln sozusagen als Kernkompetenz des Geschäftslebens. Dazu formuliert Stefan Kühl zynisch: »Das Management von Volkswagen ist letztlich nicht daran gescheitert, dass es geheuchelt hat … Das Management ist vielmehr daran gescheitert, dass es nicht professionell genug geheuchelt hat.« Letztlich sei »die Führung von Volkswagen nicht an ihren alltäglichen Regelabweichungen gescheitert, sondern an dem unprofessionellen Management ihrer brauchbaren Illegalitäten.«

Und die Kunden von VW? Forsch hatte sich laut *Zeit Online* im Januar 2016 der Chef des Bundesverbands der Verbraucherzentralen (vzbv), Klaus Müller, mit der Forderung aus der Deckung gewagt, auch den deutschen Kunden, die Opfer von Dieselgate wurden, einen Rückkauf der Fahrzeuge anzubieten, so, wie dies für die USA diskutiert wird. Die Reaktion? Null! Eisiges Schweigen bei VW und in den zuständigen Bundesministerien. Die vielen Tausend Betroffenen müssen sich dann eben doch um spezialisierte Anwälte scharen, um vielleicht irgendwann einmal zu ihrem Recht zu kommen. Wenn es hart auf hart kommt – das ist eine der großen Lehren aus dem VW-Abgasskandal –, funktioniert Regeltreue als freiwilliges Konzept schlichtweg nicht zuverlässig. Man macht es lieber so, wie es einem gerade am besten passt.

Jetzt endlich zieht VW nach und macht, was andere DAX-Konzerne schon längst taten: die Compliance auf Vorstandebene anzusiedeln. Regeltreue muss ganz oben ansetzen. Was bedeutet das aber mit Blick auf die Vergangenheit? Das Schlagwort Regeltreue ist wertlos insofern, als es prinzipiell sogar den größten Unternehmen offensteht, viel zu erzählen,

aber eindeutig nicht genug zu tun – und so lange Gesetzestreue oder gar die Übererfüllung rechtlicher und ethischer
Pflichten zu simulieren, bis das glänzend dastehende Karten-
haus zum Einsturz kommt. VW hat der wünschenswerten
Eigenverantwortung von Unternehmen einen gigantischen
Bärendienst erwiesen. Uns alle als Verbraucher aber hat man
schlauer gemacht: Glaube nicht den teuren Anzügen und den
Tiefdruckvisitenkarten, den Fotos mit Gattin in der *Bunten*
aus Kitzbühel oder Monaco, den Fotos mit Politikern von einer Gala oder vom Bundespresseball oder den Lobhudeleien
einzelner Journalisten. Glaube nur, was du selbst prüfen und
verstehen kannst.

## Eine weitere Folge des Schummelns: Schlechtere Produkte

Was hatte die an anderer Stelle des Buches beschriebenen
Kopfhörer-Kunden, die sich auf amazon.de hatten täuschen
lassen, am meisten geärgert? Dass sie für ihr gutes Geld ein
minderwertiges Billigprodukt bekamen. Das ist aber ganz allgemein die Folge, wenn wir Kunden daran gehindert werden,
unseren Anspruch auf ein einwandfreies Produkt durchzusetzen. Dadurch, dass sich die Verkäufer aus der Haftung
stehlen, uns Kunden im »Idealfall« abwimmeln und damit
letztlich auch den Hersteller entlasten, erleiden wir noch in
weiterer Weise einen Schaden: Wir bekommen insgesamt
schlechtere Produkte.

Es sinken nämlich die Kosten für den Verkauf eines miesen
Produkts. Und damit werden Qualitätskontrollen aufseiten
des Herstellers (und auch beim Händler) zunehmend un-
attraktiv, ja beinahe überflüssig, wie der Jurist Thomas Eger
bereits 2002 ausgeführt hat. Bei der einen oder anderen Pro-

duktgruppe, etwa bei bestimmtem Autozubehör, kann man auf amazon.de schon gut beobachten, dass das hochwertige Markenprodukt gar nicht mehr zu finden ist. Zuletzt habe ich verzweifelt nach einem wirklich guten Wagenheber gesucht. Stattdessen hat man die Auswahl aus einem Dutzend Produkten, bei denen sich in den Bewertungen massenhaft Berichte dazu finden, dass sie ruck, zuck kaputtgehen. Weil eben die Produktion so billig und die Gewinnspannen beim Verkauf so groß sind, dass man immer noch gutes Geld verdient, wenn nur die Reklamationsquote niedrig bleibt.

Am Ende kann ich als Kunde dann nur noch Schrott kaufen, auch wenn ich bereit wäre, das Doppelte zu zahlen. Je mehr es also für den Verkäufer lohnend ist, schlechte Qualität zu liefern, desto teurer müssten eigentlich die realen rechtlichen Risiken sein, die er dadurch eingeht. Das gilt für Amazon und die Kopfhörer prinzipiell genauso wie für Volkswagen und die Autos. Bislang kommen die Verkäufer jedenfalls dann zu billig weg, wenn – wie aktuell in Deutschland – wir Kunden relativ einfach durch geschicktes Kundenbeziehungsmanagement und eine lückenhafte Gesetzeslage von der Durchsetzung unserer Rechte abgehalten werden können.

Wir können auch die gebotenen Preise nicht mehr wirklich vergleichen. Uns fehlt nämlich oft die Information darüber, ob wir vielleicht für ein paar Euro mehr bei einem Verkäufer landen, der mit den Gewährleistungsrechten korrekt verfährt oder gar darüber hinaus Kulanz walten lässt. Wir wissen es beim Vertragsschluss nicht, weil der Gesetzgeber die Unternehmen das als Betriebsgeheimnisse behandeln lässt. Wir erfahren ja erst im Nachhinein, wenn es zu spät ist also, dass der scheinbar günstige Händler sich der Gewährleistung entzieht. Gesetzestreue Anbieter werden so unfair am Markt benachteiligt. Vielleicht lohnt sich auch einmal wieder der Gang zum

Händler vor Ort. Immerhin kann der sich nicht hinter einem
Callcenter, Online-Kontaktformularen oder dubiosen Lieferanten verschanzen.

## Die Politik: Erst wir und dann ihr Kunden

Sollte nun tatsächlich politisch Bewegung in die Sache gekommen sein, dann durch den VW-Skandal. Zweifellos auch
deshalb, weil die Politik selbst bloßgestellt wurde. Denn es ist
klar, dass Deutschlands größter Autohersteller auch und gerade politische Vorgaben missachtet hat. Der Verbraucher ist
insofern erst in zweiter Linie betroffen, weil die Autos ja ein-
wandfrei fahren. Sie entsprechen eben nur umwelt- und ver-
kehrspolitischen Gesetzen nicht. Man muss leider vermuten,
dass die politischen Aktivitäten wahrscheinlich nicht einmal
halb so groß wären, ginge es um einen Fehler, der »nur« uns
Kunden betrifft. Das haben in der Vergangenheit Fälle gezeigt
wie etwa die fehlende Rostvorsorge bei einer ganzen Baureihe
der Mercedes E-Klasse. Da balgten sich aber im Gegensatz
zum VW-Skandal nicht Justiz- und Verkehrsminister, wer
den Verbrauchern am besten helfen könne. Wenig überzeugend für die Handlungsfähigkeit der deutschen Politik ist im
Falle des VW-Skandals auch, dass der millionenfache Betrug
nicht in Deutschland, sondern in den USA aufflog. Und dass
die US-Behörden den deutschen Kollegen zeitlich und in der
Härte des Vorgehens stets mindestens einen Schritt voraus
waren und sind.

## Unterschätzt und vertrödelt: Gruppenklagen

Der Abgasskandal, in Anlehnung an die Watergate-Affäre des früheren US-Präsidenten Richard Nixon gerne auch »Dieselgate« genannt, bringt aber auch ein bislang im deutschen Recht wenig beachtetes Mittel zur Bekämpfung massenhafter Schummeleien in die Diskussion: Gruppenklagen. Dieses Instrument wird ausdrücklich als Alternative zu den britischen exemplary damages oder den US-amerikanischen punitive damages, zu deutsch: Strafschadensersatz, ins Spiel gebracht. So diskutierte das Bundesjustizministerium ausgehend von VW wieder einmal diese Idee der Gruppenklage. Allerdings alles, bitte schön, ruhig und ordentlich! Man denkt nämlich in die Richtung, dass die Verbraucher sich an eine von einer »anerkannten Organisation« geführten Musterklage anhängen sollen. Erst also müssten, so die gegebenen Beispiele, die Verbraucherschutzverbände oder der ADAC tätig werden, ehe in zweiter Linie auch Otto Normalkunde sammelklagen darf. Zweck des Ganzen sei auch, so wurde rasch noch nachgeschoben, dass man keine »Klageindustrie wie in den USA« wolle.

Das heißt also erstens: Die klagende Organisation muss anerkannt sein. Durch wen? Das Ministerium? Und zweitens: Will man dadurch den Gang des Verbrauchers zum spezialisierten Anwalt ausschließen?

Für mich hört sich das nach einer Schwächung der Rechte von uns Verbrauchern an. Wir wollen doch bitte schön noch selbst entscheiden dürfen, wer unsere Rechte am besten wahrnimmt – dazu brauchen wir keinen Minister. Und wenn die Abläufe »wie in den USA« so schlecht sein sollen, dann sollen das doch bitte auch wir selbst und der zuständige Richter jeweils beurteilen dürfen. Ich sage nicht, dass in den USA alles besser ist. Ich sage nur, dass man dem geschädigten VW-Käufer etwa nicht kurzerhand den ADAC als seinen Interessenvertreter aufs Auge drücken darf. Ganz abgesehen davon, dass ausgerechnet dieser ADAC selbst 2014 als Mega-Schummler bei der Wahl zum »Lieblingsauto der Deutschen« aufgeflogen ist.

All diese bekannt gewordenen Überlegungen im Bundesjustizministerium und bei anderen Stellen hören sich eher danach an, als wolle man nicht untätig erscheinen angesichts der hunderttausendfach durch VW geschädigten Verbraucher. Bloßer Aktionismus also mit Blick auf die Wählerstimmen? In einer bitteren Ironie für die deutschen Kunden haben die »amerikanischen Verhältnisse«, ebendiese »Klageindustrie«, in den USA selbst bisher gar nicht stattgefunden. Weil nämlich VW in den USA von vornherein gerade wegen der schärferen Waffen der dortigen Verbraucher bereits Ende April 2016 eine großzügige außergerichtliche Lösung in Aussicht stellte. Während sich gleichzeitig abzeichnete, dass deutsche Kunden wahrscheinlich ohne »Abläufe wie in den USA« – Anwälte also, die viele Klagen sammeln, bündeln und notfalls gegen Erfolgsbeteiligung vorfinanzieren – nur höchst risikoreich und bruchstückhaft ihre Rechte würden prüfen und gegebenenfalls durchsetzen lassen können.

In der Tat trudelt nun eine Fülle von Einzelklagen bei den Gerichten ein, teils gegen VW selbst gerichtet, teils gegen die Händler als Verkäufer. Wahrscheinlich teils auf Kosten der betroffenen Kunden, teils auf Risiko der Anwälte gegen Erfolgsbeteiligung. Stand Ende Mai 2016 waren neun Urteile von neun verschiedenen Landgerichten ergangen. Dutzende weitere Entscheidungen standen aus, darunter allein 46 beim Landgericht Braunschweig, das für Volkswagen örtlich zuständig ist. In acht der neun entschiedenen Fälle wiesen die

Gerichte die Klagen ab, in einem Fall verpflichtete das Landgericht München den Händler, das betroffene Auto, einen Seat Ibiza, zurückzunehmen und den Kaufpreis zurückzuerstatten. Das Landgericht Bochum etwa sah zwar einen Mangel; dieser sei aber nicht so erheblich, dass der Händler das Auto zurücknehmen müsse. Dagegen begründete das Landgericht München sein stattgebendes Urteil: Der Händler habe zur Beseitigung des Mangels mehr als ein halbes Jahr Zeit gehabt. Und da der Mangel immer noch nicht behoben sei, müsse er das Auto jetzt zurücknehmen. Da die Mängelgewährleistungsrechte zwei Jahre ab Kauf geltend gemacht werden können und in diesem Zeitraum rückblickend Zehntausende Autos mit der fehlerhaften Software ausgeliefert wurden, wird es mit hoher Wahrscheinlichkeit noch Hunderte weiterer Klagen geben.

Das gilt umso mehr, als unter Verweis auf das Münchner Urteil rechtsschutzversicherte Betroffene jetzt gute Chancen haben, ihre Versicherung in Anspruch nehmen zu können. Der verurteilte Händler hat zwar mit Unterstützung von VW gegen das Urteil aus München Berufung eingelegt. Aber nach dem gegenwärtigen Stand können sich Münchner VW-Fahrer etwa im Gegensatz zu Bochumer VW-Fahrern sehr gute Chancen auf eine Rückabwicklung des Kaufvertrages ausrechnen. Alles in allem derzeit ein juristisches Lotteriespiel für die Kunden und eine hohe Belastung für die Gerichte.

Fakt ist zudem, dass die Europäische Kommission schon am 11. Juni 2013 eine – naturgemäß unverbindliche – Empfehlung zur Einführung von Gruppenklagen in den einzelnen Mitgliedsstaaten ausgesprochen hat. Verbunden damit waren erste konkrete Vorschläge. Ganz zutreffend hatte man erkannt, dass bei »Massenmärkten eine große Anzahl von Verbrauchern durch gleiche oder vergleichbare unlautere Handelspraktiken« geschädigt werden könne. Und man betonte weiter, dass »der Rechtsschutz hiergegen für die individuellen Verbraucher zwar durchaus gegeben, jedoch hinsichtlich Zugang, Wirksamkeit und Erschwinglichkeit beeinträchtigt ist«. Die Empfehlung sollte binnen zwei Jahren umgesetzt werden. Deutschland hat darauf bislang nicht reagiert. Vielmehr beklagt der Bundesverband der Verbraucherzentralen, Deutschland sei Schlusslicht in Europa bei den Gruppenklagen.

Die Erwägungen der Europäischen Kommission kamen für den deutschen Gesetzgeber auch keinesfalls überraschend oder trafen ihn unvorbereitet. Bereits im Jahr 2005 hatte Deutschland die Möglichkeit einer Gruppenklage für einen begrenzten Bereich eingeführt. Damals wurde mit dem Kapitalanleger-Musterverfahrensgesetz die Möglichkeit für geschädigte Kapitalanleger geschaffen, ihre gleichartigen Klagen gegen das schädigende Finanzunternehmen zu bündeln. Bereits damals, also vor mehr als zehn Jahren, versprach der Gesetzgeber, es als »allgemeine Regelung für Massenverfahren in die Zivilprozessordnung« aufnehmen zu wollen, sollte sich das Verfahren bewähren. Das Kapitalanleger-Musterverfahren hat sich bewährt, das entsprechende Gesetz ist nach wie vor in Kraft – aber der Gesetzgeber hat sein Versprechen bis heute nicht eingelöst. Viele verlorene Jahre für Millionen geschädigter Verbraucher. Die deutschen VW-Kunden dürfen das jetzt ganz konkret ausbaden. Weil ihnen nämlich die scharfe, aber kostengünstige Waffe einer solchen Gruppenklage fehlt. Und ein jeder von ihnen stattdessen, verbunden mit typischerweise höheren Kosten und einem komplizierteren Verfahren, im Grundsatz einzeln einen Anwalt beauftragen muss.

Ob nun so beabsichtigt oder nicht: Der deutsche Gesetzgeber hat VW einen Riesengefallen getan. Ach ja: und den

»US-amerikanisch« arbeitenden Anwälten auch, denn genau derer Methoden werden sich die meisten geschädigten VW-Besitzer bedienen müssen. Kein Wunder, dass sich VW von der deutschen Rechtslage Anfang 2016 wenig beeindruckt zeigte, wie das *Handelsblatt* damals berichtete. In einem Brief von Volkswagen an den Verbraucherschutzausschuss des Deutschen Bundestages hieß es zwar zunächst gleich im ersten Satz sehr blumig: »Der Kunde ist König.« Dann aber durften die Abgeordneten lesen: »Wenn man alle Kunden global gleich behandelt, wird man am Ende niemandem gerecht.« Damit wollte man wohl erklären, warum die deutschen Kunden – anders als die US-amerikanischen – nicht ohne Weiteres eine hohe, pauschale Entschädigung erhalten sollten. Im Klartext hätte man eigentlich schreiben müssen: »Der juristische Druck ist in Deutschland lange nicht so hoch wie in den USA; deshalb gibt es auch weniger Geld für den gleichen Schaden von uns, wenn überhaupt.« Der deutsche Kunde ist also bestimmt nicht König.

### Schmerzhaft, aber nötig? Unternehmensstrafrecht

Dabei offenbart sich in diesem Zusammenhang ein weiteres Dilemma: Im Gegensatz zu vielen anderen Ländern gibt es ein Unternehmensstrafrecht im eigentlichen Sinne in Deutschland nicht. Zwar sehen etliche Gesetze zur Marktregulierung, wie etwa im Kartellrecht, Bußgelder bei Verstößen vor. Das aber ändert nichts daran, dass Strafrecht bezogen auf Unternehmen, im Gegensatz zu einzelnen Menschen, nicht anwendbar ist. In Österreich gibt es hingegen seit dem 1. Januar 2006 ein Unternehmensstrafrecht in Form des »Verbandsverantwortlichkeitsgesetzes«. Vorsätzliches, also bewusstes und/

oder gezieltes Fehlverhalten von Leitungspersonal kann demnach strafrechtlich geahndet werden. Unter bestimmten weiteren Voraussetzungen gilt dies auch für fahrlässiges Verhalten oder Handeln einfacher Mitarbeiter. Allerdings muss man sagen, dass dieses Gesetz vielleicht kein gänzlich zahnloser Tiger ist – aber zumindest einer, der noch tierdentistischen Behandlungsbedarf hat. Deutlich wird dies an den auszuwerfenden Strafen. Die schwerste Sanktion sind 180 Tagessätze, wobei ein Tagessatz ein Dreihundertsechzigstel des Jahresertrages beträgt. Dieser Betrag ist aber auch noch auf maximal 10 000 Euro gedeckelt. Ich habe keine Ahnung, woher manchmal diese kontinentaleuropäische Angst vor großen Geldsummen kommt, aber: Das trifft die Kleinen viel härter als die Großen. Eigentlich ein einfaches Rechenexempel: Bei mehr als 360 mal 10 000, also 3,6 Millionen Euro Jahresertrag, nimmt die relative Schwere der Strafe ab. Ein Unternehmen mit 3,6 Milliarden Euro Jahresertrag wird dann vergleichsweise nur zu einem Tausendstel so hart getroffen wie ein anderes mit 3,6 Millionen Euro Jahresertrag. Verstehe ich nicht.

Für Deutschland zog das *manager magazin* im Oktober 2015 aus dem VW Dieselgate-Skandal eine klare Konsequenz: »Deutschland braucht endlich ein Unternehmensstrafrecht«. Das Wirtschaftsmagazin stellt fest, in fast allen EU-Staaten gebe es ein Strafrecht gegen Wirtschaftskriminalität. Und es beschreibt, das Thema Regeltreue könne durch ein Unternehmensstrafrecht eben auch befördert werden: Dies »würde ein anderes Bewusstsein für etwaige Rechtsverstöße schaffen und klare Handlungsempfehlungen an die Hand geben. Könnte ein Unternehmen konkrete Compliance-Maßnahmen vorweisen und damit zur Aufklärung eines Delikts beitragen, hätte es darüber hinaus die Möglichkeit, eine Strafbefreiung oder Strafmilderung zu erreichen.«

Vielleicht etwas viel Spekulation. Aber: Es ist immer noch ein Unterschied, ob der Staat etwa für VW eine Wagenburg aus öffentlicher Minderheitsbeteiligung, Duldung von massivem Lobbying in Brüssel und Berlin sowie dem Ausrufen eines »Autokanzlers« in den 1990ern baut. Oder ob er allen Branchen gleich kritisch und mit gleicher Distanz gegenübersteht. Und klar macht: Wir sind bereit, so lang die Daumenschrauben anzulegen und immer fester zuzudrehen, bis die Unternehmen das demokratisch und rechtsstaatlich vorausgesetzte Ausmaß an Gesetzestreue zeigen.

Nun wird gegen ein Unternehmensstrafrecht in Deutschland eingewandt, das passe nicht in die Konzeption des deutschen Strafrechts. Nur die handelnden Menschen, nicht aber Unternehmen als solche könnten, so der Rechtswissenschaftler Klaus Leipold 2013, »Schuld im Sinne eines höchstpersönlichen, sittlichen und tadelnswerten Versagens auf sich laden«. Das ist aber eher eine rechtstechnische Frage. Sie bedeutet vor allem nicht, dass man nicht angemessene Strafen einführen könnte. Außer Frage steht nämlich, dass der Gesetzgeber jedenfalls handeln kann oder schon längst hätte handeln können. Wenn nicht im Strafrecht, dann eben im Recht der Ordnungswidrigkeiten. So gibt es bereits ganz vereinzelte Vorschriften im Ordnungswidrigkeitengesetz (OWiG), wonach aufgrund Fehlverhaltens leitender Personen im Unternehmen Geldbußen verhängt oder sogar der durch das Fehlverhalten erlangte Geldbetrag abgeschöpft werden kann.

Wir sehen aber an den in diesem Buch geschilderten Fällen, dass in ganz großen Bereichen diese Möglichkeiten nicht bestehen. Auch Leipold kritisiert weiter und nachvollziehbar: Bei den wenigen vorhandenen Vorschriften sei die jeweils beschränkte Höhe der Geldbußen für globale und mächtige Unternehmen ein »berechenbares Risiko«. Die Sanktionen seien schlicht »zu lasch«. Zudem bestehe kein ausreichend enger Zusammenhang zwischen Verstoß und Strafe, weil die zuständigen Ordnungsbehörden einen zu großen Ermessensspielraum haben. Weil die Neuregelungen in das OWiG besser als in das Strafgesetzbuch passen, ist der Anlauf zu einer Diskussion eines Unternehmensstrafrechts im Rahmen der Herbstkonferenz der Justizminister/-innen bereits im November 2012 im Stadium des Beschlussvorschlags stecken geblieben. Stattdessen liegt zum Beispiel ein Gesetzesvorschlag für die Änderung des OWiG seitens des Bundesverbandes der Unternehmensjuristen seit dem April 2014 auf dem Tisch. Die Diskussion ist also da. Es liegt am Gesetzgeber, sie aufzunehmen und zu praktikablen und wirksamen Ergebnissen zu führen.

# Kundenrechte:
# Im alten Rom war's besser

## Vom römischen Recht zum Bürgerlichen Gesetzbuch

Seit der Antike, eigentlich sogar noch viel länger, regelt Recht das Zusammenleben der Menschen und schützt sie auch vor gegenseitiger Übervorteilung. Da waren die Gesetzestafeln des Hammurabi, die Zehn Gebote und deren Auslegung für den Alltag und die elegante und kreative Jurisprudenz der Römer. *The Rule of Law* heißt das auf Englisch, die Herrschaft des Rechts: Nicht der Stärkere herrscht über den Schwächeren, sondern das Recht über beide, so der Grundgedanke. Der Rechtsstaat, ebenso gut gelungen wie seine Schwester, die Demokratie, bedeutet: Alle haben sich dem gleichen Recht zu beugen, Bürger wie Staat.

Schon vor Jahrtausenden wusste man, dass auch und gerade der Handel der Menschen untereinander nur funktioniert, wenn es für alle gleiche Regeln gibt. Und diese Regeln hatten vor allem zwei Ziele: dass der Verkäufer sein Geld erhält und der Käufer pünktlich und fehlerfrei seine Ware. Und obwohl etwa viele Regeln der Römer in ihrem Ursprung erkennbar auf eine heute selten gewordene Situation zugeschnitten waren (dass nämlich Käufer und Verkäufer auf einem öffentlichen Marktplatz zusammenkamen), waren diese Gesetze so klug konzipiert, dass sie sich teils unverändert in unserem Bürgerlichen Gesetzbuch (BGB) wiederfinden.

Und wenn auch bei Hammurabi etwas fantasielos und gleichzeitig brutal mögliche Gesetzesverstöße einfach in einer langen Liste aufgeführt werden, um dann von der Geld- bis zur Todesstrafe die Sanktionen zu nennen: Der mitgeteilte Zweck, eine gerechte Ordnung zu schaffen, die den Schwachen vor dem Starken schützt, hat nichts an Aktualität eingebüßt.

Unser heutiges Gewährleistungsrecht mit seinen Regeln zum Schutz des Käufers würde zu großen Teilen genauso ablaufen, würde man schlicht römisches Recht anwenden. Die von den Römern gefundenen Lösungen wurden über die Jahrtausende durch die unterschiedlichsten europäischen Rechtssysteme fortgetragen, bis sie am 1. Januar 1900 in einem letzten Schritt in Anlehnung an den Code Napoléon in das deutsche BGB übernommen wurden. Und ganz genauso fußen das Schweizerische Zivilgesetzbuch vom 10. Dezember 1907 und das Österreichische ABGB, erstmals 1812 in Kraft getreten, auf diesem Erbe. Ja, selbst durch politische Systemgrenzen ließ sich das römische Kaufrecht nicht schrecken: Noch bis zum Inkrafttreten des ZGB im Jahr 1975 galt das BGB auch in der DDR, also die längste Zeit deren Bestehens.

Natürlich wurde vieles verfeinert und angepasst. Nicht mehr die Situation auf dem Markt war das gesetzgeberische Leitbild. Dieses wurde abgelöst und ergänzt durch den festen Geschäftsbetrieb des Kaufmanns – heute nennen wir ihn »stationärer Handel«. Es kam der Versandhandel hinzu und als letzte Neuerung der Handel über das Internet. Und auch die Vereinheitlichung der Regeln innerhalb der EU brachte wesentliche Detailänderungen mit sich. Inzwischen sind die Regeln zu den kleinen und kleinsten Nischen des Verbraucherschutzes viel umfangreicher als die Regeln, die den eigentlichen Kauf betreffen. Der Staat hat zunehmend aus der Zweierbeziehung zwischen Verkäufer und Käufer eine Dreiecksbeziehung gemacht. Doch ändern natürlich Regeln zu Abgaswerten oder Gurkenkrümmungen nichts daran, dass ein Kauf immer noch zwischen Verkäufer und Käufer stattfindet.

Keine der Änderungen der letzten Jahrtausende ist daher so faszinierend wie die Tatsache, wie wenig sich eigentlich im Kern geändert hat. Unverändert bleibt die überragende Bedeutung von Regeln, die das Kräfteverhältnis zwischen Käufer und Verkäufer, zwischen Dienstleister und Kunden, ausbalancieren und die sowohl Zahlungspflichten wie auch Qualität der Ware oder Dienstleistung garantieren. Nun sind solche Regeln umso wirksamer, stabiler und wirtschaftlicher einzuhalten und durchzusetzen, je breiter und umfassender sie gelten.

Um zu verstehen, was daraus in der praktischen Umsetzung wurde, muss man sich auch die heutigen Managementtheorien vor Augen führen, deren Ursprünge gut 100 Jahre zurückliegen. Um kein Missverständnis aufkommen zu lassen: Unser modernes Wirtschaftsleben ist ohne professionelles und wissenschaftlich abgesichertes Management nicht denkbar. Und dies hat erheblichen Wohlstand geschaffen. Aber: Inhalt der Managementtheorien, oder allgemein von Theorien zur Unternehmensführung, sind die Erhöhung der Gewinne, das Zufriedenstellen der Anteilseigner, der möglichst effiziente Einsatz der Mitarbeiter, der möglichst effiziente Einkauf und Einsatz von Ressourcen, und vielleicht noch eine so oder so definierte Kundenorientierung. Wo früher typischerweise der Kunde in der Wertigkeitsskala ganz oben stehen musste, wird das Verhalten des Unternehmens gegenüber dem Kunden nun gegen unzählige andere Gesichtspunkte abgewogen. Und da kann der Kunde im Einzelfall oder sogar über lange Zeiträume auch einmal ganz unten auf der Prioritätenliste landen.

## Der Beginn des modernen Verbraucherschutzes

Der klassische Beginn eines modernen Verbraucherschutzes vor etwa 50 Jahren in den USA illustriert das gut. Verschiedene Autohersteller brachten Autos auf den Markt, die in geradezu aberwitzige Skandale verwickelt waren. Da gab es den Chevrolet Corvair, der ein unglaublich gefährliches Kurvenverhalten hatte. Der US-amerikanische Verbraucherschutzanwalt Ralph Nader, der damals den modernen Verbraucherschutz entscheidend voranbrachte, fasste die Qualitäten dieses Autos 1965 zusammen, und zwar im Titel seines als Pionierwerk zu bezeichnenden Buches über den Unwillen der Autohersteller, moderne Sicherheitstechniken einzuführen: *Unsafe at Any Speed* (unsicher bei jeder Geschwindigkeit).

Schon damals spielte auch die Frage der Abgaswerte eine Rolle. Die Reaktion des Herstellers General Motors auf das Buch, sie kommt uns auch heute noch bekannt vor – wenn wir uns an die Behandlung von Banken-Whistleblowern erinnern: GM versuchte, Naders Image zu zerstören und ihn zum Schweigen zu bringen. Er wurde unter anderem permanent überwacht und verfolgt. Und man versuchte, schmutzige Wäsche zu seinen politischen, gesellschaftlichen und religiösen Ansichten zu waschen, ebenso wie zu seinen sexuellen Neigungen. Als ob dies den Chevrolet Corvair auch nur im Geringsten zu einem besseren Auto gemacht hätte! Da gab es auch den Ford Pinto, bei dem der Benzintank aus Kostengründen extrem unsicher platziert war, sodass etliche Autos dieses Typs schon bei einer leichten Heckkollision Feuer fingen und Menschen dadurch ums Leben kamen. Nach damaligen Schätzungen hätte Ford durch konstruktive Änderungen mit Kosten von elf Dollar pro Auto 180 Tote und 180 Schwerverletzte durch Brände im Jahr verhindern können.

Brutal hatte man in solchen Fällen industrieller Effizienz und Kostenoptimierung den Vorrang gegeben – und die ureigensten Kundeninteressen ausgeblendet. Die Angelegenheit musste über Jahre in behördlichen Maßnahmen und Gerichtsverfahren aufgearbeitet werden, auch wenn bis zuletzt viele technische Details strittig blieben. Ich vermute, dass im Gegensatz dazu früher der Pferdehändler einer Kleinstadt, der wissentlich mehrere extrem zum Scheuen neigende Pferde verkauft und den Tod mehrerer Menschen verschuldet hätte, für immer aus der Stadt gejagt worden wäre.

## Unsere Verbraucherschutzrechte

Auf dem Papier lesen sich die Verbraucherschutzrechte sehr schön. Hervorragend sogar. Bekomme ich ein Produkt geliefert, das defekt ist oder die falsche Farbe hat, kann ich eine Nachlieferung verlangen. Bleibt das erfolglos, habe ich die Wahl zwischen der sogenannten Minderung, also einer angemessenen Herabsetzung des Kaufpreises, oder der Wandlung, also der Rückgabe gegen Rückerstattung des Kaufpreises. Oder ich kann Schadensersatz verlangen, weil ich zum Beispiel das Produkt anderweitig teurer besorgen musste. Von wenigen Ausnahmen abgesehen trägt der Verkäufer die Kosten des Ganzen, seien es Porto- oder Fahrtkosten.

Für die Geltendmachung meiner Rechte noch ohne gerichtliche Hilfe habe ich als Kunde zwei Jahre Zeit; in den ersten sechs Monaten muss ich noch nicht einmal beweisen, dass der Fehler bereits bei Lieferung im Produkt angelegt war – es ist Sache des Verkäufers, das Gegenteil zu beweisen. Wenn der Verkäufer Probleme macht und ein Anwalt tätig werden muss, hat dessen Kosten dann auch der Verkäufer zu tragen. Und das Beste: Der Verkäufer haftet immer, egal, ob er den Mangel verschuldet hat oder nicht – er kann sich insbesondere nie auf seinen Lieferanten oder den Hersteller herausreden.

Eigentlich eine prima Sache – die allerdings einen Webfehler hat: Das Ganze funktioniert nur, wenn sich wie in der klassischen Vorstellung einer Marktwirtschaft zwei gleich starke Vertragspartner gegenüberstehen. Liefert Continental an VW eine Charge defekter Reifen, dann muss der Einkäufer bei VW bestimmt keine Kundenhotline anrufen, in der er tagelang mit Auswahlmenüs kämpft, nur um mit irgendwelchen Ausreden abgespeist zu werden. Verlassen Sie sich darauf, dass dies mit höchster Geschwindigkeit und streng nach Recht und Gesetz abgewickelt wird. Der Lieferant weiß, dass in der heutigen Just-in-time-Produktion ein teurer »Bandstillstand« droht, und reagiert umgehend.

Wenn aber Sie als kleiner Autofahrer im Internet vier Sommerreifen bestellen, die dort als neu angepriesen werden, aber in Wirklichkeit schon vor drei Jahren produziert wurden – was passiert dann? Dann kann ich Ihnen nur die Daumen drücken, dass Sie korrekt und umgehend einen neuen Satz im Austausch gegen Abholung der alten geliefert bekommen! Keineswegs unwahrscheinlich ist es, dass Sie sich erst einmal beim Paketdienst in die Schlange stellen dürfen, um die alten zurückzuschicken, oder dass man Ihnen weismachen will, es liege gar kein Mangel vor oder man könne keine neuen Reifen liefern oder nur zu einem höheren Preis, oder, oder.

So weit zum sogenannten Mängelgewährleistungsrecht beim Kauf. Im Internet insbesondere, aber auch allgemein beim sogenannten Versendungskauf, kommt noch ein gesetzliches Widerrufsrecht hinzu. Ohne dass überhaupt ein Mangel vorliegen muss, kann das erworbene Produkt aufgrund des europaweit geltenden Widerrufsrechts zurückgegeben werden. Und zwar mindestens 14 Tage lang.

Und auch der Umgang mit Daten, der in Zeiten des Internets und der breiten geschäftlichen Auswertung und Verwertung von Kundendaten eine große Rolle spielt, ist detailliert gesetzlich geregelt. Auf dem Papier. Die Praxis sieht ganz anders aus. Im Grundsatz will der Gesetzgeber dem Verbraucher eine weitgehende Kontrolle über seine Daten und einen weitgehenden Schutz derselben geben: Grundsätzlich dürfen nur die für den jeweiligen Vertrag zwingend notwendigen Daten erhoben werden. Man nennt das den Grundsatz der Datensparsamkeit. Diese Daten dürfen auch nur mit vorheriger Zustimmung des Kunden weitergegeben werden. Abgesichert ist das Ganze noch durch Rechte, der Nutzung von Daten nachträglich zu widersprechen und Auskunft über deren Verwendung zu verlangen. Für die Kunden von Fluggesellschaften, Bahn- und Busunternehmen macht der EU-Gesetzgeber klare Vorgaben zu den Geschäftsbedingungen, insbesondere zu den Entschädigungen, wenn etwas schiefgeht. Etwa wenn Verspätungen auftreten oder Gepäck beschädigt wird.

Überhaupt ist in vielen Details geregelt, was in Geschäftsbedingungen stehen darf oder was eben nicht. Zum Beispiel bei Banken, Versicherungen und bei Telekommunikationsanbietern finden sich sowohl in Deutschland wie auch in Österreich und der Schweiz dazu noch spezielle Regelungen, auch zum Schutz von uns Kunden, in eigens geschaffenen Gesetzen. Die Geltung dieser Gesetze ist jeweils durch eigene staatliche Aufsichtsbehörden abgesichert.

## Und heute? Der Kunde ist der Gelackmeierte

Warum geht aber in der Praxis so vieles schief? Dazu zunächst eine ganz grundsätzliche Antwort: Das Verbraucherschutzrecht ist von Juristen geschaffen. Und der Jurist rechnet einem geflügelten Wort zufolge bekanntlich nicht. Ihm ist nicht klar, wie groß der wirtschaftliche Reiz ist, zugunsten besserer Unternehmenszahlen Wege an den Gesetzen vorbei zu suchen. Der Wirtschaft aber schon. Deshalb ist es leicht zu erklären, warum sich große Unternehmen sehr oft nicht freiwillig an die Rechtslage halten, auf Nachfrage nicht, und unaufgefordert sowieso nicht. Es lohnt sich einfach nicht.

Das wäre alles egal – was würde es uns scheren, ob die trockenen Juristen oder die gewitzten Kaufleute das Sagen haben –, wären nicht die Gesetze der Weg, auf dem die Demokratie funktioniert. Wir wählen nicht unsere Volksvertreter, damit deren Bemühungen dann völlig ins Leere laufen. Wir wollen, dass sie unsere Interessen wahrnehmen und durchsetzen. Nun mag man jammern, dass die Politiker sich sowieso nicht um uns kümmern. Aber das stimmt nicht. Es gibt Verbraucherschutzrechte. Sie laufen bloß teilweise leer, weil gerade die großen Unternehmen erst den Taschenrechner zur Hand nehmen, um dann den Gesetzestext in den Altpapiercontainer zu werfen. Parlamente und Regierungen erkennen zu wenig, dass mit der Verabschiedung eines Gesetzes ihre Arbeit nicht getan ist. Das wäre so, als gäbe in der Schule der Lehrer Hausaufgaben auf, ohne nachher zu kontrollieren, wer sie wirklich gemacht hat. So eine Kontrolle ist auch der Politik aufzugeben. Sie muss – mit immerhin riesigen ministeriellen Apparaten ausgestattet – prüfen, ob die Gesetze in der Praxis wirklich greifen. Und tun sie dies nicht, dann muss eben nachgelegt werden.

Nein, wir brauchen nicht per se strengere Gesetze für einen besseren Verbraucherschutz, auch wenn hier und da Nachjustierungen notwendig wären. Grundsätzlich aber sind die Gesetze, die wir haben, gut genug. Das Problem ist, dass in der Praxis an vielen Stellen nicht mehr funktioniert, was sich die Juristen wunderbar ausgedacht haben. Weil die Verbraucher ihre Rechte nicht kennen und nicht mit der notwendigen Härte einfordern und gegebenenfalls auch einklagen. Weil die Unternehmen keine Lust haben, sich an die Gesetze zu halten. Das wiederum ändert sich nicht, weil die Gesetzgeber sich zu wenig Gedanken darüber machen, wie man Handelskonzerne stärker an die Kandare nehmen kann. Wie man sie effektiv zwingen kann, sich an das Recht zu halten. Und welche wirksameren Waffen man den Verbrauchern an die Hand geben muss, damit diese ihre Rechte wirksamer schützen und erfolgreich einfordern können.

Sammelklagen wären aus meiner Sicht ein erster Schritt dazu. Sie würden zu Prozessen führen, welche den Unternehmen wirklich wehtun würden. Was wiederum zur Folge hätte, dass sie es sich fürderhin mehrfach überlegen würden, ob sie die Rechte ihrer Kunden tatsächlich ignorieren sollen. Auch Strafschadensersatz und ein Unternehmensstrafrecht wären geeignete Maßnahmen (dazu unten mehr). Was und wie auch immer: Wir brauchen endlich ein System, welches das systematische und geplante Unterlaufen von Verbraucherrechten als Betrug begreift, erfasst und entsprechend ahndet.

# Warum die Selbstkontrolle der Konzerne versagt

## Verbraucherschutz kostet

Das Gesetz schützt uns Verbraucher in vielfältiger Weise. Es will unser seit der Antike bestehendes Recht wahren, das Produkt in der Qualität, die wir erwarten, für unser gutes Geld zu erhalten. Und unsere Daten sollen grundsätzlich uns gehören. Doch passt das vielen derer, die uns Waren und Dienstleistungen verkaufen oder die unsere Daten einsammeln, gar nicht. Es kostet nämlich. Also sucht man nach Mitteln, um zu sparen und um sich zu drücken. Und versucht, uns das auch noch als eine gute und faire Sache zu verkaufen. Mit wohlklingenden Begriffen. Mit freundlichen Erklärungen am Telefon. Mit harmlos klingenden, in Wahrheit aber haarsträubenden Formulierungen in Verkaufs- und Nutzungsbedingungen.

Am Anfang stehen klare, einfache und vernünftige Regeln. Die oft eingehalten werden. Die aber eben auch viel zu oft überwuchert werden von einem Gestrüpp aus gerade noch legalen Tricksereien, bewussten Schummeleien und schließlich eiskalt illegalem Verhalten.

## Regeltreue/Compliance

Der Fall ging in die europäische Wirtschaftsgeschichte ein und er setzte in seinen Auswirkungen Maßstäbe für wirtschaftliches Handeln. Am 15. November 2006 durchsuchten 200 Polizeibeamte, Staatsanwälte und Steuerfahnder Büros an mehr als 30 Siemens-Standorten, dazu Privatwohnungen und Villen von Managern. Sie gingen einem Verdacht nach, der als Siemens-Schmiergeldaffäre oder Siemens-Korruptionsskandal in die Geschichte einging. Um leichter an Aufträge zu kommen, wurde bei dem Elektronikkonzern über Jahre hinweg ein System von schwarzen Kassen betrieben, aus denen Verantwortliche geschmiert wurden, um an Aufträge zu kommen. Nebenbei finanzierte der Konzern noch verdeckt und illegal die Arbeitnehmerorganisation AUB, um sie als Alternative zur aus der Sicht vieler Manager Siemens-intern zu mächtigen Gewerkschaft IG Metall aufzubauen. Das ganze System flog auf und krachte in sich zusammen. Siemens-Vorstände kamen in Untersuchungshaft, wurden später verurteilt, mussten Schadensersatz zahlen. Über all diese Fälle hinaus veränderte der Skandal jedoch das Bewusstsein und die Regeln für Wirtschaften ganz allgemein und ließ einen Begriff zum Allgemeingut werden, den vorher bestenfalls Insider kannten: Compliance.

Der Begriff steht in Unternehmen für deren Strategien zur Befolgung von Gesetzen und selbst gesetzten ethischen Standards. Man kann Compliance mit »Regeltreue« übersetzen. Ist das ein reines Modewort? Ein Begriff, der in den USA als *buzzword* bezeichnet wird, als griffiger Ausdruck, der wichtig klingen und Aufmerksamkeit erzeugen soll? Was ist damit gemeint?

Die betriebswirtschaftliche Literatur definiert Regeltreue als Einhaltung von Gesetzen, aber auch von freiwilligen Regeln in Firmen, einschließlich meist vom Unternehmen selbst formulierter ethischer Anforderungen. Nun mag eine solche betriebswirtschaftliche Umschreibung von Nutzen sein für die Praxis im Unternehmen. Allerdings handelt es sich vorderhand erst einmal nur um ein Wort, einen Begriff. Schlichte

Begriffe bringen Dinge für die Praxis auf den Punkt. Inhaltlich tragen sie aber nichts bei. Sie sind nicht innovativ in dem Sinne, dass mit ihrer Hilfe etwas wirklich Neues erfunden würde. Sie helfen eben nur dabei, vorgegebene Regeln besser auf die Abläufe im Unternehmen herunterbrechen zu können.

## Die ganz eigenen Regeln der Unternehmen

Compliance, darum widme ich mich hier ausführlich dem Thema, ist der Oberbegriff, der Rahmen für Regeln, die sich Unternehmen selbst geben. Ihre eigenen Regeln also, die selbst, oder zumindest deren Handhabung, nicht immer hundertprozentig mit dem übereinstimmen, was Juristen und andere Experten in den Ministerien samt den Abgeordneten in den Parlamenten in die Gesetze geschrieben haben. Jene Gesetze also, die für uns alle gelten, Unternehmen eingeschlossen. Den uns Kunden garantierten Schutz, wie er die Parlamente in Gesetze gegossen verlässt, einfach so als verbindlich hinzunehmen – das kommt für sie nicht in Frage. Viele Unternehmen machen ihre eigenen Regeln. Sie haben ihre eigenen Vorstellungen und leiten daraus ganz eigene Maßnahmen zur Verwirklichung ihrer Ziele ab. Wo der Gesetzgeber Lücken lässt, nutzen sie diese mit teils ellenlangen Geschäftsbedingungen schamlos für sich aus. Und wo keine Lücken sind, wird das Vorhandene einfach einmal umbenannt, dann uminterpretiert und schließlich umgearbeitet. All dies ist die Basis für die große Abzocke bei uns Kunden.

Wer uns also Regeltreue alias Compliance als einen wesentlichen inhaltlichen Fortschritt verkaufen will, der will uns zu einem erheblichen Teil alten Wein in neuen und nach eigenen Vorstellungen geformten Schläuchen anbieten. Denn die Befolgung von Normen und verbindlichen Standards ist einem Unternehmen ohnehin aufgegeben, mit oder ohne spezielle Begriffe und Maßnahmen dazu. Regeltreue ist selbstverständlich. Die geltenden Gesetze verpflichten bereits an vielen Stellen zu kaufmännisch vernünftigem Handeln und betreffen GmbH-Geschäftsführer genauso wie Vorstands- und Aufsichtsratsmitglieder von Aktiengesellschaften. Diese (gesetzlichen!) Regeln sind teils durchaus mit Schadensersatzpflichten bedroht oder zwingen dazu, Missständen aktiv nachzugehen.

Compliance-Systeme dienen den internen Abläufen im Unternehmen; daher sind die ethischen Standards für eine solche Regeltreue vom Unternehmen typischerweise selbst festgelegt. Unternehmen bestimmen grundsätzlich erst einmal selbst, wem die Regeltreue in erster Linie dient, wen sie schützen soll. Und das muss keineswegs der Kunde sein. Wer als Verbraucher oder Geschäftspartner seine eigenen ethischen Vorstellungen in diese Regeltreue eingebunden wissen will, wird wahrscheinlich oft nur ein müdes Lächeln ernten. Man könnte argumentieren, dass es doch gut sei, dass Unternehmen die Regeltreue für sich entdeckt haben und dafür sogar organisatorischen Aufwand betreiben, Compliance-Regeln aufstellen und eigens zuständige Manager mit deren Überwachung und Durchsetzung beauftragen. Der Pferdefuß dabei ist: Die mit der Regeltreue befassten Manager können bindende Regeln zu unserem Schutz dennoch stiefmütterlich behandeln, weil sie ausschließlich aus der Sicht des Unternehmens handeln und eben nicht aus Kundensicht.

Auch wenn unternehmensinterne Regeln beachtet werden – kann es doch zu Verstößen gegen Gesetze über Käufe, Dienstleistungen oder Datenschutz kommen: weil diese Gesetze nämlich die Kundeninteressen im Blick haben und nicht die für Unternehmen einfachsten und billigsten Abläufe. Dass es massenhaft oft so läuft wie eben beschrieben, entspricht auch meiner eigenen, langjährigen anwaltlichen Erfahrung. Als Anwalt weiß ich natürlich genau, welche Rechte mir zustehen. Und ich kenne inzwischen auch die typischen Antworten der Unternehmen darauf, wenn ich diese Rechte einfordere. Ich würde sagen: Etwa in der Hälfte der Fälle entsprechen diese Antworten nicht dem Gesetz.

Bei einer Reklamation geht es schon los mit der üblichen Frage nach dem Kassenzettel. Da wird so getan, als sei dieses Stück Papier eine zwingende Voraussetzung für Gewährleistungsrechte. Ist es natürlich nicht. Ich möchte aber nicht wissen, wie viele von uns schon von einer Reklamation abgesehen haben, weil sie den Kassenzettel nicht mehr hatten. In jedem Fall zu viele. Der einzige Zweck, den der Kassenzettel vielleicht haben kann, ist der Nachweis, dass ich dieses Produkt in diesem Elektronikmarkt zum Beispiel gekauft habe. Dass man als Erstes einen Nachweis verlangt, unterstellt also, ich würde lügen, wenn ich das behaupte. Finde ich nicht nett, was ich dann auch sage. Und selbst wenn ich einen Beweis zu führen hätte, kann ich das natürlich auch anders: etwa durch den Zahlungsvorgang, wenn ich mit Karte gezahlt habe, was beim Verkäufer natürlich auch registriert und dokumentiert ist. Oder aber ich habe einen Zeugen. Oder den Preisaufkleber, der ja auch oft Rückschlüsse auf den Verkäufer zulässt. Nach dem Kassenzettel kommt dann gerne die »Wir müssen das einschicken«-Antwort. Dann darf ich als Anwalt jedes Mal erläutern, dass das nicht stimmt, ehe man mir nach einigem Hin und Her endlich gnädig meine Rechte auf Rückzahlung oder sofortigen Umtausch gewährt. Die meisten Menschen sind aber keine Anwälte, sie kennen das Gesetz nicht so genau oder gar nicht. Sie sind unsicher oder unwissend und gehen dementsprechend leer aus. Die Konzerne lassen sie einfach gegen die Wand laufen. Wie verträgt sich das nur mit ihren ach so ethischen Compliance-Regeln, ihrer oft so selbstbeweihräuchernd propagierten Regeltreue?

Es ist das eine, darüber zu sprechen und obendrein so schöne Begriffe wie »Werte« und »Kultur« zu verwenden, wie dies etwa der Juraprofessor Bartosz Makowicz tut. Es ist das andere, dies eben nicht nur in einem schönen Plan, in Compliance-Regeln, hübsch mit Worten zusammenzufassen, sondern es auch, wenn es hart auf hart kommt, mit aller Konsequenz durchzusetzen und zu verwirklichen. Eben auch gegen alle anderen, vordergründigen Unternehmensinteressen. Nicht als ein »Schönwetter«-Verhalten, wie es die Wirtschaftsjournalistin Sabine Wadewitz ausdrückt.

In einem Beitrag in *Der Aufsichtsrat* (www.aufsichtsrat.de) beschreibt Wadewitz in aller Deutlichkeit das Jahr 2015 als ein schwarzes Jahr in der Geschichte des Deutschen Corporate Governance Kodex, der für seine Zwecke Compliance dahin gehend fasst, dass es um die Einhaltung von gesetzlichen Bestimmungen und unternehmensinternen Richtlinien geht, was wiederum der Vorstand überwachen müsse. Der Deutsche Corporate Governance Kodex ist ein auf Anstoß der Regierung selbst geschaffenes Regelwerk der Wirtschaft für Aktiengesellschaften. Gleich noch etwas mehr dazu. Wadewitz jedenfalls schreibt: »Der Deutsche Corporate Governance Kodex findet breite Akzeptanz in den Konzernen. Dass der Geist des Kodex in den Köpfen allgemein verinnerlicht ist, muss aber bezweifelt werden.«

## Das Schweigen der Unternehmen

Wir wollten es genau wissen. Der bei der Recherche für dieses Buch behilfliche Journalist Marvin Oppong schrieb etwa 15 namhafte und im Compliance-Thema bei vielen großen Unternehmen offenkundig besonders involvierte Rechtsanwaltskanzleien an und schickte ihnen Fragen zum Thema Compliance. Wir wollten wissen, wie es generell bei deutschen Unternehmen um Compliance bestellt sei, wie es um das Thema insbesondere im Handel steht und auf wen sich die Perspektive von Compliance richte: Staat, Aktionäre, andere Interessengruppen, Kunden?

Teils kam gar keine Antwort, teils nur die schnöde Auskunft, man habe keine Zeit, die Fragen zu beantworten. Oder die Vertraulichkeit der Mandatsbearbeitung lasse Antworten nicht zu. Auch hieß es, man sei zu sehr mit bestimmten Spezialgebieten der Regeltreue befasst, um die Fragen beantworten zu können. Zu unserer Überraschung wollte sich kein einziger der angeschriebenen Rechtsanwälte zu diesen Fragen äußern. Der Compliance-Experte Hans-Christoph Ihrig von der Großkanzlei Allen & Overy teilte mit, er könne sich der Anfrage »aus Zeitgründen leider nicht annehmen«. Er sei »durch mehrere Großverfahren (…) zeitlich sehr gebunden, dass ich leider in diesem Zusammenhang Ihre Anfrage nicht beantworten kann«, so der Strafrechtler Professor Jürgen Wessing, der unter anderem in der Präventions- und Krisenberatung von internationalen Konzernen tätig ist. Auch der Compliance-Experte Jochen Vetter von der Großkanzlei Hengeler Mueller antwortete, er sei »zwar im Compliance-Bereich tätig«, könne jedoch »keine für Ihren Beitrag nützlichen Hinweise geben«.

Rechtsanwalt Achim Glade von der Kanzlei Glade Michel

Wirtz entschuldigte sich mit einem Einwand, den Anwälte gerne gegenüber Journalisten verwenden, wenn sie deren unbequeme Fragen abwimmeln wollen. Weil er immer zieht, auch wenn er in unserem Fall nicht als Antwort taugt, weil wir Glade lediglich allgemeine Dinge fragten und nichts zu konkreten Mandaten. Glade erklärte per E-Mail: »Aus Vertraulichkeitsgründen sind wir bei der Beantwortung von Fragen, die sich mittelbar auf Erfahrungen aus konkreten Mandaten beziehen, stets sehr zurückhaltend. Wir bitten deshalb um Ihr Verständnis, dass wir Ihnen hier leider nicht zur Verfügung stehen können.« Glades Kanzlei wirbt auf ihrer Homepage sogar mit Compliance-Schulungen. Derzeit entwickele und implementiere man Compliance-Programme unter anderem bei »einer großen deutschen Drogeriehandelskette«, heißt es dort. Rechtsanwalt André Szesny von der Kanzlei Heuking Kühn Lüer Wojtek teilte mit, er könne »leider keine Antwort geben«, weil er »im Bereich der Criminal Compliance und des Wirtschaftsstrafrechts tätig« sei. »Der klassische Verbraucherschutz gehört nicht zu meinen Spezialgebieten«, so der Volljurist. Schließlich teilten auch die Rechtsanwälte Günter Seulen und Jürgen Hartung von der Sozietät Oppenhoff & Partner mit, man sei »leider nicht die richtigen Ansprechpartner für Ihre Fragen«, wünsche jedoch »viel Erfolg«. Danke.

Die übrigen acht Anwälte reagierten gar nicht. Rechtsanwälte sind dafür bekannt, verschwiegen zu sein und die Presse zu scheuen, außer natürlich, wenn sie diese für ihre Zwecke einspannen wollen. Doch es fällt auf, wie schmallippig die Regeltreue-Experten sind, wenn es um heikle Fragen dazu geht. Ihr täglich Brot verdienen die Anwälte mit der Beratung von Unternehmen, die eben gerade dafür sorgen müssen, dass ihre Mitarbeiter sich im Einklang mit Gesetzen verhalten. Einem

Journalisten im Detail darzulegen, wo es beim Thema Regeltreue hapert, könnte sich da als kontraproduktiv erweisen.
Nur so lässt sich die Mauer des Schweigens erklären.

Siemens übrigens gehört nach den schmerzlichen Erfahrungen des Schmiergeldskandals inzwischen laut Transparency International zu den überdurchschnittlich gut gegen Korruption handelnden Unternehmen. Generell gilt: Auch Korruption greift die Regeltreue zu wenig. Laut einer Studie, die
das *Handelsblatt* am 20. Mai 2016 zitierte, sieht es düster aus.
Die internationale Wirtschaftsrechtskanzlei Eversheds hatte
demnach 500 Führungskräfte aus 12 Ländern einschließlich
Deutschlands zum Thema Korruption befragt. Fazit: Die jeweiligen Programme zur Regeltreue haben keinen rechten
Erfolg. Etwa die Hälfte der Befragten teilte mit, die Maßnahmen gegen Korruption seien nicht wirksam. Auch die deutschen Manager berichteten von Korruption in ihrem Ge-
schäftsumfeld. Aber nur ein Viertel davon verstand überhaupt
die Details der Regeln gegen Korruption im eigenen Unternehmen! Und nur 15 Prozent fühlten sich ausreichend geschult!

## Erschreckende Zahlen zur Regeltreue

Die Bilanz der Einhaltung von Regeltreue ist eher schlecht.
Die angeblich so besonderen Bemühungen um Recht und
Moral greifen nicht. Die *Frankfurter Allgemeine Zeitung* und
*Die Welt* förderten Mitte 2015 aus aktuellen Untersuchungen
folgende Zahlen zu Tage: Lediglich 36 Prozent der befragten
Arbeitnehmer in Führungspositionen bei verschiedenen Un-
ternehmen gaben an, von Compliance-Regeln, Vorschriften
zur Regeltreue also, in ihrer Firma zu wissen und sich auch

daran zu halten. Jeder vierte Arbeitnehmer berichtete über einen eher lockeren Umgang mit vorhandenen Compliance-Regeln. 17 Prozent gaben an, es gebe keine Compliance-Regeln, und fast jedem Vierten war der Begriff gänzlich unbekannt. Sofern in Unternehmen Regeltreue-Vorschriften überhaupt vorhanden sind, fanden immerhin in 79 Prozent dieser Firmen bereits Schulungen dazu statt. Aber: Danach wird die Einhaltung der Regeln nur in 69 Prozent der Fälle regelmäßig überwacht. Und gar nur in jedem zweiten Unternehmen gibt es festgelegte Prozesse, wie erkannte Regelverstöße zu behandeln sind. Als Hauptmotivation einer systematischen Regeldurchsetzung wird von 75 Prozent der befragten Manager der Schutz des guten Rufes des Unternehmens genannt – ein sehr egoistisches Motiv. Und ein Motiv, das gänzlich wirkungslos bleibt, wenn nur das Gefühl vorhanden ist, die Regelverletzung könnte vielleicht doch »unter der Decke bleiben«.

Das zeigt einen erheblichen Mangel an vorhandenem Unrechtsbewusstsein; ganz anders als beim Normalbürger. Und da wir bei Regeltreue immer auch von Beachtung von Regeln zu unserem Schutz als Verbraucher reden: Wir kommen schlicht zu kurz, in großem Stil, über ganze Branchen hinweg.

Nein, das System funktioniert nicht. Weil es auch gar nicht auf Erfolg ausgelegt ist, wie der Umgang mit Mitarbeitern zeigt, die auf Missstände hinweisen. Diejenigen, die sich dabei vor einem Konflikt nicht einfach wegducken und sich mit allen Konsequenzen für das Recht entscheiden, sind die große Ausnahme. Diese klassischen Informanten über Missstände nennt man Whistleblower. Auch wenn in einigen Unternehmen inzwischen Regeln geschaffen wurden, die Mitarbeiter dazu motivieren sollen, Missstände aktiv zu melden – Whistleblower bleiben meistens Störfaktoren. Und zwar selbst dann, wenn sie nur intern auf Missstände aufmerksam machen. Da verwundert es nicht, wenn oft genug nur der direkte Weg in die Öffentlichkeit, zu den Medien also, Unregelmäßigkeiten oder gar kriminelles Verhalten ans Licht bringt. Die Fälle der letzten Jahre zeigen dies. Ohne Whistleblower und deren Informationen an Journalisten wären Missstände im Bankwesen (Zins- und Kursmanipulationen, Geldwäsche), im Sport (Doping, Korruption im Fußball) oder in der Politik (Korruption in einigen EU-Ländern, Misswirtschaft) vermutlich niemals aufgeflogen. Und wer ist am Ende der Leidtragende? Eben allzu oft der Bürger und Kunde. Der Kunde, der die manipulativ hoch gehaltenen Zinsen bezahlt. Der Steuerzahler, der mit seinen Steuern die Subventionen für den korrupten Sport finanziert oder die Taschen korrupter Politiker füllt. Der Bürger, von dessen Geld Banken gerettet werden, die sich selbst in Schwierigkeiten gebracht haben.

Das führt zu an sich einfachen Fragen: Warum halten die Unternehmen sich nicht einfach an die Gesetze? Warum ist Regeltreue/Compliance überhaupt ein herausgehobenes, von den Unternehmen gestaltetes Spezialthema? In Deutschland ist die Menge der Gesetze doch ohnehin berüchtigt. Und weltweit tätige Unternehmen finden in den anderen Ländern, in welchen sie operieren, natürlich in der Regel auch klar gefasste und zahlreiche gesetzliche Vorschriften vor. Zudem gibt es noch Sonderfälle, wie etwa die Tatsache, dass an amerikanischen Börsen gelistete Unternehmen durch US-Recht gezwungen sind, auch außerhalb des Landes bestimmte Normen US-amerikanischen Rechts einzuhalten.

Außerdem sollte man doch davon ausgehen können, dass die Mitarbeiter in Unternehmen ohnehin ausreichend für ihre Aufgaben ausgebildet sind und weitergebildet werden. Ob es sich um einen Ausbildungsberuf handelt oder der Tätigkeit ein Studium zugrunde liegt – es ist schlicht nicht denkbar, dass in der entsprechenden Ausbildung nicht die notwendigen Rechtsnormen und moralischen Normen vermittelt wurden. Oder zumindest im Job und durch Fortbildung rasch erlernt werden können. Bei einem Manager etwa sollte man schon voraussetzen, dass er im Wesentlichen weiß, was ihm erlaubt und verboten ist. Und den Rest in der Rechtsabteilung erfragen kann.

Warum also macht man Regeln noch einmal zu einem ganz besonderen Thema? Wohl aus zwei Gründen: einmal aus dem mit dem unseren Kundeninteressen deckungsgleichen Grund, die Einhaltung von Gesetzen fest in der Unternehmensorganisation zu verankern und sicherzustellen. So weit gut und richtig. Aber eben auch aus einem Grund, der unseren Interessen als Kunden zuwiderläuft: weil man im Regeltreue-Management den Kundenschutz so lange modifiziert oder gar manipuliert, bis aus Kundenschutz Unternehmensinteresse geworden ist. Wie eben in dem gerade beschriebenen typischen Ablauf einer Reklamation. Die Regeln, zu denen man sich da treu verhält, sind nicht die eigentlich geltenden, sondern die selbst geschaffenen des Unternehmens.

Und genau das führt zum bereits beschriebenen Phänomen: Der einzelne Bürger hält sich praktisch immer auch ohne Polizeibesuch und Gerichtsverfahren an Normen und kennt sie auch. Er beachtet Kündigungsfristen, weiß, dass er nicht einfach Waren bestellen kann, ohne sie zu bezahlen, bringt sein Auto zum TÜV, entrichtet seine Versicherungsprämien, zahlt seine Darlehensraten, gibt bei Wahlen seine Stimme nicht zweimal ab, legt seinem Antrag auf Baugenehmigung nicht einen diskreten Umschlag mit Geldscheinen bei und löst Meinungsverschiedenheiten nicht mit der Faust. Das Gegenteil ist die Ausnahme. Wäre es anders, bräche die zivilisierte Gesellschaft binnen kurzem zusammen. Handel, Verwaltung, Demokratie, Bankwesen würden nicht funktionieren ohne weitgehende Rechtstreue der Bürger. Bürger haben keinen Regeltreue-Manager zu Hause auf dem Sofa sitzen. Und sie brauchen ihn auch nicht: Im Normalfall halten sie sich einfach ans Gesetz. Sie verschwenden nicht ihre Zeit darauf, sich Umgehungsstrategien auszudenken.

## Die angebliche Selbstkontrolle der Wirtschaft

Auf Initiative der Bundesregierung wurde vor knapp 15 Jahren – zunächst für Aktiengesellschaften, später auch für andere Unternehmen – ein Ordnungsrahmen für die Leitung und Überwachung von Unternehmen entwickelt (engl.: corporate governance). Hier wollte der Staat also wirklich mitreden – aber hat das wirklich eine tiefgreifende Verbindlichkeit geschaffen? Die Entstehung des Deutschen Corporate Governance Kodex (DCGK) wurde zwar in der Folge vor allem des Philipp-Holzmann-Skandals, bei dem es zu einem Finanzdesaster und extremen Fehlverhalten des Managements gekommen war, im Mai 2000 von der Bundesregierung angestoßen. In der Sache handelt es sich jedoch wieder nur um ein Regelwerk zur reinen Selbstkontrolle der Wirtschaft. Politik und Zivilgesellschaft haben keinen Platz bei der Entwicklung, Umsetzung und Kontrolle der Regeln. Der Schutz von Unternehmens- und Aktionärsinteressen steht im Vordergrund.

Auch wenn der DCGK teils als Soft Law (»weiches Recht«) bezeichnet wird, ist selbst diese Bezeichnung noch viel zu weitgehend und irreführend: Weder ist ein demokratischer Gesetzgeber tätig geworden, noch handelt es sich um Recht in dem Sinne, dass es unabhängig und zwangsweise durch

Gerichte durchzusetzen wäre. Sofern der Kodex nicht ohnehin nur bereits geltendes Recht wiederholt, gibt er nur Anregungen, von denen – selbst ohne dies offenzulegen – durch die Unternehmen abgewichen werden kann. Wenn auch zumindest börsennotierte Aktiengesellschaften jährlich erklären müssen, ob sie den Kodex ganz, gar nicht oder teilweise einhalten, hat das nur dann negative Folgen, wenn unzutreffend erklärt wird, man halte eine bestimmte Norm ein.

Im Jahr 2002 wurde unter Federführung des Juristen und mächtigen sowie glänzend vernetzten Managers Gerhard Cromme eine erste Endfassung dieser Regeln erarbeitet und vorgestellt. Allein die Person Cromme verkörpert den Geist der Schaffung ganz eigener Regeln durch ebendie Regelbetroffenen selbst. Cromme stand, wie kaum ein anderer Manager, lange für die interne Verflechtung der Big Player unter den deutschen Unternehmen. Quasi als Überbleibsel der sogenannten »Deutschland AG«, einer gewollten personellen und Interessenverflechtung führender Konzerne dieser Republik mit dem Effekt der machtvollen Durchsetzung von Unternehmensinteressen im gesellschaftlichen Gesamtkontext. Cromme war bis zum 30. Juni 2008 Vorsitzender der Regierungskommission Deutscher Corporate Governance Kodex und damit maßgeblich am Umbau des deutschen Gesellschafts- und Kapitalmarktrechts beteiligt. Er hielt oder hält überdies Aufsichtsratsposten bei ThyssenKrupp, Siemens, Axel Springer, Compagnie de Saint-Gobain, Lufthansa, Eon, BNP Paribas, Suez, Volkswagen und Thales.

Was allein schon kein gutes Bild für Cromme und damit auch »seinen« DCGK als selbst geschaffenes Regelwerk der Wirtschaft abgibt: Die »Vereinigung der Aufsichtsräte in Deutschland« (VARD) legte Cromme angesichts von Verfehlungen von Topmanagern bei ThyssenKrupp während seiner

Amtszeit als Aufsichtsratsvorsitzender am 11. Januar 2013 den Rücktritt als Aufsichtsratsvorsitzendem nahe. Sein bisheriger Umgang mit den Skandalen bei ThyssenKrupp werfe »ein falsches Bild auf jene Aufsichtsräte … die mit großer Ernsthaftigkeit und Glaubwürdigkeit versuchen, gute Unternehmensführung zu praktizieren«, hieß es. Am 8. März 2013 legte Cromme daraufhin sein Amt mit Wirkung zum Ende des Monats nieder. Als Manager hatte er unter anderem seinen Ruf als »Corporate-Governance-Papst« *(Die Welt)* längst verspielt. Am Ende habe sein Management nicht nur zu »totalem Kontrollverlust« geführt, so *Die Welt* weiter, sondern: »Einmal am Ziel angekommen, warf Cromme alle Regeln guter Unternehmensführung, die er selbst jahrelang als Corporate-Governance-Papst gepredigt hatte, über Bord.«

Seine Arbeit bei der Entstehung des Deutschen Corporate Governance Kodex steht damit in einem ungünstigen Licht und in der Gefahr, letztlich als eine Serie von Lippenbekenntnissen wahrgenommen zu werden – heißt es doch nicht zu Unrecht: »An ihren Taten sollt ihr sie erkennen.« Der Wirtschaftswissenschaftler Wolfgang Bernhard von der Universität Leipzig schließlich wirft nicht nur Cromme vor, selbst gegen die Kodex-Vorschriften verstoßen zu haben, sondern auch dessen Nachfolger als Vorsitzendem der Kodex-Kommission, Klaus-Peter Müller, Aufsichtsratschef der Commerzbank. Dass damit der Wert und die Durchsetzungskraft des DCGK mindestens kritisch zu hinterfragen sind, bedarf wohl keiner weiteren Diskussion. Noch einmal muss man sich die Zusammensetzung der Regierungskommission vor Augen halten, die den Kodex fortentwickeln soll: Ihre Mitglieder werden nicht etwa gewählt, sondern vom Bundesjustizministerium berufen. Die 12 Mitglieder stammen aus börsennotierten Unternehmen, sind weiter Anlegervertreter,

Wissenschaftler, Arbeitnehmervertreter und Wirtschaftsprüfer. Vielleicht wäre es zukünftig auch klug, Verbraucher und Verbraucherschutzverbände an der Weiterentwicklung des DCGK zu beteiligen.

Begibt man sich also auf die Suche, wo bei alledem von uns, von den Kunden also, die Rede ist, wird man viel zu selten fündig. Immerhin: Ben Tellings, Aufsichtsratsvorsitzender der ING-DiBa AG, räumte anlässlich einer Rede zum Thema »Selbstregulierung oder staatliche Vorgaben?« am 18. Juni 2015 sehr selbstreflektiert ein: »Viele in unserer Branche haben in der Vergangenheit nicht proaktiv und zugunsten unserer Kunden gehandelt, sondern Entscheidungen so lange hinausgezögert, bis der Gesetzgeber eingreifen musste.« Und Tellings nennt ohne Umschweife den Grund dafür: »In der Praxis demonstriert die Welle an Skandalen und eklatantem Fehlverhalten, die immer noch über die Bankbranche rollt, dass sich viele Investment- und andere Banker kaum einen Deut um die Verhaltensregeln ihrer Arbeitgeber scheren.«

Da kann man nur zusammenfassen: Erst verwässert man unser gutes Recht zu Regeltreue. Und dann scheren sich allzu viele noch nicht einmal darum. Einschließlich gar derer, die zuvor die selbst geschaffenen Regelwerke aufgestellt haben. Und als Kunde und Bürger kann man das nur über sich ergehen lassen.


## Kundenmanagement

Die Schnittstelle der internen Strukturen eines Großunternehmens zum Kunden, typischerweise integriert in die softwaregestützte Unternehmenssteuerung, ist das Kundenbeziehungsmanagement. In der Fachsprache wird es Customer

Relationship Management (CRM) genannt. Noch so ein modern gewordener Begriff aus dem weiten Feld des internationalen Business-Sprech.

Unter CRM ist eine Fülle von Möglichkeiten zusammengefasst, die ich teilweise noch erläutern werde. Man sollte in diesem Rahmen einen inneren Zusammenhang zur Regeltreue, zur Compliance erwarten, dergestalt, dass strikt darauf geachtet wird, im Umgang mit Kunden zumindest die gesetzlichen Vorgaben zu achten. Idealerweise vielleicht noch ergänzt um positive, dem Kunden nützende Aspekte der viel beschworenen Unternehmenskultur. Allerdings besteht das Kundenbeziehungsmanagement in der Realität weniger mit Blick auf die echten Kundeninteressen, als vielmehr unter dem Ziel der Gestaltung der Kundenbeziehungen nach den Interessen des Unternehmens. Wie der Name schon sagt: Der Kunde wird »gemanagt«. Uns Kunden begegnet man nicht als Partner auf Augenhöhe. Wir stehen nicht gleichberechtigt und nach fairen Regeln im Kontakt zum Unternehmen. Nein, wir Kunden sind nicht Partner, wie das Wort »Vertragspartner« eigentlich klarstellt. Wir sind ein schlichtes Objekt von Unternehmensabläufen und werden gemanagt. Genau wie die Waren, die wir kaufen.

Die Definition von Kundenbeziehungsmanagement im Standardwerk *Gabler Wirtschaftslexikon* ist jedenfalls viel zu optimistisch, ganz so, als würden Unternehmen ihre Interessen denen des Kunden unterordnen. In dem Nachschlagewerk ist nämlich nachzulesen: »CRM ist zu verstehen als ein strategischer Ansatz, der zur vollständigen Planung, Steuerung und Durchführung aller interaktiven Prozesse mit den Kunden genutzt wird. CRM umfasst das gesamte Unternehmen und den gesamten Kundenlebenszyklus ... CRM stellt kein isoliertes Instrument dar, sondern muss als Unternehmensphilosophie in die Prozesse einfließen, um eine konsequente Kundenorientierung zu erreichen.« Demgegenüber muss man schon hier festhalten, dass Vorgaben im Kundenbeziehungsmanagement auch dann aus Unternehmenssicht von dessen Mitarbeitern beachtet werden sollen, wenn sie klare Gesetzesumgehungen oder Täuschungen über unsere Kundenrechte bedeuten. Denn das Kundenbeziehungsmanagement wird üblicherweise nicht mehr aus Sicht eines Kunden verstanden, den man in jedem Fall und korrekt zufriedenzustellen hat. Vielmehr will das Unternehmen den Kunden »pflegen«, um dadurch das Verhalten des Kunden den eigenen Unternehmenszielen besser unterordnen zu können. Das ist so, als würde nicht mehr der Verkäufer den Kunden, der gerade einen teuren Anzug gekauft hat, an der Ladentür mit einem ehrlich gemeinten »Vielen Dank für Ihren Einkauf, ich wünsche Ihnen viel Freude mit dem neuen Stück, beehren Sie uns bald wieder« verabschieden. Es ist vielmehr so, als würde sich der Verkäufer gleich nach der Verabschiedung des Kunden an seinen Kollegen wenden, um zu fragen, ob man auch möglichst viele Daten vom besagten Kunden abgegriffen habe, ob und gegebenenfalls wo man weitere Informationen über ihn bekommen könne und wie man diesen Kunden beim nächsten Mal dazu bringen könne, sich einen Anzug zu kaufen, der für das Unternehmen im Einkauf noch billiger und im Verkauf noch teurer ist. Und zwar selbst dann, wenn er dem Kunden weder passt noch steht.

Wir erinnern uns: Die modernen Managementtheorien haben eine Umorientierung der typischen Kundenorientierung hin zu einem Mix aus ganz unterschiedlichen, sich einander oft widersprechenden Unternehmenszielen gebracht. Kundenbeziehungsmanagement bedeutet also nicht in erster Linie, einen zufriedenen Kunden zu erzeugen. Sondern es will primär das Unternehmen besserstellen. Bei den Mitarbeitern geht es dann nicht darum, dass diese ein gutes Verhältnis zum Kunden aufbauen. Sondern erst einmal darum, im Rahmen des bestehenden Arbeitsvertrages das zu tun, was verlangt wird. Dabei wird die dann verständliche Neigung des Mitarbeiters in Kauf genommen, sich im Alltagsgeschäft nun nicht bei jedem Schritt über Recht und Moral besondere Gedanken zu machen. Im Zweifel orientiert man sich leichter am Verhalten der Kollegen und Vorgesetzten.

Zudem wird sich der einzelne Mitarbeiter recht gut ausmalen können, was er zu erwarten hat, stellt er das System intern in Frage, oder geht gar mit den Missständen sogar an die Öffentlichkeit. Ganz offen muss man daher fragen, ob die jeweiligen Strukturen überhaupt so beschaffen sind, dass stets und zuverlässig notwendige Selbstreinigungskräfte freigesetzt werden, die dann Regeltreue und Kundenbeziehungsmanagement unter einen Hut bringen.

Meine Antwort: Bei einer ganzen Reihe von Unternehmen ist das sicherlich so. Systematisch und insgesamt betrachtet aber: nein! Die vorhandenen Strukturen erreichen dieses Ziel auf die gesamte Unternehmenslandschaft bezogen nicht ausreichend. Und der Markt kann das nicht genügend regeln, weil Regelverstöße gegenüber dem Kunden derzeit kein faires und angemessenes Preisschild tragen – oder umgekehrt: weil die durch und durch seriösen und regeltreuen Kaufleute wirtschaftlich nicht genügend prämiert werden.

## Worum es den Unternehmen eigentlich geht

Dem Kundenbeziehungsmanagement der Unternehmen geht es also gar nicht um die durchgängige individuelle Zufriedenheit des Kunden oder die korrekte Abwicklung eines einzelnen Kaufes oder einer Dienstleistung. Die Professorin a. D. für Wirtschaftsinformatik Herrad Schmidt von der Universität Siegen sagt, das Kundenbeziehungsmanagement sei ein ganzheitliches strategisches Konzept mit dem Ziel, »die Beziehungen zwischen Kunden und Unternehmen profitabel auszubauen und langfristig zu erhalten«. Ziel ist also, ein Maximum an Profit aus dem Kunden herauszuholen, nichts anderes. Die Kunst dabei ist, dass sich der Kunde natürlich trotzdem nicht unangenehm oder gar abgezockt, sondern rundum fair und korrekt behandelt fühlen soll. In der Medizin würde man vielleicht von einem Plazebo-Effekt sprechen. Was unter »Kundenbindung« zu verstehen ist, beschreibt das *eStrategy-Magazin* so: »Ein wesentlicher Faktor für den Erfolg eines Unternehmens liegt darin, die Kundenbindung so zu stärken, dass der Kunde möglichst lange zu den treuen Bestandskunden zählt. Die Aufgabe liegt also darin, einen Laufkunden oder spontanen Einkäufer durch geeignete Maßnahmen zum Stammkunden zu machen. Auch wenn das Thema Kundenbindung keine leichte Aufgabe ist, nützt dies meist mehr, als Unsummen in Werbekampagnen zu stecken.« Fest stehe, »dass die Gewinnung von Kunden um ein Vielfaches höhere Kosten verursacht als Kundenbindungsmaßnahmen«. Zudem steige mit der Dauer einer Kundenbeziehung die Wahrscheinlichkeit, dass ein Kunde ein Produkt nachkauft.

Es geht da also nicht um die Erzeugung von begründeter Zufriedenheit, solange man nur verhindern kann, dass unzufriedene Kunden zur Konkurrenz wechseln. Und wenn das

Verhindern eines solchen Wechsels mehr kostet, als der Kunde noch einzubringen verspricht, dann ist es uninteressant, ihn zu halten. Obwohl vom Konzept her auf Gewinnmaximierung ausgerichtet und damit scheinbar der reinen kapitalistischen Lehre folgend, schwächt das Kundenbeziehungsmanagement den freien Wettbewerb: Es macht nicht mehr derjenige das beste Geschäft, der eine gute Leistung anbietet und sich fair an die Regeln hält. Nein, derjenige arbeitet am profitabelsten, welcher es am besten schafft, mit einem schlechten Service oder teuren Produkten den Kunden so lange wie möglich bei sich zu behalten.

## Was ist ein Kundenleben wert?

Beim Customer Lifecycle Management, dem Management des »Kundenlebenszyklus«, werden wir Kunden eingeteilt in potenzielle Kunden, aktuelle Kunden und verlorene bzw. inaktive Kunden. Einen verlorenen Kunden im Rahmen des Customer Lifecycle Managements wieder zu einem aktuellen Kunden zu machen, nennen Experten »Wiederbelebungsmanagement«. Quasi die Reanimationsmedizin der Verkaufskunst. Typische Maßnahmen dafür sind, dass ein Kunde, der sich von einer langfristigen Geschäftsbeziehung abmeldet, eine Umfrage präsentiert bekommt, mit Rabattaktionen oder auch Telefonanrufen gelockt wird.

So rief mich eine Tageszeitung, die ich einmal abonniert hatte, mit einem verlockenden Angebot an, um mich zu einem neuen Abo zu bewegen. Experten nennen das »Kündigungsmanagement«. Und nachdem ich über ein Vergleichsportal einen günstigeren Erdgas-Anbieter als meine örtlichen Stadtwerke ermittelt hatte, kam von Letzteren das Angebot zu einem besseren Tarif. Dies außerdem verbunden mit einer freiwilligen und nennenswerten Gutschrift, die sich schließlich sogar noch im Verhandlungswege auf immerhin ein paar hundert Euro erhöhen ließ. Solch ein engagiertes Kündigungsmanagement ist manchmal sogar illegal. Vertragskündigungen sind auch bei öffentlichen Krankenversicherungen ein Thema. Hier geht es um hohe monatliche Beiträge in einem Solidarsystem, in dem jeder Einzahler wichtig für die Kassen ist. Die Krankenkasse DAK aber überwies einem eigentlich wechselwilligen Kunden 230 Euro, damit er blieb. Nach Auskunft des Bundesversicherungsamtes klar unzulässig, was die DAK dann auch einräumen musste.

Alles in allem interessant. Und nach dem Motto »Fragen kostet nichts« und »Versuch macht klug«: Probieren Sie so etwas das nächste Mal doch auch, wenn ein Telefon- oder Energieanbieter oder eine Versicherung Sie besonders lieb zu haben scheint: »Was können Sie mir gutschreiben, wenn ich nicht den Anbieter wechsele?« Ein paar hundert Euro für die Urlaubskasse kann man immer gebrauchen.

## Der Wert des Kunden ist der Wert des Unternehmens

Ein anderer Kernbegriff des Kundenbeziehungsmanagements ist der Wert des Kunden, im Fachjargon *Customer Lifetime Value* (CLV). Der Begriff bezeichnet den Wert, der einem Kunden für die Lebensdauer der Kundenbeziehung zugemessen wird. Er drückt aus, welche Profite das interessierte Unternehmen aufgrund statistischer Annahmen für den Kunden insgesamt in der Zukunft vorhersagen kann. Dazu formuliert das *Gabler Wirtschaftslexikon:* »Der Fokus der Kundenbearbeitung sollte hierbei auf Kunden liegen, die bes. profitabel sind. Auskunft hierüber gibt bspw. der Wert eines Kunden (Customer Lifetime Value).« Der Kundenlebenswert bestimmt wiederum, wie viel Geld ein Unternehmen bereit ist, auszugeben, um uns als Kunden zu gewinnen oder zu halten. Das Ausmaß der »Freundlichkeit« gegenüber unsereins ist also nicht durch Erwägungen des Rechts oder gar des kaufmännischen Anstands bestimmt, sondern durch rein pekuniäre Motivation.

Die Erfassung eines Kundenlebenswertes dient noch einem anderen Zweck. Der Wert des Unternehmens selbst kann nämlich auch aus der Summe des Wertes aller seiner Kunden bestimmt werden. Und der errechnete Betrag kann schon bei einem einzigen Kunden, der regelmäßig hochwertige Konsumgüter kauft, gerne einmal Tausende von Euro sein. Hat man von diesen Kunden einige Zehn- oder Hunderttausende oder Millionen, dann hat das Unternehmen für die Eigentümer oder potenziellen Investoren schnell einen Milliardenwert. Der sich – man muss das noch einmal so klar wiederholen – in diesem Rechenmodell aus nichts anderem zusammensetzt, als dem prognostizierten zukünftigen Kaufverhalten von uns Kunden. Und dies kann als geldwertes Gut an den nächsten Investor verkauft werden.

So rechnen sich dann auch die scheinbar kostenlosen Internetangebote von Sozialen Netzwerken (z. B. Facebook) oder Reiseportalen wie tripadvisor. Deren laufendes Geschäft mag in Werbeeinnahmen oder Vermittlungsprovisionen bestehen. Ihr Wert aber wird ganz wesentlich mitbestimmt von der Zugriffsmöglichkeit auf aufgeschlüsselte Datensätze von Kunden, die als solche bereits eine wertvolle Handelsware sind. Das gilt vor allem, wenn hinter dem Datensatz eben nachweislich jemand steht, der bisher schon teure Klamotten gekauft oder teure Hotels gebucht hat und damit auch für teure

Unterhaltungselektronik und teure Flugreisen in Betracht kommt – oft vorhersehbar noch für viele Jahrzehnte, wenn man, wie meist, auch noch sein Alter kennt. Und so endet die gedankliche Reise, die mit einem Kunden und seinen guten Rechten begonnen hat, beim Kunden als einem möglichst umfangreichen Datensatz. Der steht, bildlich gesprochen, nicht mehr mit Gesetzbuch und Portemonnaie in der Tasche da und begegnet dem Händler auf Augenhöhe – sondern wie ein Sklave auf dem römischen Sklavenmarkt oder ein Fußballtalent auf dem modernen Transfermarkt: nämlich mit einem Preisschild um den Hals.

Vor diesem Hintergrund genügt es Unternehmen selbstverständlich nicht, wenn ein Kunde nur einen einzigen Artikel kauft. Wir sollen nach Möglichkeit mehr kaufen, als wir vorhatten, oder ganz andere Ware als die, wegen der wir in den Laden oder den Onlineshop gekommen sind. Hier haben sich beim Kundenbeziehungsmanagement die Begriffe *Upselling* und *Crossselling* herausgebildet; der Kunde soll sich »aufwärts« zu einem höher positionierten bzw. »seitlich« zu einem benachbarten Artikel bewegen. Beim *Upselling* werden wir im Klartext überredet, einen teureren Artikel zu kaufen. Beispiel: Ich interessiere mich für eine Stereoanlage zum Preis von 500 Euro. Da diese nicht über eine bestimmte Funktion verfügt, bietet der Verkäufer mir ein Modell an, welches die Funktion hat. »Zufällig« kostet dieses Modell 800 Euro, 300 mehr also. Beim *Crossselling* werden Artikel, die mit dem Produkt, für das wir uns interessieren, nur verwandt sind, an Mann und Frau gebracht. Beispiel: Wenn ich bei Ryanair einen Flug buchen will, bekomme ich auch Mietautos, Unterkünfte oder Koffer angeboten. Und mein Reiseveranstalter bietet mir, wenn ich eine Reise buche, auch gleich eine (nicht selten überteuerte) Reiserücktrittskostenversicherung an.

Wenn ich schließlich bei Vistaprint Visitenkarten bestelle, soll am besten auch noch eine Tasse mit meinem Namen im Warenkorb landen.

Das Fachjournal *die bank* veröffentlichte im September 2015 den Artikel »Weg mit den Schranken im Kopf« in einem Fachchinesisch, das zwischen den mit deutschen und englischen Schlagwörtern gespickten Zeilen eines deutlich macht: Der Kunde ist nur eine Art beliebig formbares Objekt, das man zwar bestens kennenlernen, ansprechen und kontaktieren möchte – aber eben nicht, um den Kunden in seinen eigenen Interessen zu respektieren, sondern für »vertriebliche Ziele«. Wo die Banken allzu oft das Wort »Beratung« im Munde führen – da geht es also nur um Verkauf. Abgesichert durch selbst geschaffene Regeln, platziert neben und über den Gesetzen, wurde und wird der Kunde zu einer Nummer, zu einem schlichten Objekt der internen Prozesse im Unternehmen.

Wenn man Insider zum Thema Kundenbeziehungsmanagement fragt, dann können sie durchaus spontan zahlreiche Beispiele nennen, in denen sich Unternehmen zumindest in Grauzonen bewegen. Was den Kontakt und die Zusammenarbeit mit dem Kunden angeht, so haben sich die Firmen eine naheliegende Maßnahme einfallen lassen, um all dies im eigenen Sinne zu vereinfachen und billig zu gestalten. Sie regeln das bis an die Grenze knallharten Geschäftsgebarens und manchmal darüber hinaus in ihren Allgemeinen Geschäftsbedingungen (AGB). Besonders unangenehm ist das, wenn man sich im Internet bewegt: Diskutieren kann man nicht und wie bei einem Papierdokument einzelne Passagen streichen kann man auch nicht. Und so muss ich als Kunde wohl oder übel selbst sinnlose oder gar rechtswidrige Bedingungen erst einmal hinnehmen.

Insgesamt mögen sich etliche der Kniffe der Unternehmen

im legalen Bereich bewegen. Die einzelnen Praktiken sind aber nicht vom Servicegedanken gegenüber den Kunden getragen. Sie folgen ökonomischen Kriterien wie Kostenminimierung, Effizienzsteigerung und Gewinnmaximierung, nicht Kategorien wie Kulanz oder Tugenden wie Verlässlichkeit, Verständnis und Rücksichtnahme auf Kundeninteressen – wie deren begrenzte Lust und Zeit, sich im Interesse des Unternehmens mit überflüssigen Problemen herumzuschlagen. Wie bereits gesagt: Die moderne Managementwissenschaft hat sehr viel Gutes mit sich gebracht – aber eben auch das Problem, dass die Kundeninteressen neben vielen anderen Zielen der Unternehmensführung schnell unter die Räder kommen können.

»Auch nach neun Jahren Kundschaft keine Kulanz zu erwarten«, beschwert sich etwa ein Kunde des Telefon- und Internetanbieters 1 & 1 auf der Kundenplattform Reclabox. Für ein Unternehmen wie 1 & 1 spielt jedoch die Dauer der Kundenbeziehungen nur insofern eine Rolle, als der Kunde bislang Gewinn erbracht hat und diesen auch für die Zukunft verspricht. Würde man auf das Anliegen des Kunden eingehen und dieses wäre mit Kosten verbunden, geriete das Rechenwerk schnell aus der Balance.

## Und keiner will es gewesen sein

So hat sich also neben der Welt der Gesetze eine ganz neue und eigene Welt gebildet. Wer nun letztlich die treibenden Player bei alledem sind, können oder wollen uns auch Insider nicht sagen. Die Kundenbeziehungsmanagement-Branche ist verschwiegen. Fragt man zum Beispiel im Karrierenetzwerk Xing 20 Mitarbeiter von Unternehmen, die *Customer Rela-*

*tionship Management* (CRM), also Kundenbeziehungsmanagement, als ihr besonderes Interesse angeben oder in entsprechenden Positionen tätig waren, nach Unternehmen, die sich mit kommunikativem oder operativem CRM befassen, erfährt man wenig. Einer, der »CRM« und »Kundenwert« als berufliche Kompetenzen anbietet, findet, man habe sich da »eines spannenden Themas angenommen«. Er habe jedoch, behauptet er, zu den großen Namen der Branche »überhaupt keinen Zugang«. Eine nach eigenen Angaben frühere Großkundenbetreuerin von Payback und Ex-Mitarbeiterin von amazon.de schreibt: »Ich befürchte nur, dass ich hier wenig, wenn nicht sogar gar nichts Wesentliches beisteuern könnte. Ich schaue mal derweil in meinem Netzwerk, wen ich Ihnen weiterempfehlen kann, an den Sie sich stattdessen wenden könnten.« Danach lässt sie aber nichts mehr von sich hören, auch nicht auf Nachfrage.

Ein »Consultant«, der ebenfalls »CRM«, aber auch »Pharma Sales Force« anbietet, behauptet, die Namen von einschlägigen CRM-Anbietern fielen »unter meine Verschwiegenheitspflicht. Da müssen Sie die Unternehmen selbst ansprechen.« Und der Produktmarketing-Chef der Amazon-Tochter Audible schreibt: »Ich kann Ihnen leider nichts über unsere Strategie erzählen.« Er würde sich an »Zalando, Telefonunternehmen (Telekom, O2 etc.), Netflix, Maxdome, Watchever wenden«, also Konkurrenten seines Arbeitgebers. Die kleinen dunklen Geheimnisse will man lieber für sich behalten.

## Die Zeiten von König Kunde sind vorbei

Die großen Fragen bei alledem sind: Wo bleibt bei alledem der Kunde? Warum wird er so zum Objekt degradiert, anstatt als gleichberechtigter Geschäftspartner wahrgenommen und behandelt zu werden? Und wo sind unsere Kundenrechte unabänderlich verankert? Wohlgemerkt gibt es natürlich Verbraucherschutzrechte, die den Kunden davor schützen sollen, einen defekten Kaufgegenstand oder eine fehlerhafte Dienstleistung zu erhalten. Auch ist geregelt, wo die Grenzen von Allgemeinen Geschäftsbedingungen liegen oder wie mit Daten umzugehen ist. Gerade die großen Unternehmen tun jedoch immer wieder ihr Möglichstes, diese Gesetze durch die selbst geschaffenen Regeln ihres Kundenbeziehungsmanagements zu ersetzen.

Aber, muss man weiter fragen, wenn die Kundenrechte in Teilen jedenfalls aufgeschrieben sind: Wie werden sie wirklich durchgesetzt? Wo ist der Druck, diese unbedingt zu beachten?

Genau dieser Druck ist eben zu gering. Eine Verletzung von Pflichten gegenüber dem Staat mag stark und schmerzhaft sanktioniert sein, gegenüber den eigentlichen Geschäftspartnern aber nicht. Wenn auch mit Verzögerung, wurde doch das Bundesverkehrsministerium aktiv, als von VW staatliche Abgasvorschriften nicht eingehalten wurden. Aus demselben Grund fing man im Laufe des Jahres 2016 an, gegen Opel vorzugehen. Und auch Fiat bestellte man deswegen Mitte Mai 2016 ins Ministerium ein. Fiat kam aber nicht und teilte kurzfristig mit, als nicht deutsches Unternehmen sei man der Bundesregierung keine Rechenschaft schuldig. Auch das im staatlichen Interesse bestehende Steuerrecht setzt man oft mit großer Härte durch. So kommt routinemäßig und teilweise flächendeckend die Betriebsprüfungsabteilung des Finanzamts oder gar die Steuerfahndung ins Unternehmen. Viele Behörden, und nicht nur Strafverfolgungsbehörden, beschlagnahmen Akten, um Unregelmäßigkeiten nachzugehen oder auch um Druck aufzubauen. Zögerlich zumindest fängt man damit an, den Steuertricks global tätiger Unternehmen nachzugehen. Nachdem Parlamente und staatliche und europäische Verwaltung zunehmend ihren Unmut bekunden, beginnt man – viele sagen, noch unzureichend – als illegitim bewertete Steuerschlupflöcher zu schließen.

Gibt es für unsere Kundenrechte etwas Entsprechendes? Gestützt durch tausende Beamte? Antwortet der Staat auf die in diesem Buch geschilderten Ärgernisse und Lügen mit massiven Untersuchungen und Gegenmaßnahmen? Nein.

Zumindest haben wir Kunden Auskunftsrechte im Bereich des Datenschutzes. Nur: So manches Mal erhalte ich als Kunde die angeforderte Auskunft über gespeicherte Daten nicht. Doch selbst wenn ich sie erhalte, ist es eventuell schon zu spät. Weil nämlich bereits Daten erhoben wurden. Diese sind dann in der heutigen Zeit wahrscheinlich sogar digital gespeichert, vielleicht sogar in einer Daten-Cloud, irgendwo im weltweiten Netz, womöglich in einem Land mit weniger strengen Datenschutzvorschriften als in Deutschland.

Fragen zum Datenschutz warf im Mai 2016 auch das Gebaren der Deutschen Bahn auf. Diese hatte in Fällen, in denen von Kunden der Fahrpreis nach Beförderung scheinbar oder tatsächlich nacherhoben werden musste (etwa auch, wenn der elektronisch auf dem Handy gespeicherte Fahrschein wegen eines leeren Akkus nicht einsehbar war), deren Daten an die sogenannte »DB Fahrpreisnacherhebungsstelle« weitergegeben. Nur: Das ist kein Teil des Unternehmens Deutsche Bahn, wie der Name nahelegt. Es ist ein externer Inkassodienstleister, eine Tochtergesellschaft des Bertelsmann-Konzerns, Arvato Infoscore. Und dieses Unternehmen betreibt nicht nur die Einziehung von Forderungen, sondern erstellt auch Scorings von Privatpersonen, also Bewertungen deren finanzieller Leistungsfähigkeit. Die betroffenen Kunden wussten von alledem nichts; an keiner Stelle klärte die Bahn darüber erkennbar auf. Medienberichten zufolge gab die Bahn nicht nur Kundennamen, Kundenadresse und die angeblich offene Forderung weiter, sondern auch noch diverse andere Daten, die im Zusammenhang mit der Ticketbuchung angefallen waren. Wenn ich als Bahnfahrer Pech habe, kann also ein einfaches technisches Problem mit meinem Handyticket zu einer Bewertung meiner Zahlungsfähigkeit führen. Und wenn meine Daten dann auch noch weiterverkauft werden, fällt mir womöglich am Ende bei der Beantragung eines Kredites alles auf die Füße.

Der Umgang mit digitalen Kundendaten ist also ein zentraler Aspekt im Kundenbeziehungsmanagement. Schon kleinere, und erst recht große Unternehmen lassen sich heutzutage nur noch durch Einsatz von Unternehmenssteuerungssoftware effizient verwalten. Was ein Unternehmen also tut oder zu tun in der Lage ist, setzt in höchstem Maße erst einmal auf der verwendeten Software auf, die praktisch alle Vorgänge im Unternehmen vernetzt und integriert. Einer der Global Player auf diesem Gebiet ist der deutsche Software-Gigant SAP.

## Die EU-Datenschutzverordnung

Die großen Unternehmen sind mit mächtiger Software ausgestattet. Sie können sich auf einer enorm ungleichen Verteilung von Informationen ausruhen – sie streben nach allumfassendem Wissen über uns Kunden, wohingegen wir so weit wie möglich im Dunkeln gelassen werden sollen. Zuletzt schickte sich die EU an, mit einer neuen Datenschutzverordnung die Lage von uns Verbrauchern zu verbessern. Doch stellte die *Frankfurter Allgemeine Zeitung* Ende 2015 fest, es sei verpasst worden, »einen Ausgleich zwischen Verbraucherschutz und Wirtschaftsinteressen zu finden«. Die Wochenzeitung *Die Zeit* betonte in diesem Zusammenhang, es habe bei der Schaffung dieser Verordnung »ein nie gekanntes Ausmaß an Lobbyismus« gegeben. Immerhin: Ein Beweis dafür, dass es hier richtig um etwas geht, das sich vielleicht später nicht so einfach unterlaufen lässt. *Die Zeit* weiter: »Selten haben Unternehmen so intensiv und hartnäckig versucht, ein Gesetzesvorhaben in die von ihnen gewünschte Richtung zu lenken.«

Der zuständige Parlamentsberichterstatter habe, so schreibt *Die Zeit* weiter, etwa 4000 Änderungsanträge abarbeiten müssen, teils mit konkreten Formulierungsvorschlägen von Unternehmen und Verbänden. Dennoch sei die »Internetwirtschaft beruhigend unzufrieden« und »einigermaßen unglücklich mit dem Verordnungstext«. Der allerdings ist im Laufe des Verfahrens zu einer 200-Seiten-Buchstabenwüste angewachsen, aus der sich die Verbraucher »kaum zusammenreimen können, was sich in Zukunft für sie ändert«. Dafür sorgten »Schachtelsätze, nicht immer eindeutige Definitionen, Querverweise und zahlreiche Ausnahmen. Insofern ist es ein typischer Gesetzestext, nicht mehr und nicht weniger.« Für die Zukunft des Verbraucherschutzes kann einem das nur die Sorgenfalten ins Gesicht treiben. Wo das am 1. Januar 1900 in Kraft getretene BGB zur Regelung ganzer Gattungen von Verträgen typischerweise noch mit einer sehr überschaubaren Anzahl an systematisch strukturierten Paragraphen auskam – da kann bei solchen Mega-Regelwerken der Bürger ohne die Übersetzungshilfe eines spezialisierten

Anwalts gar nicht mehr erkennen, was nun eigentlich Sache ist.

Immerhin soll die EU-Datenschutzverordnung ein modernes Sanktionsregime einführen. Es ist tatsächlich die Rede von Strafzahlungen bei Rechtsverletzungen im Bereich von bis zu vier Prozent des Jahresumsatzes, wie die ehemalige Bundesjustizministerin Sabine Leutheusser-Schnarrenberger etwa am 17. Januar 2016 bei einer Paneldiskussion der ARD-Radiosender betonte.

## Software übernimmt die Macht

Doch während noch diskutiert und formuliert wird, rüsten die Unternehmen IT-mäßig gleichzeitig massiv auf, um die Kundenbeziehungen noch stärker nach ihren Vorgaben und Bedürfnissen zu steuern. Während die Ausgaben für Unternehmenssteuerungssoftware in anderen Bereichen seit 2010 zwar stetig, aber langsam gewachsen sind, explodierten dem Experten Mark Taylor zufolge diejenigen für Kundenbeziehungsmanagement geradezu. Zwischen 2010 bis 2017 werden sie sich weltweit fast verdreifachen. 2016 wird weltweit mit Ausgaben von 32 Milliarden US-Dollar gerechnet, 2017 mit 37 Milliarden. Dabei werde es innerhalb der Ausgaben für Kundenbeziehungsmanagement ein noch stärkeres Wachstum geben in dem Bereich, den wir gerade mit Blick auf die eigentlich geltenden Gesetze in diesem Buch betrachten: »Help-desk/customer service«, also die Bearbeitung der Probleme von uns Kunden. Es ist jetzt schon absehbar: Der Schutz unserer wirtschaftlichen und rechtlichen Interessen als Kunden wird ohne durchgreifende Maßnahmen des Gesetzgebers mit der Aufrüstung auf Unternehmensseite nicht

Schritt halten. Ohne Gegenmaßnahmen ist der Situation nicht Herr zu werden.

Machen wir uns also noch einmal klar: Was wir hier sehen, sind nicht unglückliche Zufälle, sind nicht schlecht informierte Mitarbeiter vor Ort oder am Telefon; es sind systemische Strukturen.

Ganz offenbar merken wir als Verbraucher meist gar nicht, wie schlecht mit uns umgegangen wird. Das sieht man schon daran, dass große öffentliche Proteste gegen das Vorgehen der großen Händler oder massive Medienberichterstattung darüber bislang ausgeblieben sind. Eine 2012 von der damaligen Verbraucherschutzministerin Ilse Aigner in Auftrag gegebene Studie zur »Lage der Verbraucher in Deutschland« brachte das Ergebnis, dass 76 Prozent der Verbraucher sich beim Einkauf in der Regel gut informiert fühlten. Allerdings fragt man sich schon: Warum werden Steuerzahlergelder für eine Studie ausgegeben, bei der ein Umfrageinstitut die Meinung der Verbraucher – für einige wenige Branchen – abfragt?

Es ist doch wohl eher Aufgabe der Politik, die Einhaltung der Gesetze zu überwachen! Und nicht, zu fragen, ob wir Verbraucher, die wir unsere Rechte im Einzelnen oft gar nicht kennen, so oder so zufrieden sind. Da verschließt man freiwillig die Augen vor den wirklich wichtigen Fragen. Vielleicht wären die Verbraucher ja viel unzufriedener gewesen, wenn man sie zuvor über ihre Rechte aufgeklärt hätte? Wer weiß, welch verheerende Ergebnisse die Studie zur Reklamationspraxis seitens der Verbraucherzentralen aus demselben Jahr 2012 erbracht hat, der kann objektiv nicht ernsthaft zufrieden sein. So wiegt sich denn die Politik in der trügerischen Gewissheit, es bestehe doch kein rechter Handlungsbedarf.

## Die Steuerung von Reklamationen und Beschwerden lassen sich Unternehmen Millionen kosten

Erinnern wir uns: Eigentlich sollten die Beziehungen von Kunden und Unternehmen durch die Rechtsordnung bestimmt werden, an der wir alle als Bürger eines demokratischen Rechtsstaates mitwirken, in der wir eigentlich alle gleich viel wert sind und in der wir uns alle in gleichem Maße dem Recht zu unterwerfen haben. Große und Kleine, Reiche und Arme. Eigentlich sollten sich Preise und Leistungen in einem transparenten marktwirtschaftlichen Verfahren herausbilden, das durch Angebot und Nachfrage bestimmt wird. Kundenbeziehungsmanagement hat mit diesen historisch mühsam erkämpften Verfahren oft nichts mehr zu tun. Rechtsstaat und Kapitalismus als Säulen der sozialen Marktwirtschaft? Wie romantisch. Kundenbeziehungsmanagement verdrängt den Rechtsstaat als Staat Gleichberechtigter, es verdrängt den Markt als Markt gleich Mächtiger. Das kann man manchmal live miterleben.

Als meine Frau einmal beruflich ein Hotel brauchte, haben wir miteinander telefoniert und gleichzeitig nach denselben Preisen für dasselbe Hotel auf demselben Reiseportal gesucht. Ihr wurde aber ein etwa 20 Prozent höherer Preis angeboten. Wahrscheinlich weil ich einen teureren Computer benutzte und vor allem, weil ich viel öfter Flüge und Hotels buche, bekam ich also die »Fortgeschrittenenpreise«, sie die »Anfängerpreise«. Mich wollte man unbedingt haben oder halten, sie noch nicht so sehr. Auch wenn dies zwar interessant, aber nicht unbedingt unethisch ist – früher hieß das Mengenrabatt: Kundenbeziehungsmanagement entkoppelt dennoch an vielen anderen Stellen auf sehr fragwürdige Weise große Teile des Wirtschaftslebens schlicht vom demokratischen wie vom sau-

beren kapitalistischen Prozess. Wo der Chef der Verbraucherzentralen in der erschreckend verlaufenen Studie zur Reklamationspraxis tatsächlich an individuelle Fehler der einzelnen
Mitarbeiter glaubt, da laufen im Hintergrund in Wirklichkeit
natürlich ausgefeilte Systeme ab.

Natürlich ist der Job der Unternehmen nicht getan, wenn
ein Artikel verkauft wurde. Als Untergebiet des Kundenbeziehungsmanagements gibt es das Beschwerdemanagement
und das Reklamationsmanagement. Interne Regeln schreiben
Mitarbeitern etwa vor, wie sie mit welchem Kundenanliegen
umzugehen haben. Callcenter-Mitarbeiter müssen zu Beginn
eines Gesprächs schon einmal einen bestimmten Text abspu-
len und sich dann an einen Gesprächsleitfaden halten. In den
Bereichen Beschwerde- und Reklamationsmanagement gibt
es wiederum spezialisierte Unternehmen, die ihre Dienste anbieten.

Die Arion CRM UG, die auch Kundenbeziehungsmanage-
ment-Lösungen in der Daten-Cloud anbietet, sagt, Unternehmen sollten nicht nur festlegen, »wer welche Reklamation
bearbeitet und wer darüber informiert wird«, sondern auch
»den Zeitpunkt und die beteiligten Personen im Fall einer Eskalation«. Zur Erinnerung: »Eskalation« bedeutet dabei, dass
der Kunde sozusagen den nächsten Level der Betreuungs-
intensität erreicht. Auch die Arion CRM rechnet bereits für
2016 damit, dass Kundenbeziehungsmanagement-Software
sich zur zentralen Unternehmenssoftware schlechthin entwickelt, für die dann weltweit 30 Milliarden Euro im Jahr ausgegeben werden. Die Steuerung des Kunden wäre somit wert-
voller als die aller anderen Unternehmensprozesse – wie etwa
Warenumschlag oder Mitarbeiterverwaltung – zusammengerechnet. Arion CRM rät den Unternehmen: »Werten Sie
durch Berichte Reklamationen aus, um Rückschlüsse auf Ihre

Kunden (Kundenverhalten), Mitarbeiter, Lieferanten und Artikel ziehen zu können.« Beschwert man sich als Kunde berechtigterweise über eine mangelhafte Leistung, dann läuft man nach diesem Konzept Gefahr, anschließend noch genauer unter die Lupe genommen zu werden.

Beschwerden und Reklamationen gelten als besonders sensibles Gebiet im Managen von Kundenbeziehungen. Hier gibt es einschlägige Berater wie Jürgen W. Goldfuß. Er ist Trainer, Speaker und Berater, schreibt Kolumnen, war Produktmanager und Marketingleiter. Jürgen W. Goldfuß gibt Tipps, wie Mitarbeiter mit reklamierenden Kunden umgehen sollen: »Wenn Ihr Gegenüber zu sehr ›nervt‹, beruhigen Sie sich selbst, indem Sie sich innerlich ›tröstende‹ Worte zusprechen: (…) ›Er kann einem ja leidtun.‹ … ›Er ist nervlich irgendwie am Ende, er braucht Hilfe‹, ›Was haben wir nur aus diesem Menschen gemacht?‹« Und auch hier wird versucht, selbst aus dem reklamierenden Kunden wieder Gewinn zu generieren. Man könne natürlich einfach eine Preisreduktion anbieten. Damit spricht er die gesetzlich vorgesehene Kaufpreisminderung an. Das sei aber »am wenigsten kreativ«. Und noch schlimmer: Es könne »Begehrlichkeiten wecken«. So heißt das jetzt also, wenn wir Kunden auf unseren Rechten bestehen. Statt der Gesetzesanwendung schlägt er dann wenig überraschend Maßnahmen nach Gutdünken des Unternehmens vor. Man solle sich »intelligentere ›Bonbons‹ ausdenken. Arbeiten Sie mit Gutscheinen oder Kupons, die weitere Geschäfte mit den Kunden sichern. Nutzen Sie zum Beispiel Eintrittskarten für regionale Veranstaltungen als Trost.«

In einer Marktstudie zum Beschwerdemanagement der Consenzum Managementberatung werden Kunden gleich in Gruppen eingeteilt: Die »ständigen Nörgler« (»Sie finden immer einen Grund, etwas zu beanstanden, und überhäufen

Unternehmen mit Beschwerden und häufig überzogenen Forderungen«), die »Pseudoreklamierer«, die Preisnachlässe oder Vergünstigungen wollten, sowie Großkunden, die permanent reklamieren, um die Preise zu drücken. Im Umgang mit diesen Kundengruppen, rät die Consenzum, solle man »kühle Freundlichkeit« walten lassen.

Na, wissen Sie schon, welcher Gruppe Sie angehören? Jedenfalls ist es durchaus eine einschüchternde Vorstellung, eventuell jedes eigene Wort auf die Goldwaage legen zu müssen, um nicht unversehens in der Holzklasse des Kundenbeziehungsmanagements zu landen.

## Aus Alt mach Neu: Retourenmanagement

In Zeiten, in denen immer mehr Waren über das Internet bestellt und möglicherweise wieder an Shops und Händler zurückgeschickt werden, hat auch das Retourenmanagement an Bedeutung gewonnen, also der Umgang mit zurückgeschickter Ware. Selbstverständlich ist dies ein gewaltiges Problem für die Händler. Das Portal internethandel.de bezeichnete Deutschland auch schon einmal als »Weltmeister« der Retourenquote. Obwohl: Die Statistiken für die Schweiz zum Beispiel sehen auch nicht viel anders aus. Sagen wir diplomatisch: Das Endspiel um diese fragwürdige Weltmeisterschaft würde zwischen diesen beiden Nationen ausgetragen.

Wo im Bereich »Wohnen und Einrichten« laut statista.com die Mehrzahl der Händler noch von einer Retourenquote zwischen einem Prozent und zehn Prozent berichtet, sind die Zahlen im Bereich »Fashion & Accessoires« gewaltig. Mehr als ein Drittel kämpft mit einer Retourenquote von über 20 Prozent. Für die Schweiz teilt statista.com im Bereich

»Textil« gar eine Retourenquote von insgesamt knapp 45 Prozent mit; »Wohnen«, »Medien« und »Multimedia« liegen dagegen im einstelligen Prozentbereich.

Das Portal retourenforschung.de ist direkt bei der Universität Bamberg angesiedelt. Auch retourenforschung.de benennt als Spitzenreiter den Bereich »Fashion«. Während die anderen beiden untersuchten Bereiche »Consumer Electronics« und »Medien/Bücher« über die unterschiedlichen Zahlungsarten hinweg bei Rücksendequoten von unter fünf Prozent bis knapp 19 Prozent liegen, schlägt »Fashion« bei Zahlung per Vorkasse mit 30,15 Prozent zu, bei E-Payment mit 44,10 Prozent und bei Zahlung auf Rechnung gar mit 55,65 Prozent. Geschlechterspezifisch sind dies übrigens bei »Fashion« 54,27 Prozent bei den Frauen und 40,29 Prozent bei den Männern. Frauen, die auf Rechnung zahlen, müssten dann also die echten Sorgenkinder der Branche sein.

Die Uni Bamberg lässt uns netterweise weiter wissen, dass alle jährlichen Retourenpakete in Deutschland aneinandergereiht fast dreimal um die Erde reichen. Die Retourenkosten seien pro Teil für kleine Händler größer als für große und lägen im Schnitt bei 15,18 Euro. Wobei daran der Wertverlust einen Anteil von 7,25 Euro hat und die Kosten zur Bearbeitung der Retoure 7,93 Euro betragen. Je nach Branche müssen also zum Teil erhebliche Mengen an zurückgeschickten Waren aufpoliert werden, um zurück in den Verkauf kommen zu können.

Wenn mit Wissen des Kunden ein bereits gebrauchter Gegenstand wieder aufgehübscht wird, wie zum Beispiel gebrauchte Business-Notebooks, die an Privatkunden verkauft werden, nennt man das *Refurbishing* – Überholung und Aufarbeitung könnte man vielleicht auf Deutsch sagen. Hierbei werden sogar Häftlinge eingesetzt. Niedersachsen hat sich zum Ziel gesetzt, 75 Prozent aller Gefangenen erwerbstätig zu beschäftigen. Mögliche schlechte Presse und ein damit verbundenes Risiko, dass Unternehmen vor weiteren Aufträgen an die Justizvollzugsanstalten zurückscheuen, kämen da allerdings ungelegen. Nur so viel wollte das niedersächsische Justizministerium 2013 dazu preisgeben: Häftlinge würden unter anderem in der Produktveredelung eingesetzt. Hier werde »entweder der Wert eines bereits gefertigten Produktes beispielsweise durch Polieren weiter gesteigert oder ein abgenutztes Produkt wieder in einen Neuzustand versetzt«.

Wenn Retouren zurückgeschickt werden, sind die Prozesse voll automatisiert. »Etabliert haben sich insbesondere Barcode-Scanner, Förderbänder sowie Dämpfpuppen und Tunnel-Finisher, die die Retouren bügeln und reinigen«, schrieb die Zeitschrift *TextilWirtschaft* im Jahr 2011: »Teilweise kommen auch Videoüberwachungssysteme zum Einsatz, vor allem bei der Beweiserfassung für hochwertige Produkte. Die Kamera hält dann das Öffnen des Retourenkartons fest. Betrugsversuche können somit leicht aufgedeckt und rechtssicher dokumentiert werden.« Die Zeitschrift berichtete weiter über die Stuttgarter Onlineagentur Werbewelt Interactive: »Bei der Prüfung liegt das Hauptaugenmerk auf der Suche nach Mängeln wie Löcher, defekte Reißverschlüsse, fehlende Knöpfe und Verschmutzungen, zum Beispiel Schweißränder oder Lippenstiftspuren. Der Vorgang darf inklusive Dateneingabe nicht länger als vier Minuten dauern … Bonussysteme sorgen dafür, dass die Angestellten die Retouren nicht nur schnell, sondern auch gründlich anhand eines Kriterienkatalogs untersuchen … Umgekehrt gibt es mitunter auch Abzüge, wenn die Anforderungen nicht erfüllt wurden. Das klingt zwar hart, ist aber insofern verständlich …«

Auch, dass Retouren in drei Kategorien eingeteilt werden,

konnte die Zeitschrift erfahren. Während A-Ware direkt wieder verkauft werden kann, geht B-Ware »nach einfachen Handgriffen wie der Neuetikettierung sofort wieder in den Verkauf. C-Ware muss dagegen erst noch gewaschen, gereinigt oder von Flecken befreit werden.« Je höher der Wert des Produktes, desto höher die Aufbereitungsquote, so ein Unternehmensmanager, der dem Magazin sagte, »fast jeder zweite Anzug müsse gereinigt oder gebügelt werden. Bei besonders teuren Artikeln gebe es sogar einen zweiten Prüfdurchgang.«

Neben dem Artikel in der *TextilWirtschaft* wirbt DTL aus Dieburg mit einer Annonce. DTL holt für Internetshops und den Fachhandel Retouren ab, macht Artikel nach eigenem Bekunden aber auch »Fit für den Verkauf«. Zum Angebot von DTL für ihre Kunden im Bereich Retourenmanagement gehören neben der »Zwischenlagerung« auch die »Aufbereitung mit neuester Technik« und das »Aufbügeln« von Artikeln bis hin zur »Versandbereitmachung«.

Nicht immer und überall funktioniert das Retourenmanagement. Ich habe das selbst erlebt und in diesem Buch in Zusammenhang mit Amazons buyvip.com und dem feinen Hemd, das ich mir dort gekauft und verschmutzt zugeschickt bekommen hatte, beschrieben. Ärgerlich war dabei bereits, dass man überhaupt einen von extremen Gebrauchsspuren gezeichneten Artikel kommentarlos als Neuware verkauft hatte. Typisch war bei meinem Erlebnis mit buyvip.com, dass man sich auch bei einem schiefgelaufenen Retourenmanagement knallhart auf die eigenen Richtlinien zum Kundenbeziehungsmanagement zurückzog. Ganz so, als würde das staatliche Verbraucherschutzrecht mit seinen klaren Regeln schlechterdings nicht existieren.

## Verbraucherschutz in der Europäischen Union und in Deutschland

Der Politik kann man allerdings nur ins Stammbuch schreiben: Gesetze, die in riesigen Bereichen des Handels nicht eingehalten werden, sind die Arbeit des Deutschen Bundestages und der EU-Organe nicht wert. Wenn die Politik nicht bereit ist, systematisch deren Einhaltung zu überwachen. Oder wenn sie nicht gleichzeitig bereit ist, uns Verbrauchern die Waffen zur Durchsetzung der Gesetze an die Hand zu geben. Dabei sind die nationalen Gesetzgeber und die EU gemeinsam gefordert. Denn das Verbraucherschutzrecht selbst beruht zwar zu großen Teilen auf Vorgaben aus Brüssel. Die Durchsetzung vor Ort, sei es durch Behörden, Verbraucherschutzverbände oder vor Gerichten, liegt aber in der Verantwortung des nationalen Gesetzgebers. Was die Europäische Kommission in einer Broschüre so nett schreibt, klingt zu gut: »Die europäischen Vorschriften garantieren den Verbrauchern faire Behandlung, Produkte, die akzeptable Standards erfüllen, und ein Recht auf Erstattung, wenn etwas schiefgeht.« Nein, das stimmt nicht, bei allem Eigenlob, das aus diesen Zeilen dringt, aber Vorschriften garantieren gar nichts. Die Garantie wird erst eingelöst, wenn die Vorschriften durch den einzelstaatlichen Gesetzgeber in Berlin, Wien und anderswo konsequent durchgesetzt werden. Wie das besser gehen könnte, dazu macht dieses Buch Vorschläge. Jedenfalls ist leider klar: Ein Garantieversprechen ist noch keine Garantie.

Trotzdem verkündet die Europäische Kommission weiter stolz: »Händler müssen Verbrauchern innerhalb von 14 Tagen nach einer Stornierung Ihr (sic: tatsächlich als direkte Anrede großgeschrieben!) Geld zurückerstatten, inklusive der

Standardversandkosten. Bei Waren kann der Händler mit der Rückerstattung warten, bis der Verbraucher die Waren zurückgeschickt hat, oder der Verbraucher den Nachweis erbringt, dass er die Waren an den Händler versandt hat.« Ja, und wenn nicht? Harte Sanktionen, wie etwa die Pflicht zur Erstattung des zehnfachen Preises, damit sich ein Gang zu Rechtsanwalt oder Gericht lohnt? Natürlich nicht. Sollte ein Händler also massenhaft dagegen verstoßen, dann nimmt ihn vielleicht irgendwann ein Verbraucherschutzverband auf Unterlassung dieser Praxis in Anspruch. Und selbst wenn das erfolgreich sein sollte: Den Kunden der Vergangenheit bringt das gar nichts mehr. Also hat Brüssel zunächst einmal einen zahnlosen Tiger geschaffen. Die Zähne für Deutschland hätte ihm Berlin verpassen müssen. Die Zuständigkeit für die weitere Ausgestaltung der EU-Richtlinie in diesem Sinne liegt beim nationalen Gesetzgeber. Aus Berlin kam aber nichts. So können allenfalls die Verbraucherzentralen Unterlassung verlangen und sie versuchen dies auch in etwa 1000 Fällen im Jahr. Aber ihr Bundesverband stellt selbst heraus: »Wenn Verbraucher durch die untersagte Praxis einen Schaden erlitten haben, fehlen die rechtlichen Instrumente, um dafür zu sorgen, dass der Schaden unkompliziert ersetzt wird.«

Selbst wenn die Verbraucherschutzverbände eine Musterklage auf Schadensersatz durchführen würden und, so die deutschen Verbraucherzentralen, diese »nach vielen Prozessjahren höchstrichterlich erfolgreich abgeschlossen wurde, sind die Ansprüche der übrigen Verbraucher regelmäßig verjährt.« Im Klartext: Wir Kunden wissen dann ganz genau, worüber wir uns ärgern dürfen und wie viel wir etwa zu viel bezahlt haben, können das aber wegen der verstrichenen Zeit nicht mehr durchsetzen.

An anderer Stelle verkündet die Europäische Kommission:

»Auch Betrügereien wie das Zusenden nicht bestellter Waren – mit Rechnung – sind laut EU-Recht verboten.« Schön und gut – aber wo sind die schmerzhaften Konsequenzen? Denn es passiert nach wie vor – weil es sich offenbar lohnt. Und nicht nur mit Übersendung von Rechnungen, sondern auch von erster und zweiter Mahnung einschließlich der üblichen Drohgebärden, man werde ein Inkassounternehmen einschalten oder Ähnliches. Ich erinnere nur an den Fall von meiner Mutter und den DDR-Motorrädern. Der Verbraucher – er kann nicht mehr tun als zahlen oder eben – wenn er gut informiert ist oder gute Nerven hat – nicht zahlen. Aber er hat keine gesetzlich klar geregelte Möglichkeit, den Zusender für sein Verhalten wirklich schmerzhaft zur Verantwortung zu ziehen. Selbst der Verbraucher, der seine Rechte kennt, ist dann nicht mehr als ein Bestandteil der Quote der Empfänger, die nicht zahlen – und längst in den von den anderen (Dummen) verlangten Preis einkalkuliert. Das EU-Recht: Es verhindert nichts, es macht nur die unaufgefordert zugesandten Waren für die willigen Zahler etwas teurer.

Steine statt Brot gibt der deutsche Gesetzgeber uns Verbrauchern in diesem Zusammenhang durch das am 1. April 2016 in Kraft getretene Verbraucherstreitbeilegungsgesetz. Danach können wir im Streit mit einem Unternehmen eine staatlich anerkannte Schlichtungsstelle anrufen. Dem Unternehmer steht eine Teilnahme an der Schlichtung aber grundsätzlich frei. Und bis auf Unternehmen, die Onlineverträge mit Verbrauchern abschließen, sind die Verkäufer oder Dienstleister überhaupt erst ab dem 1. Februar 2017 gehalten, auf das grundsätzliche Bestehen einer solchen Schlichtungsmöglichkeit hinzuweisen und darauf, ob sie daran teilnehmen oder nicht. Ob die Verbraucher dies werden nutzen können und in welchem Umfang sie es dann nutzen werden, bleibt abzuwarten. Eines aber steht jetzt schon fest: Das ist genau das Gegenteil eines Verfahrens, welches Druck auf die Unternehmen erzeugen würde. Allein schon die weitgehenden Verschwiegenheitspflichten, die das neue Gesetz vorsieht, stellen das sicher.

Ein durchaus freundliches Detail am Rande ist vielleicht noch, dass das Bundesministerium der Justiz verpflichtet wird, Verbraucher bei grenzüberschreitenden Streitigkeiten zu unterstützen. Schauen wir einmal, ob dies dann auch in einer nennenswerten Zahl von Verfahren relevant wird.

## Wie die Bemühungen des Gesetzgebers leerlaufen

All dies macht deutlich: Das alte Modell von Rechtsverletzung und staatlichem Gerichtsverfahren zu deren Heilung hat in weiten Teilen des Schutzes von uns Kunden ausgedient. Vor allem aus zwei Gründen: Zum einen handelt es sich um eine nahezu unabsehbare Zahl von Streitigkeiten um vergleichbar kleine Geldbeträge. Gerade diese aber versucht die Justiz sich gerne vom Hals zu halten. Und: Bereits im Vorfeld einer gerichtlichen Klärung, bei der dann zum Glück im Wesentlichen noch immer alle vor dem Recht gleich sind, spielen die Großen, die Verkäufer, ihre finanzielle, personelle und organisatorische Macht aus. Es ist längst an der Zeit, dass wir Verbraucher wieder mehr auf Augenhöhe mit den Großen gebracht werden. Es ist wichtig, dass uns dazu neue Waffen im *Kampf ums Recht* (Rudolf von Jhering) an die Hand gegeben werden. Nachgerade absurd ist, dass Industrie und Konzerne sich in großen Bereichen selbst kontrollieren können. Und dass gleichzeitig eine echte Kontrolle durch die andere Seite des marktwirtschaftlichen Austausches, nämlich uns

Verbraucher, schlicht zu erheblichen Teilen leerläuft oder eben erst gar nicht stattfindet.

Es ist und bleibt die große Aufgabe des Gesetzgebers, einen Ausgleich zwischen Verbraucherschutz und Wirtschaftsinteressen zu finden, in der Sprache der Marktwirtschaft: zwei gleich starke Verhandlungspartner einander gegenüberzustellen. Beunruhigend, dass gerade jüngst im Rahmen der EU-Datenschutzverordnung dies erneut zu scheitern scheint.

# Kundenschutz: Politik und Gerichte in der Pflicht

## Mit noch strengeren Gesetzen ist es nicht getan

Eine der Lieblingsforderungen von Politikern ist die nach strengeren Gesetzen. Würde es uns aber etwas bringen, wenn wir einfach noch mehr Rechte etwa beim Gewährleistungsrecht zu Kaufverträgen hätten? Wenn die Unternehmen verpflichtet wären, die Mangelfreiheit eines Fernsehers bei Kauf nicht nur für zwei, sondern für zweieinhalb Jahre zu garantieren? Wenn die Wirtschaft selbst einfach strenger reguliert wäre? Nein. Die Wirtschaft ist schon streng genug reguliert. Unsere Verbraucherschutzrechte als solche sind schon ordentlich. Das Problem ist, dass sich viele Unternehmen daran eben nicht halten. Vor diesem Hintergrund ist es kein Unterschied, ob etwa Aldi oder Media Markt die zweijährige oder eine zweieinhalbjährige Gewährleistungsfrist missachten. Oder ob Ikea statt 30 Cent pro Kilometer gar nichts zahlen will, schon gar keine 40 Cent pro Kilometer. Es hapert nicht an den Rechten. Es hapert daran, dass wir Verbraucher sie nicht gut genug durchsetzen können. Wir müssen stärker gemacht werden. Es muss leichter werden, dass wir das, was uns zusteht, auch tatsächlich bekommen.

## Willkommen im 21. Jahrhundert: Mehr Öffentlichkeit

Gut und hilfreich wäre es auch, wenn besonders dreistes Vorgehen von Unternehmen, besonders wenn es viele Kunden betrifft, noch häufiger an die Öffentlichkeit käme und dort thematisiert würde. Es läge in der Verantwortung der Journalisten und Richter, etwa mehr über entsprechende Urteile – und sei es zu Kleinstbeträgen – zu berichten. Jeder Ebay-Verkäufer muss es sich gefallen lassen, permanent öffentlich bewertet zu werden. Aber das, worüber dieses Buch berichtet, musste schon deshalb oft auf eigenen Erfahrungen und mühsam geführten Musterprozessen beruhen, weil manch ein großer Skandal, der sich aber aus vielen kleinen zusammensetzt, schlicht in der Presse nicht zu finden ist.

Bereits 1996 – also lange bevor in aller Breite Kundenbewertungen im Internet zu finden waren – wies die US-Professorin Andrea A. Curcio darauf hin, dass auch *painful publicity,* also schmerzhafte öffentliche Bekanntheit, eine gute Sanktion und Alternative zu Strafschadensersatz wäre. Warum, so könnte man auch fragen, gibt es eigentlich im Aktienrecht Pflichtmitteilungen zum Schutz der Aktionäre, aber keine Pflichtmitteilungen zum Schutz der Kunden des jeweiligen Unternehmens? Einzige Ausnahme sind Produktrückrufe, aber da geht es um Sicherheitsrisiken und Gesundheitsgefahren. Bei den Pflichtmitteilungen nach Aktienrecht geht es um Geld. Wohlgemerkt: Es geht nicht um Bloßstellung um ihrer selbst willen, sondern um den Schutz des Kunden, um den Schutz des Marktes. Denn genauso wie ein Aktionär bei seinem Investment muss der Kunde wissen, mit wem er sich einlässt.

Dass so etwas funktioniert, darauf weist eine neuere Studie zu den typischen Verteidigungsstrategien von Verbrauchern im Reklamationsprozess hin, dargestellt im Internetportal WISO direkt im Oktober 2014: »Während Rechtsanwälte, Ombudsleute und Verbraucherzentralen mit der Durchsetzung des Verbraucherrechts monetären Nutzen für den Verbraucher stiften, kann durch negative Mundpropaganda oder die Bekanntmachung des eigenen Falls in Medien und Internet eher ein emotionaler Nutzen erzielt werden, der aber zum Teil auch materielle Wirkung entfalten kann: So berichtet Christian Wölbert von Fällen, in denen ein Smartphone-Hersteller erst dann seinen Gewährleistungspflichten nachkam, als ein Verbraucher damit drohte, sich bei Tech-Bloggern über die Firma zu beschweren. Dort hatte er zuvor erfahren, dass viele Verbraucherinnen und Verbraucher einen ähnlichen Defekt beobachtet hatten.«

## Welche Rolle spielen die Gerichte?

Dass es praktisch keinen kollektiven Rechtsschutz in Deutschland gibt, belastet natürlich auch die Gerichte. Wenn sich mehrere Kunden wegen desselben Fehlverhaltens eines Unternehmens wehren wollen, resultiert das dann eben gleich in mehreren Gerichtsverfahren, oft über Jahre und über das ganze Land verteilt, anstatt in einem zusammengefassten Prozess. Das Zivilprozessrecht ist für millionenfache Massengeschäfte nicht geschaffen; es stammt noch aus einer anderen Zeit. Die typischerweise niedrigen, sogenannten »Streitwerte« bei Verbraucherschutzverfahren verzerren das Richterrecht sogar noch zugunsten der Großen. Streitwert bedeutet die Summe, um die sich Kläger und Beklagter vor Gericht auseinandersetzen. Wenn der durchschnittliche Streitwert vor deutschen Amtsgerichten laut Statistischem Bundesamt 2012 zurzeit knapp unter 2000 Euro beträgt, dann sieht eine Klage über 30 oder 50 Euro irgendwie unwichtig aus und manch ein Richter hat keine besondere Lust, sich überhaupt die Unterlagen durchzulesen.

Auch ist der Anteil von Kleinstverfahren mit einem Streitwert von bis zu 300 Euro mit etwa 19 Prozent durchaus nennenswert und hat von allen seitens des Statistischen Bundesamtes aufgeschlüsselten Streitwertstufen den höchsten Einzelanteil. Der Richter verbringt also einen verhältnismäßig sehr großen Teil seiner Arbeitszeit mit kleinen Fällen. Eine flotte oder auch zu flotte Bearbeitung solcher Klagen bringt also eine besonders hohe Zeitersparnis. Hinzu kommt wohl manches Mal noch das Gefühl, dass es letztlich egal ist, was man entscheidet, weil erstens eine Fehlentscheidung scheinbar keinen großen Schaden auslöst und zweitens niemand das mehr kontrolliert. Weil das Gesetz für Angelegenheiten, in denen um nicht mehr als 600 Euro gestritten wird, keine zweite Instanz vorsieht. Der Schaden kann trotzdem immens sein, weil natürlich der Große sich auf ein für ihn günstiges Fehlurteil gegenüber jedem neuen Kunden berufen kann und oft wird, gerade wenn das dann tausende Betroffene sind.

### Whistleblower: Feuer mit Feuer bekämpfen

Es ist schon erstaunlich, wie wenig wir über die wirkliche Funktionsweise des Kundenbeziehungsmanagements in Unternehmen wissen, wie wenig wir auch über die tatsächliche Umsetzung von Regeltreue, von Compliance also, wissen. Jedenfalls findet in der Praxis, so führen die Anwälte Gößwein, Hohmann und Martel in der Zeitschrift *Anwaltspraxis* aus, »nahezu ausnahmslos eine vertikale Delegation … auf eine

dem Geschäftsführungsorgan untergeordnete Hierarchieebene statt«. Anders gesagt: Im Selbstverständnis von Top-
Managern ist Regeltreue im Wesentlichen keine für sie ausreichend wichtige Aufgabe. Die kann man also gerne auf weiter
unten gelegene Ebenen durchreichen.

Das ist im Übrigen auch für den Regeltreue-Verantwortli-
chen im Unternehmen selbst fatal. Gerade wenn er einen relativ umfassenden Aufgabenkreis im Unternehmen hat, aber
recht geringen faktischen Informationszugriff und wenig
echte Entscheidungsspielräume – dann kann er nicht nur nach
deutschem Recht, sondern möglicherweise sogar nach US-
Recht persönlich in eine Strafbarkeit rutschen. Das jedenfalls
dann, wenn das betreffende Unternehmen an einer US-Börse
gelistet ist.

Dass die eben auf eine untere Hierarchieebene ausgelagerte
Regeltreue-Strategie von VW im Falle von Dieselgate versagt
hat, ist offensichtlich. Eigentlich hätte man das vorher wissen
können. Wie soll eine so kleine Abteilung, deren Chef zudem
in der Konzernhierarchie nicht einmal auf Vorstandsebene
angesiedelt ist, zigtausende Mitarbeiter in der Entwicklung
und im Vertrieb kontrollieren? Es wäre also eine Unternehmenskultur vonnöten gewesen, welche die nötigen Informationen selbstständig in Richtung der für Regeltreue zuständigen Abteilung fließen lässt. Eine Unternehmenskultur, die
Mitarbeiter ermutigt, Kritik zu üben, und sie vor negativen
Konsequenzen schützt. Eine Unternehmenskultur, die einfache und sichere Möglichkeiten bietet, sich auch mit anonymen
Tipps zu Wort zu melden. Bei allem, was man inzwischen
über VW weiß, gab es aber gerade umgekehrt eine extrem
hierarchische Unternehmenskultur von Winterkorn abwärts,
die falschen Corpsgeist und Duckmäusertum beförderte, ja
sogar verlangte. Der Kronzeuge aus dem Inneren von VW,

der als Erster umfangreich gegenüber der zuständigen Staatsanwaltschaft Braunschweig auspackte, berichtete, man habe
dem Druck der Konzernspitze nachgegeben, eine schnelle
und kostengünstige Lösung vor allem für den US-Markt hin-
zubekommen. Statt die Probleme zu offenbaren, habe man
sich für Betrug entschieden – immerhin in Bezug auf elf Millionen Motoren. Das Ganze sei, wie die *Süddeutsche Zeitung*
am 22. Januar 2016 schrieb, auch noch durch eine Art Schweigegelübde gesichert gewesen. Solch ein Schweigegelübde aber
darf es nicht geben.

Die Aufklärung von Dieselgate nahm erst Fahrt auf, nachdem man einen ranghohen Mitarbeiter gefunden hatte, der
umfangreich Ross und Reiter benannte. Es kann wohl keinen
Zweifel daran geben, dass man einen solchen Informanten
schon viel früher hätte haben müssen. Hätte sich ein VW-Mit-
arbeiter bereits am Anfang der Manipulationen zu Wort gemeldet – welch ein massiver Schaden für das Unternehmen
hätte verhindert werden können! Ende 2015 belief der sich
laut *Die Welt* schon auf geschätzte 30 bis 60 Milliarden Euro –
wobei sich Monat für Monat neue Anhaltspunkte ergeben,
dass die Summe später vielleicht noch nach oben zu korrigieren ist. 2015 musste VW wegen der zu erwartenden Ausgaben
wegen des Dieselskandals den größten Jahresverlust der Kon-
zerngeschichte vermelden.

Ohne den Informanten aus dem Innern des Unternehmens,
den Whistleblower, als letztes Mittel können zu oft Probleme – auch zu Lasten von uns Kunden – nicht entdeckt und
gelöst werden. Erinnern wir uns an Stéphanie Gibaud, die
ehemalige Mitarbeiterin der Schweizer Großbank UBS. Sie
handelte mustergültig. Sie versuchte erst, die Selbstreinigungskräfte des Unternehmens in Gang zu setzen, und wandte sich
dann mutig an die Öffentlichkeit. Was zunächst passierte,

wissen wir auch: Die UBS feuerte aus allen Rohren gegen sie. Und wir wissen jetzt auch und wieder: Verfehlungen aus dem Innersten der Banken werden trotz entsprechender Gesetze nicht über das Unternehmen, sondern viel eher immer noch über die Presse aufgeklärt.

Man muss kein Pessimist sein, um die Vermutung aufzustellen, dass VW sich ebenso wie die UBS bei Stéphanie Gibaud verhalten hätte, hätte sich schon vor Jahren ein Mitarbeiter mit der Wahrheit an die Öffentlichkeit gewandt. Noch mehr als nun hätte man alles abgestritten, heruntergespielt und den Mitarbeiter unglaubwürdig zu machen gesucht sowie juristisch mit Strafrecht und Arbeitsrecht attackiert. Wie man jetzt sieht: eigentlich sehr unvernünftig. Wenn Unternehmen so handeln, wenn sie Whistleblowing bekämpfen, so ist das einerseits verständlich: Man will die Probleme intern lösen oder man will sie eben gar nicht lösen, sondern das Unternehmen nach außen weiter gut aussehen lassen. Andererseits ist das so, als würde man eine Infektion nicht auskurieren, sondern die natürlichen Abwehrmechanismen des Körpers noch mit aller Macht unterdrücken – um sich dann erst recht einen nunmehr lebensbedrohlichen Krankheitsverlauf einzuhandeln. Und es geht weiter.

## Falsche Pläne zum falschen Zeitpunkt

Ausgerechnet jetzt tritt seit 2015 allen Ernstes der Gesetzgeber auf den Plan, um das Whistleblowing strafrechtlich härter anzugehen. Ganz so, als hätte es VWs Dieselgate, als hätte es die gigantische Welle von Marktmanipulationen durch Banken, als hätte es den Pferdefleischskandal und andere Lebensmittelskandale nie gegeben. Ganz so, als wäre es nicht offen-

sichtlich, dass bei mächtigen Unternehmen die Selbstheilungs-
kräfte wieder und wieder versagt haben. Ganz so, als hätten
die Unternehmen ernsthaft, erkennbar und unumkehrbar
ihre Hausaufgaben schon erledigt. Gegen Whistleblower
schärfer vorzugehen, anstatt ihr Tun im Sinne der Allgemein-
heit zu fördern, geht in die völlig falsche Richtung.

Wohlgemerkt: Lieferanten sogenannter Steuer-CDs – deren
Nutzen allein beim Staat liegt – sollen vom neuen Strafrecht
ausgenommen werden. Ist denn aber ernsthaft nur die Steuer-
verwaltung schützenswert und der Verbraucher, die Aktionäre und alle, die von Finanzmanipulationen betroffen sind,
vom Großinvestor bis zum kleinen Sparer, sind es nicht? Und
schlimmer noch: Auch Journalisten sollen durch die Geset-
zesnovelle auf einmal in das Fadenkreuz der Strafverfolgung
geraten, so der Richter und Autor Ulf Buermeyer.

Ob man es gut findet oder nicht: Die Strafjustiz lebt von
denen, die »auspacken«, oft nicht aus edlen Motiven: seien es
geltungssüchtige Kollegen, gekränkte Ex-Ehefrauen oder
rachsüchtige ehemalige Geschäftspartner. Von solchen Informanten aus dem Innersten lebt auch die Presse. Ganz klar:
Viele Informanten handeln mindestens unmoralisch und oft
auch illegal, wie etwa der Staatsanwalt oder der Steuerfahnder, die Dienstgeheimnisse zu Lasten des betroffenen einzelnen Bürgers durchsickern lassen. Aber der Journalist, der Informationen erhält, spielt eben in einem demokratischen System eine andere Rolle. Er unterliegt dabei, wie die Philosophen
sagen, einer anderen Rollenmoral. Der Beamte muss dichthal-
ten. Der Journalist muss informieren. Er darf, wohlgemerkt,
auch nicht alles berichten. Das kann der Betroffene dann auch
presserechtlich durchsetzen. Aber er muss und soll Informationen nicht zurückhalten, nur weil sich deren Quelle in einer
Grauzone bewegt.

Anders gesagt: Ohne dubiose Quellen funktioniert investigativer Journalismus – quasi die höchste Stufe der Kontrollfunktion der Presse – nicht. Und die Presse macht das ja nicht nur für sich selbst. Wenn sie Skandale aufdeckt, bei denen Kunden betroffen sind, dann wird sie auch als unser Anwalt tätig. Whistleblowing ist ein schmutziges Geschäft. Ich fürchte nur, noch geht es nicht ohne. Wahrscheinlich nie. Und ja: Whistleblowing ist ein Mittel, die in diesem Buch beschriebenen Missstände zu bekämpfen. Es sollte vielleicht das letzte Mittel sein. Der Weg zu weniger Whistleblowing sollte aber nicht über das Strafrecht führen. Sondern darüber, dass Missstände an der Wurzel beseitigt werden, und wenn sie doch einmal auftreten, sie unternehmensintern durch eine Kultur der Kritik und vor allem Selbstkritik angegangen werden.

Und was brauchten wir bis dahin? Klare Gesetze, die Whistleblowing regeln. Gesetze, die nicht wünschenswerten Extremfällen – etwa wenn das Whistleblowing nur noch eine Form der Spionage ist oder nur den finanziellen Interessen des Whistleblowers dient – sicher Grenzen setzt. Gesetze aber auch, die den Whistleblower ansonsten vor arbeitsrechtlichen Konsequenzen und strafrechtlicher Verfolgung schützen. Auf europäischer Ebene zum Beispiel wird dies durchaus diskutiert – ich selbst habe an solchen Diskussionen teilgenommen und bin zu weiteren eingeladen –, doch muss entweder Brüssel oder eben Berlin, Wien, Zürich dieses heiße Eisen anfassen.

## Vorbild USA

Die USA haben dieses Feld im Gegensatz zu Europa geregelt. Seine ausdrückliche Erwähnung findet der Whistleblower im US-amerikanischen Dodd-Frank-Gesetz (Gesetze werden dort gerne nach deren Initiatoren aus der Legislative, den Parlamenten, benannt). Definiert wird der Whistleblower als jeder Einzelne oder jede Mehrzahl von Personen, die in einer vorgesehenen Weise Verstöße gegen näher bezeichnete Gesetze melden. Allgemein hat sich dieses Gesetz, verabschiedet am 21. Juli 2010, eine bessere Regulierung der Finanzmärkte auf die Fahnen geschrieben. Gleich am Anfang heißt es sinngemäß, man wolle so aus dem »Too big to fail«-Dilemma herauskommen, also aus dem Problem, dass man Banken wegen ihrer Größe um jeden Preis, auch nach jedem denkbaren Fehlverhalten oder Managementversagen, stützen müsse.

Wie wir seit Edward Snowden wissen, der uns hinter die Kulissen der NSA blicken ließ, ist nicht jeder beliebige Whistleblower in den USA ein Volksheld oder einer, der vom Staat Lob erhält. Ganz im Gegenteil. Jedoch zum Zwecke der Kontrolle der Finanzindustrie erkennt man die Notwendigkeit dieser Rolle an. Ganz pragmatisch haben die USA also den Schluss gezogen, das Bankwesen sei schlicht unfähig, sich vollständig und auf Dauer selbst zu regulieren und an die Gesetze zu halten. Da man weiß, wie der Mensch im Kapitalismus nun einmal am besten funktioniert, regelt das Gesetz in seinem Abschnitt 922 (ja, es ist ein sehr langes Gesetz) sogar die Entlohnung des Whistleblowers: nicht weniger als 10 und nicht mehr als 30 Prozent dessen, was aufgrund seiner Informationen an Strafzahlung herauskommt. Da diese Strafzahlungen gerne auch dreistellige Millionenhöhen erreichen, ist das dann schon ein ordentliches Sümmchen.

## Wie Unternehmen sich ihre eigenen
## Informationslecks schaffen

Zur Aufdeckung illegaler Machenschaften sind viele Unternehmen leider nicht bereit, freiwillig interne Strukturen aufzubauen. Eine Umfrage der Anwaltskanzlei Freshfields im Jahre 2014 unter 2500 Managern, davon 500 in Deutschland, zeigt das nur allzu deutlich. Während 46 Prozent der Befragten bereit wären, solche Strukturen zu nutzen, halten 41 Prozent der Unternehmen diese gerade nicht vor. Die Scheu der Mitarbeiter, aufklärerisch tätig zu werden, multipliziert sich da mit fehlenden Möglichkeiten.

46 Prozent zumindest mündlich erklärte Bereitschaft multipliziert sich mit 59 Prozent der Unternehmen, die diese Bereitschaft fördern. Vereinfacht gerechnet besteht damit also nur ein Whistleblowing-Potential von 46 Prozent Willigen mal 59 Prozent Unternehmen mit Möglichkeit dazu, also 27 Prozent der denkbaren Fälle, in denen ein Mitarbeiter mit Mut auf ein Unternehmen mit Fähigkeit zu geregelter Selbstkritik trifft: 46 Prozent von 59 Prozent sind 27 Prozent. Die Schätzung liegt also nahe, dass im Gegenzug knapp drei Viertel der Unregelmäßigkeiten, die durch Whistleblowing aufgedeckt werden könnten, unter dem Mantel des Schweigens bleiben. Boris Dzida, Leiter der Praxisgruppe Arbeitsrecht von Freshfields Bruckhaus Deringer in Deutschland, sagt dazu: »Unternehmen, die kein Whistleblowing-System einrichten, riskieren, dass Missstände publik werden. Arbeitnehmer könnten da brisante Interna über soziale Medien verbreiten oder gleich zur Staatsanwaltschaft gehen.«

Folgt man den Ergebnissen der Freshfields-Umfrage, ist das ein reales Risiko: Weltweit 46 Prozent und in Deutschland immerhin 44 Prozent der befragten Mitarbeiter bekundeten die Bereitschaft, dann, wenn interne Whistleblowing-Strukturen nicht richtig funktionieren, Informationen an Aufsichtsbehörden, Verbände oder Medien weiterzugeben. Anders gesagt: Nur etwa die Hälfte der Unternehmen kümmert sich darum, dass die immer und überall notwendigen Selbstheilungs- und Selbstreinigungskräfte durch Whistleblowing innerhalb des Unternehmens in halbwegs geregelten Bahnen stattfinden können. Die andere Hälfte baut darauf, dass sie ohne Selbstreinigung auskommen. Etliche von denen werden dann ihre Skandale eben in der Presse wiederfinden.

## Strafschadensersatz: Ein scharfes Schwert aus den USA und Großbritannien

Wie wir bis hierher gesehen haben, lohnt sich Regeltreue gegenüber dem Kunden für die großen Unternehmen sehr oft einfach nicht. Und da setzen sich in den selbst geschaffenen Regeln und Abläufen bei den Unternehmen schlicht finanzielle Erwägungen gegenüber den Kundeninteressen durch. Ikea ersetzt Fahrtkosten nicht, wie es korrekt ist, sondern wie es günstig ist. Aldi, Obi, Lidl, Media Markt, Saturn, Amazon und viele andere wickeln Gewährleistungsfälle ab – nicht, wie es korrekt ist, sondern wie es günstig ist. Gerne hält man sich ganz heraus und verweist den Kunden einfach an den Hersteller.

Nach dieser Logik könnte man Unternehmen zu mehr Regeltreue bringen, wenn deren Rechnung nicht mehr aufginge, wenn ein Verstoß gegen Regeln teurer wäre als deren Einhaltung. Da sich in den typischen Fällen aber nur wenige der betroffenen Kunden wehren, müsste man diese Einzelfälle so teuer machen, dass die »Gewinne« der Unternehmen aus der fehlerhaften Behandlung aller Kunden, auch derer, die sich nicht wehren, zerstört werden. Das ist jedenfalls dann legitim, wenn die Unternehmen bewusst und böswillig vorgehen. Für solche Fälle gibt es im angloamerikanischen Rechtsraum den Strafschadensersatz, auf Englisch *punitive damages* oder *exemplary damages*.

Seit 1763 gibt es dieses Rechtsinstitut in England und es wurde rasch auch von den damaligen amerikanischen Kolonien, die später die USA werden sollten, übernommen. Gegen diesen Strafschadensersatz gibt es große kulturelle Vorbehalte in Deutschland. Die Medien greifen gerne absurd anmutende Einzelfallentscheidungen (die oft von der nächsten Instanz aufgehoben oder zurückgestutzt werden) heraus. Die Mehrzahl in sich durchaus schlüssiger Urteile geht da schnell unter.

Strafschadensersatz spielt in den USA zahlenmäßig gar keine so große Rolle – auch wenn sich natürlich millionenschwere Schadensersatzprozesse wegen heißem Kaffee im Schoß oder dem Pudel in der Mikrowelle gut in den Medien machen. Nur etwa drei bis fünf Prozent der Fälle vor den Zivilgerichten in den USA haben auch etwas mit *punitive damages* zu tun. Jedoch ist in den US-amerikanischen Rechtswissenschaften durchaus anerkannt, dass Strafschadensersatz ein sehr wirksames Mittel ist, Unternehmen zu einer Selbstüberwachung zu bringen, wie der US-Rechtswissenschaftler Robert D. Cooter ausführt. Ein wirtschaftlich vernünftig handelndes Unternehmen wird dann die Kosten einer Selbstüberwachung gegen die Kosten aus Schadensersatz aufgrund von Fehlern abwägen. Im Verhalten gegenüber Kunden ganz so wie bei einer technischen Kontrolle im Produktionsprozess.

Auf EU-Ebene wird noch deutlicher, dass es nicht so einfach damit ist, die Idee des Strafschadensersatzes als Druckmittel zu einer echten Durchsetzung von Verbraucherschutzrechten als quasi exotischen Unfug gleich in den gedanklichen Papierkorb zu befördern. So ist zwar im sogenannten Rom II-Vertrag als Grundlagenpapier der EU ausdrücklich festgehalten, dass *exemplary* bzw. *punitive damages* der Rechtspolitik der Gemeinschaft widersprechen. Doch andererseits hat der Europäische Gerichtshof ganz zu Recht ausgesprochen, dass Sanktionen im nationalen Recht so beschaffen sein müssen, dass sie eine Wirkung gegen Rechtsverstöße haben. Frankreich jedenfalls ist fest entschlossen, Strafschadensersatz einzuführen und diskutiert bereits seit längerem den Entwurf eines neuen Artikels 1371 seines Zivilgesetzbuches.

Und man darf sich schon fragen, ob das geltende Recht, soweit es sich zum Schutz von uns Verbrauchern an Unternehmen richtet, in Deutschland etwa in einer Weise wirksam ist, dass potenzielle Gesetzesbrecher wirklich abgeschreckt werden. Das gilt besonders für die deutsche Kombination: kein Unternehmensstrafrecht bzw. entsprechend ausgestaltetes Ordnungswidrigkeitsrecht einerseits, kein Strafschadensersatz andererseits. Wundert sich noch jemand, dass die entscheidenden Fehlentscheidungen, die zu VWs Dieselgate führten, in Deutschland fielen?

### Beschwerdezahlen: Der Gang zur Verbraucherzentrale erfolgt zu selten

Wir reden bei den Beschwerdezahlen, die etwa die Verbraucherzentralen nennen, nur von einem Bruchteil des Gesamtproblems. So spricht eine in WISO direkt vom Oktober 2014 dargestellte Studie von dem »Punkt auf der Spitze des Eisbergs«, was die tatsächlich an Dritte (zum Beispiel Verbraucherzentralen, Rechtsanwälte) weitergetragenen Probleme angeht. Die Zahl der nicht ausgesprochenen Beschwerden *(unvoiced complaints)* sei stets sehr viel höher als die der ausgesprochenen. Die Zahlen seien schwer zu bestimmen: »Diese unvoiced complaints tauchen in keiner Statistik auf und sind nur schwer empirisch zu erfassen. Die Angaben schwanken je nach Erhebung und Teilmärkten zwischen 20 Prozent und bis zu 80 und 90 Prozent.«

Die Wissenschaft geht also davon aus, dass sich teilweise nur jeder zehnte betroffene Kunde wirklich beschwert – und dementsprechend neun von zehn Kunden eine unfaire oder illegale Behandlung einfach hinnehmen. Selbst von denen, die sich beschweren, wenden sich die meisten nicht nur zuerst, sondern überhaupt nur an ihren Geschäftspartner, also den Verkäufer oder Dienstleister. Nur eine verschwindende Minderheit von uns Kunden sucht da überhaupt unabhängigen Rat von dritter Seite.

Das ist umso bedauerlicher, weil der jeweilige Vertragspartner aus einer Mischung ganz unterschiedlicher Eigeninteressen heraus handelt anstatt im Kundeninteresse. Er will – grundsätzlich legitim – seinen wirtschaftlichen Nutzen maximieren, nicht den des Kunden. Wer da als Kunde auf den »Rat« von der anderen Seite vertraut, macht den sprichwörtlichen Bock zum Gärtner. Die Studie nennt als Gründe für das Verhalten des Kunden letztlich subjektiv empfundene wirtschaftliche Vernunft. So kostet ein Gang zur Verbraucherzentrale, zu einer Schlichtungsstelle oder zum Rechtsanwalt Zeit und oft auch Geld.

Wer etwa in kleineren Fällen den Weg zu mir als Rechtsanwalt sucht, von dem bekomme ich nicht selten zu hören: »Mir geht es ums Prinzip.« Selbst dem Anwalt muss es dann auch »ums Prinzip« gehen. Denn die Großen sind oft hartnäckig und die Anwaltshonorare bei kleinen Sachen eben klein. Und

selbst wenn die erste Beschwerde beim Anbieter scheitert, so
die Studie, folgt dann meist die zweite und dritte Beschwerde
doch erneut beim Anbieter. Und oft noch viele zusätzliche,
wie manche von uns wissen werden. Oder wie der geschilder-
te Fall des Journalisten Janz gegenüber Vodafone ganz typisch
zeigt: Viereinhalb Monate wandte er sich immer wieder an
Vodafone, statt einfach nach zwei oder drei Wochen zur Verbraucherzentrale oder zum Rechtsanwalt zu gehen. Da hätte
er seine Sache wahrscheinlich nach nur einer weiteren Woche
in seinem Sinne geklärt.

Leider denken jedoch noch immer zu viele geprellte Kunden, dass es sich nicht lohnt, von woanders Rat zu holen. Es
herrscht auch immer noch ein Grundvertrauen und eine
Hoffnung vor. Die Hoffnung, dass man mit dem Verkäufer
oder Dienstleister irgendwie fair reden und die Sache regeln
kann. Leider besteht dieses Vertrauen oft zu Unrecht. Was da
als Beschwerdeprozess verkauft wird, ist oft nur eine Entmu-
tigungsstrategie. Dazu stellt die Studie fest: »Erst wenn der
Beschwerdeprozess beim betroffenen Anbieter keinen Erfolg
hat und der erwartete Beschwerdenutzen in Relation zu den
Beschwerdekosten hoch ist, wenden sich die verärgerten Verbraucherinnen und Verbraucher an eine dritte Partei. Zu dritten Parteien zählen Rechtsanwälte, Ombudsleute und Verbraucherzentralen, aber auch Familie und Freunde, Medien
und Internet.«

Kleine, auch massenhafte, Schummeleien bleiben damit
systematisch »unter dem Radar« der Experten wie Verbraucherzentralen und Rechtsanwälte: »Laut einer repräsentati-
ven Umfrage suchten 62 Prozent der Nichtnutzer von Verbraucherzentralen Rat bei anderen Akteuren, 42 Prozent fanden ›ausreichend Hilfestellung zur Lösung der Probleme‹ im
Internet. Zudem scheinen verärgerte Verbraucherinnen und

Verbraucher die Verbraucherzentralen vorwiegend in extremen Fällen zu kontaktieren: 31 Prozent der Beratungen bezogen sich laut der Studie ›Nutzen der Verbraucherberatung‹ auf unlautere Geschäftspraktiken und 19 Prozent auf Probleme bei der Rechnungsstellung.«

# Fazit:
# Den Verbraucher stärken

**W**ir fassen zusammen. Ein Unternehmensstrafrecht: Gibt es in Deutschland nicht. Gruppenklagen: Gibt es in Deutschland nicht. Strafschadensersatz: Gibt es in Deutschland nicht. Regeln, die festlegen, wann Whistleblowing erlaubt ist und wann nicht: Gibt es in Deutschland nicht. Das Gerichtswesen? Seine Strukturen passen nicht mehr.

Der Gesetzgeber hat den teils völlig leer laufenden Verbraucherschutz selbst herbeigeführt. Und das in einem Staat, der uns Bürgern oft bis in lächerlichste Details vorschreibt, was wir wann wie und wo zu tun und zu lassen haben. In einem Staat, der gerade den kleinen Unternehmen eine Fülle von Behörden und Vorschriften vor die Nase setzt.

Gleichzeitig muss aber bedacht werden, dass es in einer Marktwirtschaft nicht um die Beziehung des Kunden oder jener des Verkäufers zu Vater Staat geht. Die wichtigste marktwirtschaftliche Beziehung ist die zwischen uns Kunden und den Unternehmen: Als Kunde möchte ich genau das haben, wofür ich bezahle. Diese Beziehung gilt es als freie – aber eben unter gleich starken Partnern – zu erhalten.

Nach fast 120 Jahren Bürgerlichem Gesetzbuch ist der Staat in diesem Punkt als Gesetzgeber, als Regierung und als Rechtsprechung nicht »auf Ballhöhe«. Und das bereits beim ganz normalen, örtlich ansässigen Handel. Ikea etwa wickelt den Großteil seiner Geschäfte noch nicht über das Internet ab, sondern über den stationären Handel. Es spielt aber keine Rolle, dass vielleicht ein paar Kilometer vom Ikea-Gebäude entfernt das lokale Amtsgericht steht. Es muss sich bei Ikea eben kein Inhaber persönlich verantworten.

Das Recht ist Ikea zwar bekannt, aber nur, um es in namhaften Teilen möglichst so auszuhebeln, dass wir Kunden es nicht merken. Ansonsten ist es dem Händler völlig egal, dass man in den paar Prozessen jährlich wegen nicht übernommener Fahrtkosten bei einem Produktmangel zu 100 Prozent verliert. Das verursacht, anders als beim lokalen Händler, keinerlei Lerneffekt.

Während meiner Ausbildung sagte ein Richter mal zu mir: »Aha, schon wieder wird dieses Autohaus verklagt, dann wird es wohl wieder verlieren.« Da das Autohaus in der Vergangenheit so oft verurteilt wurde, stand für den Richter schon fest, dass es erneut im Unrecht sein müsse. Für den Autohändler eine ziemlich ärgerliche und schädigende Sache. Als Anwalt versucht man bei allem Einsatz zu vermeiden, dass sich Unternehmer als Mandanten einen solchen Ruf einhandeln, egal ob vor dem Amtsgericht oder dem Arbeitsgericht.

Ikea ist das – so der vermittelte Eindruck – egal. Aldi & Co. auch, wenn man sieht, dass selbst eine verheerende Studie anscheinend nichts an Verhaltensänderung bewirkt. Ein kleiner Händler, der bundesweit derart heftig in der Presse gescholten würde, könnte wahrscheinlich seinen Laden zumachen. Aber viele große Händler haben sich in ihre eigene Welt verabschiedet, in der ganz andere Regeln gelten, nämlich die, die ihnen gefallen. Und eben nicht die, die uns als Verbrauchern und Wahlbürgern als die eigentlich mächtigsten Personen in Marktwirtschaft und Demokratie vorschweben. Und das ist erst der Anfang. Natürlich wird es nicht besser, wenn sich nun schon große Teile des Handels ins Internet verabschiedet haben.

Positiv hervorzuheben ist das Prinzip Ebay. Denn dieses Unternehmen bietet die Möglichkeit, den jeweiligen Geschäftspartner zu bewerten, standardisierte Konfliktlösungsschritte zu durchlaufen und Ebay zu bitten, sich einzuschalten. Das ist – wenn es funktioniert – dann eben wesentlich verbindlicher als das staatliche Recht und die staatliche Gerichtsbarkeit. Denn schlechte Bewertungen sind längst schmerzhafter als ein verlorener Prozess.

Alles in allem: Das geltende Verbraucherschutzrecht ist inhaltlich nicht schlecht. Einiges wäre nachzujustieren, etwa im Bereich des Datenschutzes. Überhaupt wäre es wünschenswert, dass der Gesetzgeber schneller auf Veränderungen im Handel reagierte. Aber: An der Durchsetzung unserer Rechte im täglichen Leben hapert es enorm. Der deutsche Gesetzgeber muss sich von europäischer Seite vorwerfen lassen, sinnvolle europäische Vorschläge nicht schnell genug umzusetzen und sich zu wenig und zu spät um sinnvolle nationale Ergänzungen zu bemühen.

Untersuchungen wie die der Verbraucherschutzverbände müssten regelmäßig vonseiten des zuständigen Ministeriums angestoßen werden. Man agiert aber stattdessen im Blindflug. Das zeigt nur allzu deutlich die Tatsache, dass in das Thema Gruppenklagen erst dann wieder Bewegung kam, als der VW-Dieselgate-Skandal die vorhandenen Schwächen brutal und für jeden sichtbar aufdeckte. Handlungsbedarf hätte aber auch vorher schon bestanden. Für viele VW-Kunden würden Änderungen jetzt ohnehin zu spät kommen.

VW zeigt noch ein anderes: Robuste, zwingende, für das illegal handelnde Unternehmen wirklich schmerzhafte Regelungen lassen sich nicht durch unverbindliche Regeln zur guten Unternehmensführung und das oft leere Reden von Regeltreue ersetzen. Und gerade die Großen haben die Mittel, ganz systematisch und mit Milliardenschäden hochintelligent und systematisch Verbraucherrechte auszuhöhlen. Es leiden die Kunden, es leidet der Wettbewerb. Und wo der kleine Laden um die Ecke vom Zoll kontrolliert wird und ein Bußgeldbescheid kommt, wenn der Mindestlohnnachweis ein paar Wochen zu spät vorliegt, da wird bei den Großen noch nicht einmal hingeschaut, ob sie sich an Verbraucherschutzrechte halten, geschweige denn, dass ein Verstoß Sanktionen nach sich ziehen würde. Hier kümmert sich nicht der Staat mit seinen hunderttausendfachen Prüfungen von Betrieben, sondern es kümmern sich allenfalls die Verbraucherschutzverbände mit ihren wenigen tausend eingeleiteten Verfahren jährlich. Somit ist die allerwichtigste Forderung eindeutig: Der Staat muss uns Verbraucher so stark machen, dass wir uns selbst wehren können.

# Was Kunden tun können:
# Sechs Grundregeln

*Regel 1:*
*Die Kundenhotline-Mitarbeiter zu beschimpfen, bringt nichts.*
Man kann es nicht oft genug sagen: Sie wehren sich jedenfalls nicht richtig, indem Sie die Callcenter-Mitarbeiter zur sprichwörtlichen Sau machen. Für mich gehören die Callcenter-Leute zu den stillen Helden des Alltags. Sie führen von morgens bis abends Telefonate, die sie sich selbst nicht ausgesucht haben und in denen sie nicht sagen können, was sie möchten. Die Einführung des Mindestlohns hat ihre Situation oft nicht verbessert; da bekommen sie eben weniger Stunden, in denen sie die gleiche Arbeit schaffen müssen. Sie anzuschreien ist etwa so sinnvoll, wie ein Hörbuch anzuschreien. Sie können und werden meist nur sagen, was ihnen vorgeschrieben ist. Und: Auch wenn Sie die Ansage sicher kennen, dass das »nachfolgende Gespräch zu Qualitätssicherungszwecken aufgezeichnet« werden kann (gemeint ist natürlich: zu Beweiszwecken), werden Sie selbst das Gespräch umgekehrt wahrscheinlich nicht aufzeichnen. Was Sie also sagen oder besprechen, können Sie nachher kaum nachweisen.

Daher der Tipp: Nutzen Sie einen dokumentierbaren Kommunikationsweg. Sehen Sie zu, dass Sie per E-Mail kommunizieren. Oder per Post oder Fax. Und heben Sie die E-Mails auf. Sollte Ihnen nur die Telefonhotline zur Verfügung stehen – lassen Sie eine dritte Person, die das Gespräch protokolliert, offen an dem Telefonat teilnehmen oder es gleich für Sie führen. Ganz ehrlich. Das mache ich auch so. Wenn die

Leasinggesellschaft mitteilt, das neue Auto stehe in vier Wochen auf dem Hof, dann ist das wertlos, wenn man es mir telefonisch mitteilt. Aber für mich nützlich, wenn es einem Zeugen oder einer Zeugin gesagt wird.

**Regel 2:**
**Seien Sie im Ton nett, aber in der Sache misstrauisch.**
Ist es sinnvoll, immer und immer wieder beim Callcenter anzurufen? Nein, das ist es nicht. Die Mitarbeiterinnen und Mitarbeiter dort können nichts anderes tun, als Sie dem offiziellen Gesprächsleitfaden entsprechend abzufertigen. Man nennt das gerne auch »Callcenter-Amnesie«: Fünfmal ruft man an und fünfmal darf man den gesamten Vorgang immer neu schildern. Glauben Sie, Sie sind so wichtig, dass jemand im Callcenter seinen Job riskiert, weil er eine individuelle kreative Lösung für Sie findet? Leider nicht. Also kann ein solches Gespräch nur einer ersten Orientierung dienen. Ist Ihr Problem einfach und ein Standardproblem, wird man eine Lösung finden. Glückwunsch. Ist das nicht der Fall, so kann man Sie bestenfalls hinhalten: Man werde mit dem Vorgesetzten sprechen. Und meldet sich dann oft niemals zurück. Damit kommen wir zur nächsten Stufe.

**Regel 3:**
**Sehen Sie zu, dass Sie zu den Entscheidern vordringen.**
Ich habe es noch nie erlebt, dass Entscheidungen, bei denen es um mehr als 50 Euro ging, gleich der Callcenter-Mitarbeiter treffen konnte, der als Erstes ans Telefon ging. Dafür gibt es ja die sogenannten Eskalationsstufen. Meine weitere Erfahrung: Wenn im Hintergrund nicht übergeordnete Entscheider einbezogen werden, geht es nicht voran. Dann darf man sich eben fünfmal dieselbe rechtlich falsche Auskunft anhören.

Aber niemand auf der anderen Seite schwenkt auf den richtigen Weg ein. Also – wenn Sie es nicht ausnahmsweise schaffen, selbst den Kontakt zum Vorgesetzten herzustellen: Bitten Sie darum. Wenn das nicht funktioniert: Lassen Sie es. Jedes weitere aufgeregte Telefonat mit der Hotline bringt nur Stress für beide Seiten. Wer bei der dritten Mahnung oder Bitte nicht reagiert, wird das auch nicht bei der fünften tun.

**Regel 4:**
**Seien Sie verbindlich, aber eindeutig und bestimmt.**
Ich habe Ihnen geraten, nett zu den Mitarbeitern der Telefonhotlines zu sein. Verbindlich im Ton heißt aber nicht, dass man in der Sache unsicher sein müsste. Ein häufiger Fehler ist es, sich zu Anfang erst einmal auf ein vermeintliches Kompromissangebot einzulassen, von dem man dann später nicht mehr loskommt. So haben viele gesetzliche Rechte zur Voraussetzung den sogenannten »Verzug« der Gegenseite. Das liegt vor, wenn die Gegenseite trotz eindeutiger Aufforderung nicht rechtzeitig ihren Pflichten nachkommt, zum Beispiel der Neulieferung eines fehlerhaften Produktes oder der Rückzahlung des Kaufpreises. Die rechtliche Bedeutung liegt darin, dass man zum Beispiel bestimmte Elemente des Schadensersatzes nur geltend machen kann, wenn man vorher »in Verzug gesetzt« hat. Die Gegenseite muss wissen, dass es jetzt ernst wird. Dies wiederum bedeutet: Erstens, eine Frist setzen, zweitens sagen, dass das ergebnislose Verstreichen der Frist Konsequenzen hat. Zum Beispiel: »Wenn Sie nicht binnen einer Woche ein fehlerfreies Produkt nachliefern, werde ich Schadensersatz geltend machen.« Oder: »Wenn Sie mir nicht binnen einer Woche ein neues, fehlerfreies Produkt nachliefern, werde ich überlegen müssen, zum Rechtsanwalt zu gehen.«

Wenn die Gegenseite darauf nicht reagiert, schuldet sie insbesondere Schadensersatz in Form etwa der Kosten, die dann für einen Rechtsanwalt anfallen. Sie können das in den Musterschreiben in diesem Buch wiederfinden. Hier nur ganz generell: Wo das Gesetz präzise Formulierungen und Klarheit verlangt, ist zwar Höflichkeit angebracht, aber nicht Unklarheit. Und noch mal: Das gilt auch für das Sichern von Beweisen. Telefonate bringen wenig, wenn die andere Seite das aufzeichnet und zusätzlich den Telefon-Mitarbeiter als Zeugen hat, man selbst aber nichts davon. Da sind E-Mails viel besser. Oder man lässt selbst einen Zeugen anrufen, der danach eine kurze Telefonnotiz, ein Gesprächsprotokoll, niederschreibt.

**Regel 5:**
**Sprechen Sie so früh wie möglich, also nach den ersten Versuchen, Sie abzuwimmeln, realistische Drohungen aus.**
Wenn man nicht rasch mit seinem berechtigten Anliegen weiterkommt, ist ein weiteres höfliches Hin und Her von E-Mails und Anrufen Zeitverschwendung. Und es ist oft Teil der »dunklen Seite« des Kundenbeziehungsmanagements, Sie zu teils geradezu absurder Zeitverschwendung zu zwingen. Damit Sie entnervt aufgeben, damit tatsächlich im schlimmsten Fall wichtige Fristen verstreichen.

So war das bei der oben schon geschilderten Diskussion mit American Airlines. Der Erstkontakt war nur über das Kontaktformular auf der Website möglich. Also hieß es das, Formular mit allen Daten, Name, Adresse, E-Mail-Adresse, Flugscheinnummer und so weiter auszufüllen. Als Antwort kam eine E-Mail. Wollte ich dann auf die E-Mail antworten, folgte stets die automatische Nachricht, doch bitte das Kontaktformular auszufüllen. Also wieder: Name, Adresse … – mit steigender Wut natürlich. So stellt man nach außen und für die

Aufsichtsbehörden dar, ein Kundenbeschwerde-Management zu betreiben, während man in Wirklichkeit dem Kunden die Nase vor der Tür zuwirft. Bei den Online-Kontaktformularen kommt noch hinzu, dass man selbst keine Kopie der eigenen Mitteilung mit Zeitpunkt der Versendung erhält, sodass die Gegenseite ganz nach Belieben behaupten kann, man habe sich nicht gemeldet. Bis die entscheidenden Fristen abgelaufen sind.

Drohen Sie mit der Verbraucherzentrale, drohen Sie mit dem Anwalt, drohen Sie mit der Aufsichtsbehörde. Manchmal lenkt die Gegenseite dann tatsächlich schon ein. Dies deshalb, weil sie oft weiß, dass sie sich außerhalb der Legalität bewegt. Und wenn der Kunde das bemerkt hat und zu handeln bereit ist, sind die Chancen, erfolgreich dagegenzuhalten, realistisch gleich null.

***Regel 6:***
***Wenn Sie das alles eingehalten haben und sich nichts bewegt, dann nehmen Sie eines der Musterschreiben oder gehen zur Verbraucherzentrale oder zum Anwalt.***
Irgendwann, oft eher, als man es wahrhaben will, hilft nur noch der Rechtsweg.

# 25 Musterschreiben:
## So wehren Sie sich

Vorab: Nachfolgende Musterschreiben ersetzen keine individuelle Rechtsberatung. Ich kann daher auch nicht dafür einstehen, dass sie dem jeweiligen Einzelfall angemessen oder im einzelnen Fall juristisch richtig sind und/oder alle Gesichtspunkte eines Rechtsfalles erfassen. Wenn Sie sich unsicher sind, suchen Sie eine Verbraucherzentrale auf oder einen Rechtsanwalt. Da aber in vielen Fällen Verkäufer recht eindeutig gegen das Recht verstoßen, hoffe ich, dass vielen von Ihnen schon mit den nachfolgenden Musterschreiben im Wesentlichen geholfen sein wird.

Die Musterschreiben beziehen sich zum größten Teil auf in diesem Buch angesprochene Probleme. Ergänzend habe ich einige Schreiben für weitere, durchaus auch nicht selten vorkommende Situationen aufgenommen.

Ganz wichtig: Ein einfacher Brief unterbricht niemals Verjährungsfristen. Er unterbricht daher zum Beispiel nicht die Frist von zwei Jahren, in denen die gesetzlichen Mängelgewährleistungsrechte beim Verkauf von Neuwaren gelten. Auch unterbricht er nicht die Verjährungsfrist für die Rückforderung zu Unrecht gezahlter Darlehens-Bearbeitungsentgelte an die Bank. Diese Frist endet zum Beispiel für 2013 gezahlte Entgelte am 31. Dezember 2016. Verjährung bedeutet, dass der Gegner danach seine Leistung verweigern kann. Die Verjährung kann nur unterbrochen werden durch gerichtliche Maßnahmen wie zum Beispiel Klage oder Antrag auf gerichtlichen Mahnbescheid, oder – wenn das gesetzlich besonders geregelt ist – durch Einreichung eines Schiedsantrages bei einer Schiedsstelle, wie etwa im Ombudsmannverfahren des Bankenverbandes. Wenn es also knapp wird oder nach Ihrem Eindruck knapp werden könnte: Bitte gleich den Weg zum Profi suchen.

Bitte achten Sie darauf, dass die Absendung des Schreibens, und, wenn möglich, auch dessen Empfang, nachweisbar ist. Es empfiehlt sich, zur Sicherheit mehrere Versandwege zu wählen – auch wenn die Großen das gerne mit sehr knappen Angaben im Internet-Impressum oder Kontaktformularen zu verhindern suchen. Zudem sind die Chancen größer, dass man sich dem Einzelfall widmet, wenn bei einem vielleicht gar nicht zuständigen Faxempfänger die Kundenbeschwerde eingeht. Und der sie dann intern von Kollege zu Kollege mit Bitte um Bearbeitung weitergibt. Also: E-Mail und Fax. Besser: E-Mail, Fax und Einwurfeinschreiben. Warum kein Einschreiben mit Rückschein? Nimmt der Empfänger nicht an, ist die Zustellung gescheitert. Beim Einwurfeinschreiben gibt es jedoch die Bestätigung, dass das Scheiben im Briefkasten des Empfängers gelandet ist. Und damit gilt es als zugestellt, auch wenn – was unwahrscheinlich ist – etwa Ikea seinen Briefkasten nicht leert.

Wenn Sie ein Online-Kontaktformular ausfüllen, dann – das ist das Fiese – haben Sie keine Kopie der Mail im »Gesendet«-Ordner Ihres E-Mail-Programms. Also kopieren Sie bitte möglichst den Inhalt des Schreibens in eine Datei eines Schreibprogramms. Dann wissen Sie wenigstens, was Sie verschickt haben.

Noch eine Sache zu Briefen und Einschreiben: Zugestellt wird ja nur der verschlossene Umschlag. Und da kann ein ganz »schlauer« Empfänger sagen: »Jawoll, habe ich bekommen, aber der Umschlag war leer.« Also möglichst einen Zeugen (kann auch ein Familienangehöriger sein; das sind auch vollwertige Zeugen!) auf einer Kopie des Schreibens – wahrheitsgemäß natürlich! – vermerken lassen, dass das Original genau dieses Schreibens in einen Umschlag gepackt und so zur Post gegeben wurde.

Und schließlich: Je mehr von uns auf ihrem Recht bestehen, desto besser auch für uns alle. Viel Erfolg!

## Deutschland

### 1) Unverlangte Zusendung von Waren

Sehr geehrte Damen und Herren,

zuletzt haben Sie mir unter der Kundennummer ... Waren zugesendet, die ich bei Ihnen nicht bestellt hatte. Dann wurde ich von Ihnen auch noch gemahnt. Wie Sie sicher wissen, ist die Zusendung unverlangter Waren nach europäischem Verbraucherschutzrecht illegal. Bereits nach dem deutschen BGB besteht keine Pflicht zur Zahlung. Es besteht auch keine Pflicht zur Rücksendung. Sofern Sie also weiter Ihre unberechtigte Forderung aufrechterhalten, werde ich die Sache einem Anwalt übergeben, dessen Honorar dann von Ihnen zu übernehmen sein wird.

Zudem fordere ich Sie auf, meine Daten bei Ihnen zu löschen und mir dies binnen zwei Wochen nach Datum dieses Schreibens zu bestätigen.

Mit freundlichen Grüßen
(Unterschrift)

## 2) Rücksendung/Rückgabe mangelhafter neuer Waren

Sehr geehrte Damen und Herren,

vorab: Ich bin rechtsschutzversichert. (Natürlich nur mitteilen, wenn das auch zutrifft!) Vorab auch: Das Amtsgericht an meinem Wohnort würde für diese Sache zuständig sein. Sie haben mir mit unzutreffender Begründung mitgeteilt, mir den Kaufpreis und/oder die mir sonst entstandenen Kosten aufgrund der Rückgabe des/der mangelhaften ... nicht erstatten zu wollen. Was Ihnen sicher bekannt ist, teile ich Ihnen gerne noch einmal mit: Bei an Verbraucher verkauften Waren beträgt die gesetzliche Gewährleistung zwei Jahre. In den ersten sechs Monaten wird vermutet, dass der vorhandene Mangel bereits bei Lieferung gegeben war. Das ist hier der Fall. Die von Ihnen gelieferte Ware war mangelhaft, und zwar ...
Zusätzlich haben Sie, wie Sie auch wissen, gemäß Europäischem Verbraucherschutzrecht die Kosten der Mangelabwicklung zu tragen. Dazu gehören vor allem die Kosten des Rücktransports. Diese sind hier in folgender Höhe entstanden: ...
Ich erwarte die Rückerstattung des Kaufpreises und die Zahlung der sonstigen Kosten binnen zwei Wochen ab Datum dieses Schreibens auf folgendes Konto: ... Bei Ausbleiben der Zahlung würde ich einen Rechtsanwalt beauftragen, dessen Kosten Sie dann ebenfalls zu übernehmen hätten.

Mit freundlichen Grüßen
(Unterschrift)

### 3) Noch einmal Rückgabe – falls sich der Verkäufer bei mangelhafter Ware darauf beruft, die Fristen seien abgelaufen

Sehr geehrte Damen und Herren,

nachdem ich zuletzt das folgende Produkt zurückgeben wollte: ..., teilten Sie mir mit, die Widerrufsfrist sei abgelaufen. Ich muss Sie aber noch einmal deutlich darauf aufmerksam machen, dass das Produkt defekt ist, und zwar im Einzelnen: ... Damit greift nicht die kurze Widerrufsfrist – die ja auch dann gilt, wenn gar kein Defekt vorliegt. Es greifen die viel längeren Fristen des gesetzlichen Mängelgewährleistungsrechts. Ihre Verweigerung der Rücknahme des Produkts und einer Kaufpreiserstattung werde ich daher nicht akzeptieren. Ich bitte um umgehende Bestätigung der von mir verlangten Vorgehensweise binnen 10 Kalendertagen ab dem Datum dieses Schreibens. Ansonsten würde ich die Verbraucherzentrale oder einen Rechtsanwalt einschalten, wobei Sie dann die Kosten zu tragen hätten.

Mit freundlichen Grüßen
(Unterschrift)

### 4) Rückgabe defekter CD/DVD/Blu-ray bei Amazon und anderen, welche die Rückgabe geöffneter CDs rechtswidrig ausschließen

Sehr geehrte Damen und Herren,

wie Sie mir zuletzt mitteilten, weigern Sie sich, die bei Ihnen erworbene CD/DVD/Blu-ray ... zurückzunehmen. Sie verweisen darauf, dass eine Rücknahme nur bei ungeöffneter Verpackung in Betracht käme. Wie Sie sicher genau wissen, gilt dies aber nur für den Fall des gesetzlichen Widerrufsrechts bei Versendung von Waren. Es gilt eindeutig nicht für das völlig getrennt davon zu sehende Recht, mangelhafte Produkte zurückzugeben. Das Produkt wies folgenden Mangel auf: … Dieser ließ sich selbstverständlich erst nach Öffnung der Verpackung und einem Versuch, den Datenträger abzuspielen, feststellen. Sie sind daher eindeutig dazu verpflichtet, meiner Forderung nach Nachlieferung/Kaufpreiserstattung (Nichtzutreffendes weglassen) nachzukommen. Hierzu setze ich eine Frist von einer Woche ab Datum dieses Schreibens. Bei weiterer Weigerung behalte ich mir die Einschaltung eines Rechtsanwaltes vor, dessen Kosten dann ebenfalls von Ihnen zu übernehmen wären.

Mit freundlichen Grüßen
(Unterschrift)

### 5) Falsche Telefonrechnung

Hier ist zunächst zu beachten, dass der Kunde gemäß § 45e Telekommunikationsgesetz jederzeit einen Einzelverbindungsnachweis verlangen kann. Nur dieser Nachweis erlaubt es, einem Verdacht, dass unberechtigt Positionen abgerechnet wurden, nachzugehen bzw. vorsorglich entsprechende Nachvollziehbarkeit herbeizuführen. Sofern ein solcher also nicht bereits erteilt wird, ist dies erst einmal möglichst umgehend einzurichten:

Sehr geehrte Damen und Herren,

für meinen Telefonanschluss unter der Kundennummer … bitte ich um Erteilung eines Einzelverbindungsnachweises. Dies gilt für zukünftige Abrechnungen. Ich bitte aber auch um nachträgliche Erteilung eines solchen Nachweises für die Rechnung vom …

Für eine rasche Bearbeitung danke ich im Voraus.

Mit freundlichen Grüßen
(Unterschrift)

Wenn dann ein dubioser Posten insbesondere bei gebührenpflichtigen Nummern (0180, 0190, 0900 oder Ähnliches) auftaucht, ist dem weiter nachzugehen:

### 6) Protest Sondernummern/Premiumdienste

Sehr geehrte Damen und Herren,

in der Einzelpostenabrechnung zu meinem Telefonanschluss unter der Kundennummer … auf der Rechnung vom … taucht folgende von mir nicht nachvollziehbare Position auf: … Der Abrechnung dieser Position widerspreche ich hiermit binnen der in der Abrechnung genannten Frist und bitte um Mitteilung des der Position zugrunde liegenden Dienstes unter Nennung des Dienstanbieters.

Mit freundlichen Grüßen
(Unterschrift)

Dies führt leider der Erfahrung nach nicht immer zu der gewünschten Reaktion und Antwort, auch wenn man mehrfach nachhakt. Bleibt dann wieder der Gang zur Verbraucherzentrale und zum Anwalt. Und gegebenenfalls wird man sich dann noch mit dem jeweiligen dritten Dienstanbieter auseinandersetzen müssen. Aber immerhin sind jetzt Telefongesellschaft und Fremdanbieter vorgewarnt, sodass man darauf hoffen kann, die kritische Abrechnungsposition werde wenigstens in Zukunft ausbleiben. Bei meiner 16-Cent-Klage stoppte das Ärgernis jedenfalls, nachdem ich geklagt hatte. Hilfreich kann es auch sein, die kritische Telefonnummer im Internet in eine Suchmaschine einzugeben. Manchmal ist anderen Nutzern eine Lösung des Problems gelungen oder man erhält jedenfalls ein Rechercheergebnis, aufgrund dessen man Verbraucherzentrale oder Rechtsanwalt weitere Hinweise geben kann.

Wichtig ist auch Folgendes: Die Telefongesellschaften sind verpflichtet, die Nutzung der genannten, teils sehr teuren Dienste (0180, insbesondere aber 0190 und 0900) zu sperren. Man sollte sich hier telefonisch beraten lassen, die Dienste, welche man ohnehin nie nutzen wird, sperren lassen und um schriftliche Bestätigung bitten.

### 7) Zweifelhafte Bankgebühren

Sehr geehrte Damen und Herren,

meinen Kontoauszügen konnte ich entnehmen, dass Sie mein Konto unter dem Datum ... mit einer Gebühr wegen »...« belastet haben. Mir ist der Zweck dieser Gebühr unklar. Insbesondere bin ich der Meinung, dass die dahinter stehenden Tätigkeiten bereits mit den allgemeinen Kontoführungsgebühren abgegolten sind und/oder ohnehin in Ihrem eigenen Bankinteresse und nicht in meinem Kundeninteresse erfolgten. Ich bitte daher um kurze Erläuterung und Erstattung. Bei Nichterstattung bitte ich um Erläuterung und ausdrückliche Bestätigung, dass die Gebühr nach Gesetz und Rechtsprechung unzweifelhaft berechtigt ist. In diesem Falle behalte ich mir vor, die Angelegenheit der Verbraucherzentrale oder einem Rechtsanwalt vorzulegen.

Mit freundlichen Grüßen
(Unterschrift)

### 8) Rückforderung des Bearbeitungsentgelts für Darlehen (Quelle: Verbraucherzentrale)

Sehr geehrte Damen und Herren,

im Zusammenhang mit der oben bezeichneten Finanzierung haben Sie mir ein Bearbeitungsentgelt in Höhe von ... Euro berechnet. Dieses Entgelt ist unzulässig.
Die Bearbeitung des Darlehensvertrages und der vorbereitenden Tätigkeiten stellen keine gesonderte Leistung für den Kunden dar, sodass ein Entgelt nicht verlangt werden darf. Dies hat der Bundesgerichtshof in seinen Urteilen vom 13.05.2014 und vom 28.10.2014 entschieden.
Ich fordere Sie deshalb auf, das einbehaltene Entgelt binnen 14 Tagen ab Datum dieses Schreibens auf mein Konto ... zu überweisen. Ebenfalls fordere ich Sie auf, die auf Basis des Vertragszinses zu viel gezahlten Zinsen binnen vorgenannter Frist ordnungsgemäß zu berechnen und auf das o. g. Konto zu überweisen.

Mit freundlichen Grüßen
(Unterschrift)

### 9) Auskunft nach § 34 BDSG und Widerspruch nach § 28 Absatz 4 BDSG (Quelle: Verbraucherzentrale)

*Betreff: Widerspruch gemäß § 28 Abs. 4 BDSG gegen die Verwendung von personenbezogenen Daten für Werbung und Markt- oder Meinungsforschung*

Sehr geehrte Damen und Herren,

gemäß § 34 Bundesdatenschutzgesetz (BDSG) fordere ich Sie auf, mir folgende Auskünfte zu erteilen:
– Über welche gespeicherten Daten zu meiner Person verfügen Sie und woher haben Sie diese Daten?
– An welche Empfänger oder sonstige Stellen werden diese Daten weitergegeben?
– Zu welchem Zweck erfolgt diese Speicherung?

Ich widerspreche gemäß § 28 Absatz 4 BDSG der Verarbeitung oder Nutzung meiner Daten für Zwecke der Werbung oder der Markt- oder Meinungsforschung. Sie sind daher verpflichtet, die Daten unverzüglich für diese Zwecke zu sperren. Ich setze Ihnen zur Erfüllung meiner Forderungen eine Frist von 14 Tagen ab Datum dieses Schreibens.
Sollten Sie dieses Schreiben ignorieren, werde ich mich an den zuständigen Landesdatenschutzbeauftragten wenden. Außerdem behalte ich mir weitere rechtliche Schritte einschließlich der Geltendmachung von Schadensersatzansprüchen vor.

Mit freundlichen Grüßen
(Unterschrift)

**10) Freigabe von Inhalten, hier: Amazon**
**(Quelle: Verbraucherzentrale)**

Amazon EU SARL, Niederlassung Deutschland
Marcel-Breuer-Str. 12
80807 München

*Betreff: Zugang zu digitalen Inhalten*

Sehr geehrte Damen und Herren,

das OLG Köln hat mit Urteil vom 26.02.2016 Az.: 6 U 90/15
entschieden, dass folgende Klausel in Ihren Allgemeinen Geschäftsbedingungen unwirksam ist:

»Wir behalten uns das Recht vor, Ihnen Services auf der Website vorzuenthalten, Mitgliedskonten zu schließen oder Inhalte zu entfernen oder zu verändern, wenn Sie gegen anwendbar-
bare Gesetze, diese Nutzungsbedingungen oder andere an-
wendbare Vertragsbedingungen oder Richtlinien verstoßen.«

Derzeit verweigern Sie mir den Zugriff auf bereits erworbene
digitale Inhalte. Ich fordere Sie daher umgehend auf, mir den
Zugang darauf wieder zu gewähren und mir dies zur Klarstel-
lung schriftlich zu bestätigen.

Mit freundlichen Grüßen
(Unterschrift)

## 11) Fluggesellschaft Deutschland

Hier sei zunächst darauf hingewiesen, dass das Luftfahrtbundesamt (LBA) unter www.lba.de ein Beschwerdeformular zur Verfügung stellt. Zur Durchsetzung finanzieller Ansprüche dagegen ist das LBA nicht befugt. Hier gibt es grundsätzlich die Möglichkeit, mit nachfolgendem Musterschreiben zunächst Selbsthilfe zu versuchen. Die Reaktion der Luftfahrtgesellschaft ist allerdings in einigen Fällen so, dass sie behauptet, die Sache sei unklar und man biete eine niedrigere Zahlung ohne Anerkennung einer Rechtspflicht an. Dann ist bei allem Ärger zu entscheiden, ob sich ein weiteres Vorgehen wegen des Restbetrages noch lohnt. Grundsätzlich kann man sich wiederum an die Verbraucherzentrale oder einen Rechtsanwalt wenden. Daneben gibt es über das Internet auffindbare Unternehmen, die gegen pauschale Gebühren/Erfolgsbeteiligung die Durchsetzung von Fluggastrechten übernehmen. Vorteil: Man trägt kein eigenes Kostenrisiko; Nachteil: Man erhält, auch wenn man vollständig im Recht ist, nicht die volle Erstattungssumme. Da die vorgesehenen Regelungen nicht in wenigen Sätzen zusammenzufassen sind, empfehle ich die gut gemachte Übersicht der EU hierzu, zu finden unter http://europa.eu/youreurope/citizens/travel/passenger-rights/air/index_de.htm. Mit dessen Hilfe lässt sich auch das nachfolgende Schreiben ergänzen. Hier jedenfalls ein Musterschreiben für jeden, der es erst einmal selbst versuchen möchte.

Sehr geehrte Damen und Herren,

unter dem Datum vom ... haben wir mit insgesamt ... Personen einen Flug Ihrer Gesellschaft von ... nach ..., Flug-Nr. ... wahrgenommen. Wie Ihnen bekannt ist, kam es dabei zu einer Ver-

spätung von ... Damit gilt das Europäische Verbraucherschutzrecht im Luftverkehr.

Ich überreiche dazu zunächst das EU-Beschwerdeformular.
(Abrufbar unter: http://ec.europa.eu/transport/themes/pas
sengers/air/doc/complain_form/eu_complaint_form_de.pdf)
Hiernach sind folgende Erstattungen vorgesehen, denen Sie
bislang noch nicht nachgekommen sind (Unzutreffendes
streichen):

– Erstattung des Ticketpreises in Höhe von ...
– Verpflegung und Übernachtung in Höhe von ...
– Finanzielle Entschädigung in Höhe von ...

Wie Ihnen bekannt ist, setzen die Fluggastrechte nicht ein
Verschulden der Airline im engeren Sinne voraus. Auch wird
höhere Gewalt von der ständigen höchstrichterlichen Rechtsprechung nur sehr eingeschränkt angenommen. Dazu zählen
insbesondere nicht technische Schwierigkeiten oder solche
mit dem Einsatz von Personal, außer bei Streiks.
Ich gehe daher davon aus, dass Sie meinen berechtigten Forderungen binnen zwei Wochen ab Datum dieses Schreibens
nachkommen. Die Zahlung wollen Sie bitte auf folgendes Konto vornehmen: ... Bei Ausbleiben der Zahlung behalte ich mir
die Einleitung rechtlicher Schritte vor.

Mit freundlichen Grüßen
(Unterschrift)

## 12) Verspätete Lieferung

Sehr geehrte Damen und Herren,

am ... habe ich bei Ihnen im Internet folgenden Artikel bestellt: ... Der Artikel war als »sofort lieferbar« gekennzeichnet bzw. es war nicht mitgeteilt, dass Lieferfristen bestehen. In diesen Fällen darf ich als Kunde nach geltender Rechtslage davon ausgehen, dass umgehend, das heißt binnen weniger Tage geliefert wird. Nun, nach immerhin ... Tagen, ist der Artikel immer noch nicht bei mir eingetroffen. Ich fordere Sie hiermit letztmalig auf, den Artikel binnen fünf Tagen ab Datum dieses Schreibens an mich zu liefern. Informationshalber muss ich darauf hinweisen, dass ich nicht das Risiko trage, ob Sie den Artikel selbst am Lager haben. Gegebenenfalls müssen Sie sich ihn also anderweitig am Markt besorgen. Sofern die Frist ergebnislos verstreicht, werde ich vom Kaufvertrag zurücktreten und behalte mir die Geltendmachung von Schadensersatz vor. Dazu würden insbesondere die Kosten eines sogenannten Deckungskaufs gehören, also der Mehrbetrag, den ich ausgeben muss, um mir das Produkt anderweitig zu besorgen.

Mit freundlichen Grüßen
(Unterschrift)

## 13) Verspätete Lieferung, die zweite: Verbindlicher Liefertermin

Wenn Sie etwa Möbel, einen Fernseher oder ein Auto bei einem Händler vor Ort bestellen, dann versuchen Sie bitte immer, einen verbindlichen Liefertermin schriftlich in die Bestellung aufzunehmen. Sehr oft wird der Händler dazu nicht bereit sein. Dann ist es jedenfalls sinnvoll, zumindest einen unverbindlichen Liefertermin aufzunehmen.

Sehr geehrte Damen und Herren,

am ... habe ich bei Ihnen einen ... bestellt. Dabei wurde als verbindlicher Liefertermin der ... vereinbart. Eine Lieferung erfolgte jedoch zu diesem Datum und bis jetzt nicht. Ich setze Ihnen hiermit, ohne dass die rechtlichen Folgen des bereits eingetretenen Lieferverzuges beseitigt würden, eine letzte technische Nachfrist von sieben Tagen ab dem Datum dieses Schreibens. Informationshalber muss ich darauf hinweisen, dass ich nicht das Risiko trage, ob Sie den Artikel selbst am Lager haben. Gegebenenfalls müssen Sie sich ihn also anderweitig am Markt besorgen. Sofern die Frist ergebnislos verstreicht, werde ich vom Kaufvertrag zurücktreten und behalte mir die Geltendmachung von Schadensersatz vor. Dazu würden insbesondere die Kosten eines sogenannten Deckungskaufs gehören, also der Mehrbetrag, den ich ausgeben muss, um mir das Produkt anderweitig zu besorgen.

Mit freundlichen Grüßen
(Unterschrift)

### 14) Verspätete Lieferung, die dritte: Unverbindlicher Liefertermin

Sehr geehrte Damen und Herren,

am ... habe ich bei Ihnen einen ... bestellt. Dabei wurde als unverbindlicher Liefertermin der ... vereinbart. Eine Lieferung erfolgte jedoch zu diesem Datum und bis jetzt nicht. Ich fordere Sie daher auf, mir jetzt einen verbindlichen Liefertermin zu nennen. Höchst vorsorglich setze ich eine Frist für die Lieferung von zwei Wochen ab dem Datum dieses Schreibens. Informationshalber muss ich darauf hinweisen, dass ich nicht das Risiko trage, ob Sie den Artikel selbst am Lager haben. Gegebenenfalls müssen Sie sich ihn also anderweitig am Markt besorgen. Sofern die von Ihnen mitgeteilte verbindliche Lieferfrist unangemessen lang ist oder die von mir gesetzte Frist ergebnislos verstreicht, behalte ich mir den Rücktritt vom Kaufvertrag vor. Weiter behalte ich mir die Geltendmachung von Schadensersatz vor. Dazu würden insbesondere die Kosten eines sogenannten Deckungskaufs gehören, also der Mehrbetrag, den ich ausgeben muss, um mir das Produkt anderweitig zu besorgen.

Mit freundlichen Grüßen
(Unterschrift)

Wenn es nun immer noch nicht zu einer Lieferung in angemessener, erträglicher Zeit kommt, können Sie überlegen, den angedrohten Rücktritt vom Kaufvertrag zu vollziehen. Im Zweifelsfall empfiehlt es sich, vorher Rücksprache mit der Verbraucherzentrale oder einem Rechtsanwalt zu nehmen.

### 15) Mietminderung

Ich kann hier nur grob einige Grundlagen schildern. Wenn in der von Ihnen gemieteten Wohnung ein Mangel auftritt, haben Sie als Mieter zunächst die Pflicht, dem Vermieter den Mangel anzuzeigen, damit dieser die Möglichkeit hat, ihn zu beseitigen. Auch hat die Rechtsprechung herausgearbeitet, dass man sein Recht zur Mietminderung verlieren kann, wenn man zu lange, also insbesondere Monate mit der Anzeige des

Mangels wartet. Der Richter kann dann davon ausgehen, dass man den Mangel stillschweigend akzeptiert hat. Mietmängel sind zum Beispiel Schimmelbefall, eine defekte Heizung (überhaupt eine zu geringe Raumtemperatur im Winter), aber auch übermäßige Lärmbelästigung durch Nachbarn. Das Internet, die Verbraucherzentrale oder der Mieterschutzbund können hier nähere Auskunft geben. Wenn ein Mangel besteht, tritt das Recht zur Zahlung einer geminderten Miete automatisch ein. Es kommt also nicht darauf an, ob den Vermieter ein Verschulden trifft. Das nachfolgende Musterschreiben soll zunächst dabei helfen, den Mangel rechtzeitig anzuzeigen. In welcher Höhe dann genau eine Mietminderung eintritt, wie sehr Sie also die Miete kürzen können, ist eine kleine Wissenschaft für sich. Hier wird man im Zweifel nicht ohne fachlichen Rat auskommen.

Sehr geehrte Damen und Herren,

für die von mir gemietete Wohnung … muss ich Ihnen das Vorliegen eines Mietmangels anzeigen. Seit dem … (zum Beispiel: ist Schimmel in folgenden Räumen aufgetreten/wird in den Räumen … trotz vollen Betriebs der Heizung nur noch eine Temperatur von … Grad erreicht/tritt durchgängig nachts Hundegebell in der Wohnung unter mir auf). Ich fordere Sie hiermit zu einer unverzüglichen Beseitigung des Mangels auf. Weiterhin werde ich die eingetretene Mietminderung geltend machen. Zur Vermeidung von Diskussionen insoweit stelle ich Ihnen anheim, einen Vorschlag zur Höhe der eingetretenen Mietminderung zu unterbreiten.

Mit freundlichen Grüßen
(Unterschrift)

## 16) Reisemangel

Auch dieses Gebiet ist eine kleine Wissenschaft für sich. In welcher Höhe eine Minderung des Reisepreises erfolgen kann, wird sich oft nur mit fachlicher Hilfe bestimmen lassen – sofern nicht seitens des Reiseveranstalters ein akzeptabler Vorschlag erfolgt. Ebenso wie bei der Mietminderung ist jedoch eine schnelle, schriftliche und klare Anzeige des Mangels in jedem Falle hilfreich. Dafür das nachfolgende Musterschreiben, das sinnvollerweise sowohl der örtlichen Reiseleitung (soweit vorhanden) wie auch dem Reiseveranstalter selbst zugehen sollte. Sofern Sie vor Ort aus technischen Gründen kein ausgedrucktes Schreiben herstellen können, tut es auch ein handschriftliches. Soweit Sie Ihr Anliegen mündlich vorbringen, tun Sie dies bitte zusammen mit einem Zeugen, der danach eine kurze Gesprächsnotiz anfertigt. Anmerkung: Auch der Ehe- oder Lebenspartner ist ein vollwertiger Zeuge, sofern er oder sie nicht ebenfalls Vertragspartner des Reisevertrages geworden ist.

Sehr geehrte Damen und Herren,

für insgesamt ... Personen habe ich eine Reise bei Ihnen nach ... in das ... Hotel gebucht. Ich muss nunmehr feststellen, dass ein erheblicher Reisemangel aufgetreten ist: ... (zum Beispiel: die Dusche funktioniert nicht/neben dem Hotel befindet sich eine lärmende Großbaustelle, obwohl die Anlage als »ruhig« beschrieben war/die versprochene Kinderbetreuung findet nicht statt). Das Hotel hat insofern auf meine unter Zeugen geltend gemachte Beschwerde nicht angemessen reagiert: ...
(Text eventuell für die örtliche Reiseleitung: Ich fordere Sie hiermit auf, umgehend Abhilfe zu schaffen.)

Ich fordere Sie hiermit auf, mir einen angemessenen Teil des Reisepreises, orientiert an den einschlägigen rechtlichen Vorgaben, auf folgendes Konto zurückzuerstatten: ...

Mit freundlichen Grüßen
(Unterschrift)

## 17) Nachbesserungsverlangen

Bei Handwerksarbeiten wie etwa Autoreparaturen bestimmt das Gesetz, dass dem Handwerker zunächst einmal die Möglichkeit zur Nachbesserung gegeben werden muss. Bei Käufen kann man als Alternative zur Nachlieferung einer fehlerfreien Sache auch die Nachbesserung verlangen. Das ist zum Beispiel sinnvoll bei behebbaren Mängeln an einem Auto. Es wäre da einfach sehr unpraktisch und aufwendig, wegen einem leicht austauschbaren Teil das ganze Auto zu tauschen. Ohnehin kann der Verkäufer die Neulieferung ausnahmsweise verweigern, wenn diese, so das Gesetz, »mit unverhältnismäßigen Kosten verbunden ist«. Aber auch im sogenannten Werkvertragsrecht, wo der Vertragspartner also wie im Handwerksbereich Arbeiten an einer vorhandenen Sache durchführt, ist der Kunde nicht mehr auf die Nachbesserung verwiesen, wenn dies unzumutbar ist. Das ist zum Beispiel der Fall, wenn die Nachbesserung etwa zweimal fehlgeschlagen ist oder schlicht verweigert wird.

Sehr geehrte Damen und Herren,

Sie haben zuletzt in meinem Auftrag folgende Arbeiten ausgeführt: ... (zum Beispiel: Autoreparatur/Verfliesen des Badezimmers). Diese Arbeiten haben sich allerdings als mangelhaft herausgestellt. Insbesondere ist Folgendes der Fall: ... Ich fordere Sie hiermit zu einer Nachbesserung binnen zwei Wochen ab Datum dieses Schreibens auf. Zur Durchführung eines Termins zur Nachbesserung bitte ich um telefonische Rücksprache.

Mit freundlichen Grüßen
(Unterschrift)

### 18) Erstattung Fahrtkosten, hier: Ikea

Sehr geehrte Damen und Herren,

zuletzt hatte ich bei Ihnen folgendes Möbelstück gekauft: ... Daran stellte sich jedoch folgender Defekt heraus: ... (zum Beispiel: Beschädigung/fehlendes Teil). Ich war daher gezwungen, für ... (zum Beispiel: einen Tausch/die Abholung fehlender Teile) von meinem Wohnort in ... in Ihre Filiale in ... zu fahren. Dort weigerte man sich allerdings, die mir aufgrund des Mangels zustehenden Wegekosten korrekt zu erstatten. Bei den heutigen Preisen zum Betrieb eines Autos sind auf keinen Fall weniger als 30 Cent pro Kilometer zu erstatten. Nach meiner Kenntnis haben Sie dies in zwei Verfahren vor dem Amtsgericht Kassel schon in der Vergangenheit anerkannt. Die Gerichtsaktenzeichen damals waren 415 C 5117/07 und 420 C 2122/09. Da die von mir gefahrene Strecke (Hin- und Rückweg) insgesamt ... Kilometer betrug, wären also ... Euro zu erstatten. Ich bitte um umgehende Zahlung auf folgendes Konto: ...

Mit freundlichen Grüßen
(Unterschrift)

## 19) *Erstattung Portokosten*

Sehr geehrte Damen und Herren,

zuletzt hatte ich bei Ihnen folgendes Produkt gekauft: ... Da das Produkt defekt war, habe ich von meinem gesetzlichen Anspruch auf Nachlieferung Gebrauch gemacht. Sie haben allerdings vor einer Nachlieferung zunächst die Rücksendung des fehlerhaften Produktes verlangt. Allerdings haben Sie mir dazu kein Rücksendeetikett zur Verfügung gestellt. Daher fordere ich Sie hiermit zur Erstattung der entstandenen Portokosten in Höhe von ... Euro auf folgendes Konto binnen einer Woche ab Datum dieses Schreibens auf: ...
Sollten Sie dem nicht fristgemäß nachkommen, so behalte ich mir die Einschaltung eines Rechtsanwaltes vor, dessen Kosten Sie dann ebenfalls zu tragen hätten.

Mit freundlichen Grüßen
(Unterschrift)

## 20) *Verloren gegangene oder beschädigte Postsendung*

Grundsätzlich ist bei verloren gegangenen oder beschädigten Postsendungen der Absender derjenige, welcher sich an den Postdienstleister wenden sollte. Dies deshalb, weil er der Vertragspartner ist. Wenn Sie der Empfänger sind, aber der Absender sich nicht kümmert, kann es jedoch auch sinnvoll sein, selbst die Initiative zu ergreifen. Jedenfalls im Zuge der (angeblichen) Kulanz lassen sich die Dienstleister auch hier durchaus auf eine Regulierung des Schadens ein. Dies ist schon deswegen folgerichtig, weil ja auch der Empfänger durch den Verlust der Sendung einen Schaden erlitten hat.

Anders als bei Käufen von gewerblichen Anbietern geht bei einem privat handelnden Verkäufer das Risiko des Verlusts der Sendung schon bei Sendungseinlieferung auf den Käufer über. Jedenfalls in dieser Konstellation hat der Käufer dann selbst einen Schaden erlitten.

**Schreiben durch Verkäufer:**

Sehr geehrte Damen und Herren,

am ... habe ich ein Paket bei Ihnen eingeliefert. Dieses ist jedoch nicht/beschädigt beim Empfänger angekommen. Im Paket befand sich ein/e ... im Wert von ... Euro (Beleg/Foto anbei). Ich bitte um Regulierung des entstandenen Schadens auf folgendes Konto: ...

Mit freundlichen Grüßen
(Unterschrift)

**Schreiben durch Käufer:**

Sehr geehrte Damen und Herren,

ich habe zuletzt ein/e ... im Wert von ... Euro gekauft. Der Verkäufer versandte das Paket mit Ihnen am ... Es kam jedoch nicht/beschädigt bei mir an. Hierdurch ist mir ein Schaden in Höhe von ... Euro entstanden. Beleg/Foto anbei. Ich bitte um Regulierung auf folgendes Konto: ...

Mit freundlichen Grüßen
(Unterschrift)

Kommt man auf diesem Wege nicht weiter, so gibt es neben dem Gang zum Rechtsanwalt und/oder zu Gericht noch die Möglichkeit eines Schlichtungsverfahrens bei der Bundesnetzagentur. Diese führt auch die Aufsicht über Postdienstleister und bietet dieses Verfahren an. Das entsprechende Formular ist im Internet zu finden unter:

www.bundesnetzagentur.de/SharedDocs/Downloads/DE/
Sachgebiete/Post/Verbraucher/Streitbeilegung/Schlichtungs
antrag.pdf?_blob=publicationFile&v=5

### 21) Anrufung der Ombudsleute/Schiedsleute bei Banken und Versicherungen

Diverse Branchen bieten ein Schlichtungsverfahren an. Dies bedeutet, dass man einen Streit mit Unternehmen aus diesen Branchen, die dem genannten Verfahren beigetreten sind, zunächst vor einer Schiedsstelle statt vor einem staatlichen Gericht ausfechten kann. Vorteil ist, dass das Verfahren kostenfrei ist und vergleichsweise unbürokratisch und zügig abläuft sowie kein Zwang besteht, einen Rechtsanwalt einzuschalten. Als Nachteil ist zu erwähnen, dass das Verfahren gegenüber dem Vertragspartner nicht zwingend denselben Druck und dieselbe Verbindlichkeit erzeugt wie ein Verfahren vor einem staatlichen Gericht. Das ist bereits deshalb der Fall, weil die Arbeit des Schiedsmannes unter Ausschluss der Öffentlichkeit abläuft. Des Weiteren ist bei mir jedenfalls in einem kompliziert gelagerten Fall gegen eine Bank, bei dem es auch um eine hohe Geldsumme ging, der Eindruck zurückgeblieben, dass die Schiedsstelle die Sache eher schnell loswerden als gründlich prüfen wollte. Auch gilt es vor Einleitung eines Verfahrens zu prüfen, ob der jeweilige Vertragspartner sich grundsätzlich der angerufenen Schiedsstelle unterwirft. Dennoch kann eine Anrufung der Schiedsstelle im Einzelfall einen Versuch wert sein. Weiter unten bei den nützlichen Adressen sind noch mehr Ombudsleute und Schiedsstellen genannt für Deutschland, Österreich und die Schweiz. Hier die Internet-Links zu den entsprechenden Verfahren in Deutschland hinsichtlich Banken und Versicherungen:

http://verbraucher.bankenverband.de/beschwerdestelle;
www.versicherungsombudsmann.de/Navigationsbaum/
IhreBeschwerde/WichtigeInformationen/index.html

### 22) Anschreiben Anwaltskammer

Die meisten Anwälte arbeiten in ihrem durchaus stressigen Beruf ehrlich und engagiert. Und ich hatte bereits ausgeführt, dass Ihr Anwalt Ihnen im Vorfeld die Kosten gerne erläutern wird. Normalerweise wird er im Nachgang auch gerne seine Rechnungsstellung erklären. Der Anwalt ist – wenn er gesetzliche Gebühren abrechnet, Sie also kein Stunden- oder ausnahmsweise Erfolgshonorar mit ihm vereinbart haben – verpflichtet, in der Rechnung auch aufzuschlüsseln: wofür er die Rechnung stellt und welche Gebührenziffern aus dem Rechtsanwaltsvergütungsgesetz er angewendet hat. Was sich hinter diesen Gebührenziffern verbirgt, lässt sich zusätzlich im Internet recherchieren. Wenn jetzt dennoch ein ungutes Gefühl bleibt oder der Anwalt sich weigert, die Rechnung zu erläutern, kann man sich mit Bitte um Überprüfung an die zuständige Anwaltskammer wenden. Diese orientieren sich an den Sitzen des jeweiligen Oberlandesgerichts, in dem der Anwalt tätig ist. Auch dies lässt sich entweder im Internet recherchieren oder auch bei Ihrem hoffentlich hilfsbereiten örtlichen

Amtsgericht erfragen. Wenn der Anwalt eine Internetpräsenz hat, muss er im Impressum oder an ähnlicher Stelle auch die zuständige Aufsichtsbehörde angeben. Diese können Sie bei Zweifeln durchaus anschreiben. Sie wird dann den Anwalt um Stellungnahme bitten und dann selbst Stellung nehmen.

Sehr geehrte Damen und Herren,

zuletzt hatte ich den Rechtsanwalt ... aus ... mit der Wahrnehmung meiner Interessen in folgender Sache betraut: ... Er hat dazu folgende Tätigkeiten ausgeführt: ... Abschließend übersandte er mir die in Kopie beigefügte Rechnung. Diese kann ich auch nach Nachfrage bei meinem Anwalt in folgendem Punkt nicht nachvollziehen: ... Ich bitte höflich um Überprüfung und nach Abschluss um Benachrichtigung.

Mit freundlichen Grüßen
(Unterschrift)

## 23) Anschreiben Ärztekammer

Ein ähnliches Problem wie vorstehend mit Anwaltsrechnungen kann sich auch mit Arztrechnungen ergeben, bei denen privat zu übernehmende Leistungen abgerechnet werden. Auch hier empfiehlt es sich, zunächst das klärende Gespräch zu suchen. Bleiben dann noch Zweifel, kann auch hier die zuständige Kammer, in diesem Fall die Ärztekammer, kontaktiert werden. Sofern der Arzt eine Internetpräsenz hat, ist hier die Kammer angegeben. Bei anderen Ärzten wird man dies über die Internetangaben eines Kollegen aus demselben Ort recherchieren können.

Sehr geehrte Damen und Herren,

Ihr Kammermitglied, der Arzt ... hat mich zuletzt wegen ... behandelt. Dabei hat er die folgenden Tätigkeiten ausgeführt und über Privatrezept berechnet: ... Leider konnte ich auch durch Rücksprache mit meinem Arzt die Berechnung nicht abschließend nachvollziehen. Ich bitte um Überprüfung und Nachricht.

Mit freundlichen Grüßen
(Unterschrift)

## 24) Schlichtungsstelle Kfz-Wesen: Beanstandungen bei Gebrauchtwagenkauf und Werkstattarbeiten

Sofern man ein Gebrauchtfahrzeug gekauft oder eine Reparatur hat durchführen lassen bei einem Betrieb, der Mitglied der Kfz-Innung ist, bietet sich als Schritt vor der Einschaltung von Rechtsanwalt und Gericht ein Schiedsverfahren bei der Schiedsstelle des Kfz-Gewerbes an. Näheres ist unter www.kfzgewerbe.de beschrieben. Wichtig ist dabei, dass keine gesetzlichen Fristen verstreichen. Die einzuhaltenden Fristen sind unter www.kfzgewerbe.de/autofahrer/schiedsstellen/antrag-fristen.html beschrieben. Dort finden sich auch Formulare für die Einleitung eines Verfahrens beim Kauf bzw. der Reparatur. Wichtig: Bei Scheitern des Schiedsverfahrens kann immer noch ein Verfahren vor einem normalen Gericht durchgeführt werden. Bitte lassen Sie sich aber im Einzelnen von der Schiedsstelle über die Rechtslage zur Verjährung aufklären, damit Sie gegebenenfalls nicht zu spät einen Rechtsanwalt aufsuchen, falls doch noch eine Klage nötig wird.

## 25) Anschreiben Ebay

Ein Problem bei Ebay, das ich auch selbst schon einmal zu klären hatte, ist Folgendes: Man gibt das Höchstgebot ab und der Verkäufer zieht das Angebot zurück, weil er mit dem erzielten Preis nicht zufrieden ist. Dann wird als Ausrede etwa vorgeschoben, dass das Produkt auf einmal nicht mehr lieferbar sein soll. Natürlich ist es völlig in Ordnung, wenn ein Verkäufer bestimmte Preisvorstellungen durchsetzen will. Dafür hat er aber die Möglichkeiten, den Startpreis entsprechend anzugeben oder ein Mindestgebot anzugeben. Im Nachhinein geht das nicht: Mit Abgabe des erfolgreichen Gebots kommt sowohl nach der Rechtslage wie nach den Ebay-Bedingungen ein wirksamer Kaufvertrag zustande – der Käufer muss zahlen, der Verkäufer liefern. Da Ebay die Aktivitäten auf seiner Plattform sehr stark moderiert, ist es durchaus sinnvoll, Ebay mit einzubeziehen, wenn der Verkäufer sich nicht korrekt verhält. Obwohl natürlich Ebay nicht der eigentliche Vertragspartner, das heißt Verkäufer, ist.

Sehr geehrte Damen und Herren,

am … habe ich mit Höchstgebot den Artikel Nr. …, nämlich einen/eine … ersteigert. Nun weigert sich der Verkäufer zu liefern. Die Begründung ist nicht nachvollziehbar. Da aber eindeutig ein wirksamer Kaufvertrag zustande gekommen ist, möchte ich Sie bitten, auf den Verkäufer einzuwirken und gegebenenfalls mit einer Sperre zu drohen, um ihn zu der geschuldeten Lieferung zu bewegen.

Mit freundlichen Grüßen
(Unterschrift)

## Österreich

Speziell für **Österreich** finden sich auch einige Musterschreiben zu Internetabzocke, Rücktrittserklärung bei Online-Verträgen und Datenschutz unter:

www.ombudsmann.at/schlichtung.php/cat/39/title/Muster briefe

## Schweiz

Speziell für die **Schweiz** finden sich für die Anfechtung von Verträgen und Rechnungen oder auch Reklamationen eine Fülle von Musterbriefen bei der reklamationszentrale.ch unter:

www.reklamationszentrale.ch/die-reklamation/vorlagen-zur-reklamation

# Wie finanziere ich einen Anwalt?
# So bekommen Sie Hilfe

## Den Anwalt selbst zahlen

Vom Gesetzgeber ist als Normalfall vorgesehen, dass Ihr Anwalt nach seiner Gebührenordnung, dem Rechtsanwaltsvergütungsgesetz abrechnet. Diese bestimmt anhand des Wertes der Angelegenheit, um die gestritten wird, des schon erwähnten Streitwertes, die Gebühren. Das ist kein fester Prozentsatz des Wertes, sondern die Gebühren steigen zwar mit dem Streitwertes, aber nicht in einem festen Verhältnis, sondern zunehmend langsamer. Der Anwalt kann für im Gesetz festgelegte Tätigkeiten jeweils festgelegte Gebühren abrechnen. Also eine Gebühr für die außergerichtliche Tätigkeit, eine für die Einreichung der Schriftsätze bei Gericht, eine Gebühr für die Vertretung in der mündlichen Verhandlung und eine weitere Gebühr bei Abschluss eines Vergleiches, also einer gütlichen Einigung. Lassen Sie sich das ruhig im Einzelnen erklären, bevor Sie dem Anwalt einen Auftrag erteilen und eine Vollmacht unterschreiben.

## Rechtsschutzversicherung

Eine Rechtsschutzversicherung kann durchaus sinnvoll sein, das gilt vor allem, wenn man Mieter oder Arbeitnehmer oder Autofahrer ist. In diesen Fällen kann es ohne weiteres einmal zu einem Rechtsstreit kommen und dann lohnt es sich, versichert zu sein. Vor allem wenn das Gericht ein Gutachten anfertigen lässt, kann ein Rechtsstreit durchaus teuer werden. Achten Sie aber bitte genau darauf, welche Fälle alle durch die Rechtsschutzversicherung abgesichert sind, wenn Sie unterschiedliche Angebote vergleichen. Es lohnt sich sehr, das Kleingedruckte durchzulesen. Zum Beispiel sichern viele Versicherungen Verwaltungsrecht, Sozialrecht oder Steuerrecht erst dann ab, wenn die Sache vor Gericht geht. Da sich solche Sachen aber oft bereits lösen lassen, ohne dass es zu einem Gerichtsverfahren kommt: Achten Sie darauf, dass auch die Anwaltskosten für eine außergerichtliche Tätigkeit versichert sind. Manche Versicherungen bieten auch die Übernahmen von Kosten für eine einfache anwaltliche außergerichtliche Beratung im Familienrecht und Erbrecht an. Auch das ist ein durchaus sinnvoller Leistungsbestandteil. Gerade in persönlich belastenden Situationen kann ein Gespräch mit dem Anwalt Orientierung bieten.

Erst wenn Sie die Leistungen verglichen haben, sollten Sie die Preise vergleichen. Eine Rechtsschutzversicherung ist wertlos, wenn sie in dem einen Fall, wo Sie sie wirklich brauchen, nicht leistet. Und aufgepasst: Es gibt große Unterschiede dabei, wie gut und problemlos die Versicherer eintreten. Für Sie und den Anwalt ist es frustrierend, wenn dem Streit mit dem Gegner erst einmal eine ewige Diskussion mit der Versicherung vorausgeht. Auch wenn die Website www.rsv-blog.de im April 2016 leider ihren Betrieb eingestellt hat, finden sich dort immer noch nützliche Informationen. Oder suchen Sie sich einen Versicherungsmakler, der sich damit auskennt, und fragen Sie ihn, welche Rechtsschutzversicherungen ordentlich regulieren. Oder fragen Sie Ihren Anwalt. Wenn er schon etwas länger im Geschäft ist, wird er einschlägige Erfahrungen haben. Noch eins: Schließen Sie die Rechtsschutzversicherung rechtzeitig ab. Wenn das Rechtsproblem erst da ist, ist es meist zu spät, da die meisten Versicherungen eine Wartezeit von zum Beispiel drei Monaten vorsehen. Aber auch da gibt es sogar noch besondere Angebote, die eventuell auch sofort greifen. Besser ist aber allemal, man kümmert sich rechtzeitig.

## Prozessfinanzierer

Prozessfinanzierer sind Gesellschaften, die sich auf die Finanzierung von Prozessen gegen Erfolgsbeteiligung spezialisiert haben. Mittlerweile gibt es hier jedoch nur noch eine kleine Zahl von Anbietern. Und es kommen auch nur ganz bestimmte Verfahren dafür in Frage. Zunächst einmal muss die Streitsumme so hoch sein, dass sich der Aufwand aus Sicht des Prozessfinanzierers lohnt. Der prüft dann weiterhin, ob er die Sache für ausreichend erfolgversprechend hält. Ist das der Fall, nimmt er dem Kläger das ganze Kostenrisiko ab. Da auch in diesem Falle nicht der Prozessfinanzierer selbst Sie als Kläger vor Gericht vertritt, sondern der von Ihnen ausgewählte Anwalt, wäre dieser auch der Ansprechpartner für die Frage, ob im konkreten Streitfall die Zusammenarbeit mit einem Prozessfinanzierer in Frage kommt.

## Forderungsaufkäufer

Für eher kleine, aber rechtlich einfach zu bearbeitende Forderungen hat sich in den letzten Jahren eine Landschaft an Unternehmen herausgebildet, die massenhaft gleichartige Ansprüche übernehmen und durchsetzen. Oben habe ich das bereits für die Durchsetzung von Fluggastrechten geschildert. Ähnliches gibt es zum Beispiel auch für die Rückforderung von rechtswidrigen Bankgebühren. Man kann im Internet gut recherchieren, ob es ein solches Unternehmen für die eigene Rechtssache gibt. Vorteil dessen ist die risikolose, einfache und standardisierte Abwicklung. Der Nachteil ist, dass im Gegensatz zur Einschaltung eines eigenen Rechtsanwaltes in jedem Fall ein Teil der bestehenden Forderung verloren geht.

## Beratungshilfe und Prozesskostenhilfe

Wenn Sie nach Abzug aller Belastungen wie Unterhaltsverpflichtungen, Miete, Versicherungen und Darlehenszahlungen unterhalb einer bestimmten Einkommensgrenze liegen, dann haben Sie Anspruch auf Beratungshilfe und Prozesskostenhilfe. Bei der Beratungshilfe deckt der Staat die Kosten einer anwaltlichen Beratung bis auf einen Eigenanteil von fünfzehn Euro ab. Bei der Prozesskostenhilfe deckt der Staat die Kosten für Gericht, Ihren eigenen Anwalt und eventuelle gerichtlich angeordnete Gutachten ab. Hier prüft das Gericht neben der finanziellen Bedürftigkeit auch noch die hinreichenden (also nicht sicheren!) Erfolgsaussichten der Sache. Wohlgemerkt trägt man hier im Falle, dass der Prozess ganz oder teilweise verloren geht, immer noch das Risiko der ganzen oder teilweisen Kosten des Gegenanwalts. So ist es eine Überlegung wert, ob man bei Beratungshilfe- oder Prozesskostenhilfeberechtigung eine Rechtsschutzversicherung abschließen soll. Wenn man sich ganz sicher fühlen will, ist das sinnvoll. Wenn man mit einen teilweisen Kostenrisiko leben kann, kann man sich diese Ausgabe auch sparen. Fragen Sie Ihren Anwalt danach, ob Sie beratungs- oder prozesskostenhilfeberechtigt sein könnten. Ist das der Fall, dann muss er Sie zu diesen Bedingungen vertreten – auch wenn die Gebühren für den Anwalt dabei niedriger sind als nach der regulären Gebührenordnung. In beiden Fällen werden Sie ein entsprechendes Formular ausfüllen und die finanziellen Angaben dort etwa durch Kontoauszüge, den Mietvertrag oder Rechnungen von Versicherungen belegen müssen. Machen Sie das bitte gründlich. Zu den Formularen gehören auch detaillierte Ausfüllhinweise. Es nervt den Anwalt, wenn er schlampig ausgefüllte Formulare zeitaufwendig nachbessern muss oder Rückfragen vom Gericht kommen. Auch erhöht ein sauber und gründlich ausgefülltes Formular natürlich die Chancen, die begehrten staatlichen Leistungen zu bekommen.

Eins noch zur Beratungshilfe. Bitte gehen Sie vor dem Termin beim Anwalt zur Rechtsantragsstelle Ihres zuständigen Amtsgerichts, reichen Sie das Formular dort ein und holen Sie sich gleich einen sogenannten Beratungshilfeschein. Lassen Sie sich nicht abwimmeln. Wenn Sie dann mit dem Beratungshilfeschein zum Anwalt gehen, kann der gleich loslegen. Sonst muss die Beratungshilfe nachträglich beantragt werden mit dem Risiko, dass sie vielleicht überraschend nicht gewährt wird.

## Mahnbescheid

Ein Mahnbescheid ist ein kostengünstiges und schnelles Mittel, eine Geldforderung gerichtlich geltend zu machen. Oft zahlt der Gegner dann, oft legt er aber auch Einspruch ein und dann geht die Sache doch ins reguläre Gerichtsverfahren über. Wenn Sie das Gefühl haben, Ihr Schuldner braucht vielleicht nur noch einen kleinen Schubs, kann man durchaus zum Mittel des Mahnbescheids greifen.

Wenn Sie im Internet ermittelt haben, welches »Mahnge-

richt« für Sie zuständig ist (nicht notwendigerweise das für
Klagen regulär zuständige Amtsgericht), dann können Sie
sich auch selbst an dem Ausfüllen des entsprechenden On-
line-Formulars versuchen. Es steht beim Mahngericht zur
Verfügung. Das ist aber zugegebenermaßen nur etwas für
Leute, die keine Berührungsängste mit Formularen haben.
Zwar schicken die Gerichte bei offensichtlichen Fehlern eine
sogenannte Beanstandung. Aber das kann insgesamt schnell
in einen erheblichen Papierkrieg ausarten. Die Mahngerichte
stellen allerdings auch telefonische Ansprechpartner zur Verfügung. Ist Ihnen das doch alles zu viel, überlassen Sie das
Ausfüllen einem Anwalt. Die Gebühren dafür sind vergleichsweise gering.

# Nützliche Adressen für Kunden und Verbraucher

Stand: August 2016

**Deutschland**

**Bundesministerium der Justiz und für Verbraucherschutz**
Mohrenstraße 37
10117 Berlin
Tel.: +49 (0)30 18 58 00
Fax: +49 (0)30 18 58 09 525
E-Mail: poststelle@bmjv.bund.de
www.bmjv.de

**Bundesnetzagentur**
Postfach 80 01
53105 Bonn
Tel.: +49 (0)228 14 0
Fax: +49 (0)228 14 88 72
E-Mail: info@bnetza.de
www.bundesnetzagentur.de

**Verbraucherservice Bundesnetzagentur**
Tel.: +49 (0)30 22 48 05 00
Telekommunikation: verbraucherservice@bnetza.de
Energie: verbraucherservice-energie@bnetza.de
Post: verbraucherservice-post@bnetza.de

**Landesdatenschutzbeauftragte**
Alle Beauftragten und deren Kontaktdaten finden Sie unter:
www.bfdi.bund.de/bfdi_wiki/index.php/Aufsichtsbehörden
_und_Landesdatenschutzbeauftragte

**Luftfahrt-Bundesamt**
38144 Braunschweig
Bürgeranfragen zu allgemeinen Themen:
Tel.: +49 (0)531 235 51 15 (Mo. bis Do., 10 bis 13 Uhr)
Anfragen und Vermittlung:
Tel.: +49 (0)531 23 55 0
Fax: +49 (0)531 23 55 90 99
E-Mail: buergerinfo@lba.de (Bitten denken Sie daran, Ihre vollständige Anschrift anzugeben.)
www.lba.de

**Öffentliche Rechtsauskunft- und Vergleichsstelle Hamburg (ÖRA)**
Dammtorstraße 14
20354 Hamburg
Tel.: +49 (0)40 428 43 30 71 oder +49 (0)40 428 43 30 72
Gemeinsame fristwahrende Annahmestelle des Landgerichts Hamburg:
Tel.: +49 (0)40 428 43 43 18 oder +49 (0)40 428 43 43 19
Fax: +49 (0)40 427 96 12 16
E-Mail: gabriele.ruesch@basfi.hamburg.de
www.hamburg.de/oera
Hinweis: Rechtsverbindlicher Kontakt ist per E-Mail nicht möglich!

**Ombudsmann des Bankenverbandes**
Kundenbeschwerdestelle beim
Bundesverband deutscher Banken
Postfach 04 03 07
10062 Berlin
Tel.: +49 (0)30 16 63 31 66
Fax: +49 (0)30 16 63 31 69
E-Mail: ombudsmann@bdb.de
www.verbraucher.bankenverband.de

**Verbraucherzentralen**
www.verbraucherzentrale.de

**Verbraucherzentrale Bundesverband**
vertreten durch den Vorstand Klaus Müller
Markgrafenstraße 66
10969 Berlin
Tel.: +49 (0)30 25 80 00
Fax: +49 (0)30 25 80 05 18
E-Mail: info@vzbv.de

**Verbraucherzentrale Baden-Württemberg**
vertreten durch den Vorstand Cornelia Tausch
Paulinenstraße 47
70178 Stuttgart
Tel.: +49 (0)711 66 91 10
Fax: +49 (0)711 66 91 50
E-Mail: info@vz-bw.de

**Verbraucherzentrale Bayern**
vertreten durch den Vorstand Marion Breithaupt-Endres
Mozartstraße 9
80336 München
Tel.: +49 (0)89 53 98 70
Fax: +49 (0)89 53 75 53
E-Mail: info@vzbayern.de

**Verbraucherzentrale Berlin**
vertreten durch den Vorstand Eva Bell
Hardenbergplatz 2
10623 Berlin
Tel.: +49 (0)30 21 48 50
Fax: +49 (0)30 21 17 201
E-Mail: mail@verbraucherzentrale-berlin.de

**Verbraucherzentrale Brandenburg**
vertreten durch den Vorstandsvorsitzenden Jochen Resch
Babelsberger Straße 12
14473 Potsdam
Tel.: +49 (0)331 29 87 10
Fax: +49 (0)331 29 87 177
E-Mail: info@vzb.de

**Verbraucherzentrale Bremen**
vertreten durch den Geschäftsführenden Vorstand
Dr. Annabel Oelmann
Altenweg 4
28195 Bremen
Tel.: +49 (0)421 16 07 77
Fax: +49 (0)421 16 07 780
E-Mail: info@verbraucherzentrale-bremen.de

**Verbraucherzentrale Hamburg**
vertreten durch den Vorstand Michael Knobloch
Kirchenallee 22
20099 Hamburg
Tel.: +49 (0)40 24 83 20
Fax: +49 (0)40 24 83 22 90
E-Mail: info@vzhh.de

**Verbraucherzentrale Hessen**
vertreten durch den Geschäftsführenden Vorstand
Jutta Gelbrich
Große Friedberger Straße 13–17
60313 Frankfurt am Main
Tel.: +49 (0)69 972 01 09 00
Fax: +49 (0)69 972 01 040
E-Mail: vzh@verbraucher.de

**Verbraucherzentrale Mecklenburg-Vorpommern**
vertreten durch den Vorstand Dr. Jürgen Fischer
Strandstraße 98
18055 Rostock
Tel.: +49 (0)381 20 87 00
Fax: +49 (0)381 20 87 030
E-Mail: info@nvzmv.de

**Verbraucherzentrale Niedersachsen**
Herrenstraße 14
30159 Hannover
Tel.: +49 (0)511 91 19 60
Fax: +49 (0)511 91 19 610
E-Mail: info@vzniedersachsen.de

**Verbraucherzentrale Nordrhein-Westfalen**
vertreten durch den Vorstand Wolfgang Schuldzinski
Mintropstraße 27
40215 Düsseldorf
Tel.: +49 (0)211 38 09 0
Fax: +49 (0)211 38 09 216
E-Mail: kontakt@verbraucherzentrale.nrw

**Verbraucherzentrale Rheinland-Pfalz**
vertreten durch den Vorstand Ulrike von der Lühe
Seppel-Glückert-Passage 10
55116 Mainz
Tel.: +49 (0)6131 28 48 0
Fax: +49 (0)6131 28 48 66
E-Mail: info@vz-rlp.de

**Verbraucherzentrale Saarland**
vertreten durch den Vorstandsvorsitzenden Wolfgang Krause
Trierer Straße 22
66111 Saarbrücken
Tel.: +49 (0)681 50 08 90
Fax: +49 (0)681 50 08 922
E-Mail: vz-saar@vz-saar.de

**Verbraucherzentrale Sachsen**
vertreten durch die Geschäftsführerin Andrea Heyer
Katharinenstraße 17
04109 Leipzig
Tel.: +49 (0)341 69 62 90
Fax: +49 (0)341 68 92 826
E-Mail: vzs@vzs.de

**Verbraucherzentrale Sachsen-Anhalt**
vertreten durch den Vorstandsvorsitzenden Marco Tullner
Steinbockgasse 1
06108 Halle
Tel.: +49 (0)345 298 03 29
Fax: +49 (0)345 298 03 26
E-Mail: vzsa@vzsa.de

**Verbraucherzentrale Schleswig-Holstein**
vertreten durch den Vorstand Peter Beushausen
(Vorsitzender), Jutta Hartwieg, Rolf Teucher
Andreas-Gayk-Straße 15
24103 Kiel
Tel.: +49 (0)431 59 09 90
Fax: +49 (0)431 59 0 9 977
E-Mail: info@vzsh.de

**Verbraucherzentrale Thüringen**
vertreten durch den Vorstand Christian Gumprecht MdL
Eugen-Richter-Straße 45
99085 Erfurt
Tel.: +49 (0)361 55 51 40
Fax: +49 (0)361 55 51 440
E-Mail: info@vzth.de

**Versicherungsombudsmann**
Versicherungsombudsmann e. V.
Postfach 08 06 32
10006 Berlin
www.versicherungsombudsmann.de
Tel.: +49 (0)800 369 60 00
Fax: +49 (0)800 369 90 00

**Zentralverband Deutsches Kraftfahrzeuggewerbe e. V.**
Franz-Lohe-Straße 21
53129 Bonn
Tel: +49 (0)228 91 27 0
Fax: +49 (0)228 91 27 150
**Hauptstadtbüro Berlin:**
Mohrenstraße 21
10117 Berlin
Tel.: +49 (0)30 251 03 87
Fax: +49 (0)30 251 27 17
E-Mail: zdk@kfzgewerbe.de
www.kfzgewerbe.de

## Österreich

**Bundesministerium für Arbeit, Soziales und Konsumentenschutz**
Stubenring 1
1010 Wien
Tel: +43 (1)71 10 00
Fax: +43 (1)715 82 58
E-Mail: post@sozialministerium.at
www.sozialministerium.at

**Gemeinsame Schlichtungsstelle der
Österreichischen Kreditwirtschaft**
Wiedner Hauptstraße 63
1045 Wien
Tel: +43 (1)505 42 98
Fax: +43 (0)59 09 00 11 83 37
E-Mail: office@bankenschlichtung.at
www.bankenschlichtung.at

**Internet Ombudsmann**
Internet Ombudsmann – Verein zur Förderung
der außergerichtlichen Streitschlichtung im Internet
c/o ÖIAT (Österreichisches Institut für
angewandte Telekommunikation)
Margaretenstraße 70/2/10
1050 Wien
Tel: +43 (1)1 595 21 12 75
Fax: +43 (1)1 595 21 12 99
E-Mail: kontakt@ombudsmann.at
www.ombudsmann.at

**Konsumentenschutz Verband Österreich**
**Organisationssitz:**
Vivenotgasse 8b
1120 Wien
**Außenstellen:**
Konsumentenschutz in Oberösterreich
Hauptstraße 16–18/26
4040 Linz

Konsumentenschutz in Niederösterreich
Heinrich-Schneidmadl-Straße 15
3100 St. Pölten

Konsumentenschutz in Wien
Vivenotgasse 8a
1120 Wien
Tel: +43 (1)344 01 01
E-Mail: impressum@konsumentenschutz.email
www.verbraucherblatt.at

**Ombudsmann des Österreichischen Sparkassenverbandes**
Am Belvedere 1
1100 Wien
Tel: +43 (0)50 10 02 84 21
Fax: +43 (0)50 10 09 28 421
www.sparkassenverband.at

**Österreichische Datenschutzbehörde**
Hohenstaufengasse 3
1010 Wien
Tel: +43 (1)531 15 20 25 25
Fax: +43 (1)531 15 20 26 90
E-Mail: dsb@dsb.gv.at
www.dsb.gv.at

**Volksanwaltschaft**
Singerstraße 17
1015 Wien
Kostenlose Servicenummer: +43 (0)800 22 32 23
Tel.:+43 (0)151 50 50
Fax: +43 (0)151 50 51 50
E-Mail: post@volksanwaltschaft.gv.at
www.volksanwaltschaft.gv.at

## Schweiz

**Eidgenössischer Datenschutz- und Öffentlichkeitsbeauftragter**
Feldeggweg 1
3003 Bern
Tel: +41 (0)58 462 43 95 (Mo. bis Fr., 10 bis 12 Uhr)
Fax: +41 (0)58 465 99 96
www.edoeb.admin.ch

**»Meckerportal« des Konsumentenschutzes**
www.beschwerdeleicht.ch

**Reklamationszentrale Schweiz**
Liste mit Anlaufstellen für Alter, Patientenschutz,
Gesundheit und Liste mit Anlaufstellen für kostenlose/
kostengünstige Rechtsauskunft unter:
www.reklamationszentrale.ch/adressen-1

**Stiftung für Konsumentenschutz SKS**
Monbijoustrasse 61
Postfach
3000 Bern 23
SKS-Beratungshotline: +41 (0)900 90 04 40
Tel: +41 (0)31 370 24 24
Bestellnummer: +41 (0)31 370 24 34
Fax: +41 (0)31 372 00 27
E-Mail: info@konsumentenschutz.ch
Öffnungszeiten Sekretariat: Mo. bis Fr., 8 bis 12 Uhr
www.konsumentenschutz.ch

**Schweizerisches Konsumentenforum**
Geschäftsstelle Konsumentenforum kf
Belpstrasse 11
3007 Bern
Tel: +41 (0)31 380 50 30
Fax: +41 (0)31 380 50 31
Rechtsberatungshotline: +41(0)313 80 50 34
(Mo. bis Fr., 8.30 bis 11.30 Uhr)
forum@konsum.ch
www.konsum.ch

**Konsumentenorganisation in der Westschweiz**
Fédération romande des consommateurs
Rue de Genève 17
Case postale 6151
1002 Lausanne
FRC Conseil: en cas de demandes liées à la consommation
Membres FRC: +41 (0)848 57 51 05
Non membres: +41 (0)848 57 51 05 s'il s'agit du premier
conseil, puis pour les conseils suivants: +41 (0)900 57 51 05
www.frc.ch

**Konsumentenorganisation Südschweiz**
ACSI
Strada di Pregassona 33
6963 Pregassona
Tel: +41 (0)91 922 97 55
Fax: +41 (0)91 922 04 71
E-Mail: info@acsi.ch
www.acsi.ch

**Ombudsman der Privatversicherung und der Suva**
Postfach 2646
8022 Zürich
Tel: +41 (0)44 211 30 90
Fax: +41 (0)44 212 52 20
E-Mail: help@versicherungsombudsman.ch
www.ombudsman-assurance.ch

**Schweizerischer Bankenombudsman**
Bahnhofplatz 9
Postfach
8021 Zürich
Telefonische Anfragen: 08.30 bis 11.30 Uhr
Tel: +41 (0)43 266 14 14 Deutsch / English
Tel: +41 (0)21 311 29 83 Français / Italiano
Fax: +41 (0)43 266 14 15
www.bankingombudsman.ch

## Europa

Europäisches Justizportal
(»Grenzüberschreitend Schulden eintreiben«)
https://e-justice.europa.eu

# Dank

Ich danke Herrn Marvin Oppong, der mich bei der Recherche zu diesem Buch tatkräftig und kreativ unterstützt hat. Mein Dank gilt auch meinem Kollegen Patrick Riebe für seinen wertvollen Input. Weiter bin ich in Dank verbunden meiner Agentin Hanna Leitgeb, die vom ersten Moment an an das Buch geglaubt und sich dafür eingesetzt hat. Dem Verlag und seinen Mitarbeitern danke ich last, but not least für die intensive und engagierte Begleitung bei der Entstehung dieses Buches.

Göttingen, im August 2016

Markus Balser/Uwe Ritzer

# Lobbykratie

**Wie die Wirtschaft sich Einfluss, Mehrheiten, Gesetze kauft**

> Wer nicht mit am Tisch sitzt, befindet sich auf
> der Speisekarte.

Das Ziel von Lobbyisten ist nicht mehr nur die direkte Beein-
flussung der Entscheider in der Politik selbst. Sie wollen vielmehr das gesellschaftspolitische Klima manipulieren.
Die investigativen Wirtschaftsjournalisten Markus Balser und
Uwe Ritzer legen offen, wie raffiniert Lobbyisten Einfluss
auf Schulen, Universitäten, wissenschaftliche Institute und
Gesetze nehmen. Wie sie steuern, was wir der Umwelt oder
unserer Gesundheit zumuten, was wir essen oder in der Zeitung lesen, kurz: wie wir leben. Die Autoren zeigen auf, wie
das Land in eine demokratische Schieflage geraten ist, in der
ökologische und soziale Belange immer häufiger den Kürze-
ren ziehen.

> Lobbykratie »ist fesselnd, gut recherchiert und
> geschrieben, in sachlichem, nie eiferndem Ton-
> fall – und vor allem: wahr«.
>
> *Deutschlandfunk*

Volker Kitz

# Ich bin, was ich darf

**Wie die Gerechtigkeit ins Recht kommt –
und was Sie damit zu tun haben**

»Das Recht kann keinen Fall offenlassen.«
*Volker Kitz*

Ist die Gerechtigkeit ein Stern oder ein Blaubeermuffin? Kann
der Staat Zigaretten verbieten? Muss er mich vor Terroristen
schützen? Kann er vorschreiben, wen ich heiraten darf und
was unsere Kinder in der Schule über Sexualität lernen? Wie
ich mit Tieren umgehen soll?
In spannenden wahren Fallgeschichten führt Bestsellerautor
Volker Kitz in die großen Fragen von Recht und Gerechtigkeit ein. Eine Reise in Buchform, wie es sie noch nie gegeben
hat: in die Geschichte unseres Landes, zu den Grenzen von
Philosophie und Naturwissenschaften und zum mensch-
lichen Schicksal. Sie zeigt, wie wir unsere Freiheit täglich neu
verantworten – und welche Macht wir haben, die Regeln zu
ändern.

»Volker Kitz erklärt, wie das Recht funktioniert
und die Gesellschaft zusammenhält: ein einziges
Vergnügen, spannend und lehrreich zugleich.«
*Gisela Friedrichsen, DER SPIEGEL*